687

PELO BURACO DA FECHADURA
eu vi um baile de debutantes

MARIO PRATA   quase uma autobiografia

687

PELO BURACO DA FECHADURA
eu vi um baile de debutantes

MARIO PRATA
quase uma autobiografia

[auxiliar de escrita referência 050]

GERAÇÃO

Pelo buraco da fechadura
Copyright © Mario Prata
1ª edição – Outubro 2023

*Grafia atualizada segundo o Acordo Ortográfico da Língua Portuguesa
de 1990, que entrou em vigor no Brasil em 2009.*

Editor e Publisher
Luiz Fernando Emediato

Capa
Ciça Pinheiro

Edição
Leonel Prata

Imagem da Capa
Caio Borges

Assistente Editorial
Ana Paula Lou

Projeto Gráfico
Marcílio Godoi

Dados Internacionais de Catalogação na Publicação (CIP) de acordo com ISBD

E53s   Prata, Mario

Pelo buraco da fechadura: eu vi um baile de debutantes / Mario Prata.
- São Paulo : Geração Editorial, 2023.

400 p. : 15,5 cm.x 23cm.

inclui índice

ISBN: 978-65-5647-111-2

1. Autobiografia. 2. Memória. I. Título.

CDD 920
CDU 929

2023-2130

Elaborado por Odilio Hilario Moreira Junior - CRB-8/9949

Índice para catálogo sistemático
1. Autobiografia 920
2. Autobiografia 929

GERAÇÃO EDITORIAL
Rua João Pereira, 81 — Lapa
CEP: 05074-070 — São Paulo — SP
Telefone: +55 11 3256-4444
E-mail: geracaoeditorial@geracaoeditorial.com.br
www.geracaoeditorial.com.br
Impresso no Brasil
Printed in Brazil

CONVERSAS COM
Caroline Soares Almeida

Sou um menino que vê o amor pelo buraco da fechadura.
Nunca fui outra coisa. Nasci menino, hei de morrer menino.
E o buraco da fechadura é, realmente,
a minha ótica de ficcionista.

NELSON RODRIGUES

Não há angústia pior do que a de carregar dentro de si
uma história que ainda não foi contada.

ZORA NEALE HURSTON

Como a vida é diferente quando a vivemos e
quando a dissecamos mais tarde!

GEORGES SIMENON

sumário prata

sumário prata

PREFÁCIO
Sejam delicados ao manusear meu pai – Antonio Prata...................18

PROLEGÔMENOS
O cheiro de chumbo daquela geringonça...................24

CASOS
Do Silva ao Prata...................30
Cunha Campos: as Papudinhas...................31
No dia que o Linense subiu, o Américo fez três gols no
        Pacaembu e desviou o trânsito em Lins...................38
Minha mãe, a filha do governador, e o jovem escritor...................40
As incríveis aventuras do doutor Prata – 1932
        Com Joubert de Carvalho...................43
Já no curso primário...................46
Frases do meu pai...................47
Prejudicar e desmoralizar...................48

Lidi o quê?......49

Desafia o nosso peito a própria morte......51

Umuarama-Tambaú, Padre Donizetti......56

As incríveis aventuras do doutor Prata – 1956
Com o pai do Pelé......60

São Paulo da garoa e da escada rolante......63

Sete da manhã do dia quatro de outubro......67

Coisas feias......68

A grande corrida, voltando a 1958......69

O casaco da tia Mariíta......72

Tio Maurilo I......74

Internato......77

Dois tios bem velhos......79

Com o demônio no corpo......81

A mancha......83

A desquitada......86

Na Esquina do Pecado, onde tudo começou......88

O Rosa Branca......91

Fake News nos anos cinquenta......93

Os caçadores de sapo......95

Enquanto isso, no Círculo Operário......97

"Queixo-me às rosas, mas que bobagem, as rosas não falam.
Simplesmente as rosas exalam
o perfume que roubam de ti, ai"......99

A pena de morte......100

Aquele médico careca......103

Nara Leão, filé com fritas e os jovens comunistas de Lins......104

O rapazinho embarca para São Paulo......107

O Banco do Brasil......109

O dia em que o Benetazzo assaltou um banco......111

Gasto com vestuário no Nordeste......114

Barbárie: "Precisando de 20 seguranças na peça
  Feira Paulista de Opinião" 116
Ainda na Dr. Vila Nova 119
A Maçã Dourada 120
Primeira crítica – 1968 123
A Soninha, o carimbo e o *Hair* 125
A menina que vazou pelos fundos, em 1969 128
Com vinte e três anos, na Censura Federal, Brasília 132
Milton à Milanesa (ou Millôr) e a Lara do Henriquinho 138
O Homem do Salto Alto 141
Toquinho não perde uma 143
O poeta e a empregada do Samir 146
O Clube dos Cafajestes 148
Um carro pegando fogo na Dutra 150
Réveillon na piscina, nus! 152
A morte e a morte do Almir Pernambuquinho 154
Nos tempos da pornochanchada 156
Água com açúcar 159
Caetano, Fellini e eu bebendo ao sol do Leblon 161
O coronel da Globo 164
Coisas da igreja católica 166
Um torturante band-aid 168
O Príncipe Charles e o Peter Sellers 170
O senhor não é alguém? 172
Pirandello na casa de Oswald de Andrade? 175
Quem entende de teatro é o pipoqueiro 177
Relógio parado 179
O lambe-pinto 180
A namorada que tinha orgasmo em alemão 183
Amarelo no Spazio Pirandello 185
Espelhos e cremações 187

O Brasil tá maus! 189

Invenções de Helena Machado de Assis 191

Seu Adolpho 194

Prisão na privada do Filho da Puta 197

Mais Manchete, com Caio e Lúcia 200

Curiós e delírios 202

O pardal do Túnel Velho 204

Dois dedos de um gênio 206

O arquiteto e o urdimento 208

O dia em que o Fidel veio ao Brasil 211

Porra, é a Joana! 214

Cara a cara com Fidel, agora em Havana 217

Camões 220

O senhor Matias, o protético profético 222

Pratatur 225

O melhor vendedor ambulante do mundo 228

No dia que o Collor me tirou da cadeia 231

Tio Maurilo, Parte II 234

Os passarinhos do Nelson Rodrigues 238

A Gorete 241

Hebe 243

O carimbo 245

Quatro de julho de 1994: *Usa's Independence Day* 248

Fecharam a zona de Lins 250

O ascensorista que enlouqueceu 253

Nosmo King 255

11 de setembro de 2001 na Nova Zelândia 257

"A velha calça, ou coisa assim, imediatamente
você vai lembrar de mim" 259

As incríveis aventuras do doutor Prata – 2001
Com Paulo Maluf 261

Microtriatoma Pratae 264

2001: a parteira e o porteiro 266

O baile de debutantes que eu vi pelo buraco da fechadura 269

As incríveis aventuras do doutor Prata, Flashback – 1941
Com Assis Valente 273

Conhece alguma palavra para a genitália feminina
que não tenha a letra "A"? 276

Um projeto para Zé Perry (reclame) 278

A NET agradece 280

Beijando com Capricho (beijado em 2003) 282

Mauro Silva e Di Stéfano, quem diria, em Itu. Comigo! 285

O 13 de novembro de 2015 e o doutor Quaresma 287

Mulher pelada, comida a quilo 289

Simenon, Ziraldo, Suassuna, Rubem Fonseca 292

João Ubaldo morreu 294

João Ubaldo não morreu 297

Capacetes e cassetetes, lembrando meia oito 300

Fui encontrado numa vala por vacas perdidas 302

A Inteligência Artificial imitando Fernando Sabino e
Mario Prata 304

Since 1808 306

ACASOS

O narrador 311

Uma casa inesquecível 312

O velho Nelson 312

Sexo no éden, antes de Eva 313

A fogueteira e a juíza 314

Os três Reis Magos: a grande cagada 315

Uma piada centenária 317

Bifurcação...........321

Escritores...........321

Coisa de craque...........322

Nelson Rodrigues...........322

Andrea Camilleri...........322

Jorge, amado...........323

E por falar no Caymmi...........324

Jack Nicholson...........327

Obtusidade...........329

Acta diurna...........329

Adão e Eva, segundo Eça de Queiroz...........330

Agora, a visão de Mark Twain...........332

Atropelamento...........333

De como o anel de Napoleão Bonaparte foi parar no
    dedo do Chico Diabo, que matou Solano López...........333

Fátima, Portugal...........335

Uma ideia perdida...........338

A minha São Paulo do século XX...........340

Grandes mulheres...........344

Os analfabetos brasileiros...........344

Grandes homens...........344

A mãe de Thomas Mann, ele e Sérgio Buarque de Holanda...........345

Budapeste e a seleção da Hungria de 1954...........349

Bomba!...........351

Nelson Rodrigues...........353

Oswald, Isadora e Landa...........354

O primo...........357

"Um corpo que cai", duas vezes...........359

"Cola" para uma palestra...........361

Sobre a morte, pessoal...........363

Viver...........364

(Parênteses) 366
Jangadeiros 367
O enterro da tia Josefa 371
A luta feminista 374
A hora certa 375
Miss Cyclone, a amante de dezessete anos 375
A frase abaixo não é minha!!! (Pelo amor de Deus, gente) ... 378
A misteriosa frase de Neil Armstrong 378
É o fim? 380
Antes, outro mestre 380
A cantada mal dada que mudou o mundo 382

As 687 pessoas que passaram pelo livro ...385

Agradecimentos 397

prefácio

prefácio

SEJAM DELICADOS AO MANUSEAR MEU PAI

A segunda maior qualidade do meu pai é ser a pessoa mais engraçada que existe. A primeira é sua capacidade de fazer amigos. Ele tem uma relação pessoal com cada um que cruza seu caminho. O caixa do supermercado, a atendente da farmácia, o taxista do ponto. E ele é o mesmo diante do presidente da República e do França, garçom da Mercearia São Pedro. Outro dia o ouvi numa ligação "pegando amizade", como ele diz, com o atendente do SAC da Magazine Luiza. "Ô, Wellington, cê tá falando que vai resolver meu problema e eu tô acreditando. Se não resolver, eu escrevo uma crônica dizendo que o Wellington da Magalu me sacaneou, beleza?." (Eu sei que parece mais uma ameaça do que um agrado, mas tava no viva voz e pude ouvir o Wellington rindo do outro lado.)

Discutimos mais de uma vez porque ele diz que "o problema do Brasil é que não tem mais a Dona Teresinha em lugar nenhum". Dona Teresinha era uma funcionária pública, em Lins. Qualquer problema era só ligar e ela resolvia, sem senhas, *tolkens*, verificação em duas etapas e outras burocracias da vida contemporânea. Eu digo que o problema do Brasil é justamente a quantidade de Donas Teresinhas, a pessoalidade vencendo as instituições e blablablá, mas acho que ele tem um ponto. O mundo tá cada vez mais árido e daqui a pouco a gente vai tá pedindo cafuné pro ChatGPT. (Ainda deve demorar, diante do estado risível da IA, como você pode ver na página 304. *Spoiler*: a pedido de um escritor, a inteligência artificial tenta escrever um parágrafo no estilo do Mario Prata e cospe um pastiche de Lair Ribeiro.)

Morei com meu pai dos quinze aos dezenove, e quase nunca lia suas crônicas. Não por falta de interesse. É que, dividindo um apartamento com ele, eu invariavelmente tinha vivido a crônica ou o ouvido contá-la. Os involuntários *stand-up comedies* na sala, nos bares ou almoços com amigos eram exercícios, testes, rascunhos para as crônicas de quarta-feira, no *Estadão*.

Essa proximidade entre a vida e a obra é a maior lição literária que ele me deu. Com meu pai, aprendi desde cedo que a literatura não é um evento chique ao qual devemos comparecer de terno e gravata. É um encontro ao qual podemos ir com a roupa e a atitude do momento, sem afetação. Essa postura irreverente em relação às letras (digo irreverente no sentido de não haver reverência, não no sentido horrível de algo "engraçadinho") talvez tenha me poupado uns dez anos de análise e muito murro em ponta de faca ao dar meus primeiros passos na mesma profissão. A literatura do meu pai trata, como diria o grande Antonio Candido, da "vida ao rés do chão". A minha também — e sou grato a ele por me dar esta chave.

Ler este livro é ouvir meu pai falando. É vê-lo em diversos momentos da vida pelo buraco da fechadura. Aqui estão todas as histórias que eu cresci escutando. As tias papudinhas de Uberaba. A infância em Lins. O colégio "dos padre". A vinda pra São Paulo. Seus encontros com pessoas incríveis, famosas ou não. Os Pelés e Donas Terezinhas que cruzaram seu caminho.

Tô me segurando pra não fazer dessa apresentação um enorme agradecimento a este cara que me deu, além de 23 cromossomos, abrigo, comida, carinho, régua e compasso, mas acho que aqui não é o lugar. Você comprou este livro pra ler o Prata pai, não o Prata filho.

Só pra terminar: no apartamento em que morávamos tinha um quadro (nunca pendurado, ficava apoiado na parede, embaixo da televisão) com um verso do Walt Whitman. "Camarada, isto não é um livro. Quem o toca, toca num homem." Por favor, sejam delicados ao manusear meu pai.

Antonio Prata

prolego
menos

prolegômenos

O CHEIRO DE CHUMBO DAQUELA GERINGONÇA

A primeira vez que entrei em um jornal foi na Rua Oswaldo Cruz, 523, e ele se chamava *A Gazeta de Lins*. Hoje, é uma empresa de contabilidade. Eu tinha sete anos. Era 1953.

Morávamos exatamente em frente ao jornal. Era só atravessar a rua. Minha casa tinha um pouco de cheiro de chumbo. Meu pai explicou que o cheiro vinha do jornal e não fazia mal. (Será?, pergunto hoje. Ficamos uns cinco anos ali...)

Quando entrei naquele salão, o mundo deu uma rodada na minha cabeça. Eu queria pedir chumbo para colocar numa caixa de fósforos e ter um goleiro pesado e imbatível no meu time de futebol de botão: o Uberaba Sport Club. O nome do goleiro era Wilmondes. De Wilmondes, Alaor e Marambaia.

Entrei meio encabulado. Primeira sensação: o cheiro de chumbo era muito forte. Primeira observação: que porra é essa?, pensei, usando uma frase que meu tio Maurilo, irmão da mamãe, usava para tudo.

O meu *que porra é essa?*, ali, dentro da *Gazeta de Lins*, era por causa do meu assombramento com a linotipo.[1] Pasmei. Era uma máquina de escrever cheia de braços, peças, pedaços. Lá de cima caía, bem do alto, para a minha altura, como uma pequeninha cachoeira, o chumbo derretido — inesquecível. Cá embaixo, um sujeito que tinha cara de quem iria ficar careca, todo desgrenhado. Ficou me olhando eu olhar para ele. Ele era magro, muito magro, aloirado. Eu era magérrimo, pequeninho.

Muitos anos depois, cheguei à conclusão de que Gustave Doré já conhecia a linotipo, apesar de a invenção ser de 1884. Fico imaginando o Cavaleiro da Triste Figura, uma espada em cada mão, investindo contra uma linotipo que imaginava um feroz dragão cuspindo chumbo derretido.

Tinha ido lá para pedir chumbo, achei que seria fácil. Mas como é que eu iria pedir chumbo para aquele sujeito que sabia manejar aquele troço? Kiko era um gênio, no mínimo. Ele manipulava um mundo. Ele escrevia naquela geringonça um jornal que o meu pai e a minha mãe depois iam ler.

Me lembrei que, um ano antes, tinha sido mandado para a sala da diretora no Grupo Escolar Dom Henrique Mourão por alguma merdinha que eu fiz. Fiquei trancado lá, sozinho, até chegar a dona Gessy. Olhando para a fotografia de um velho na parede, que iria se suicidar logo mais, e por causa disso a gente seria dispensado das aulas. Oba! E vi, pela primeira vez na vida, uma máquina de escrever. Fiquei encantado. Sete anos. Fui me

---

1 *WhatsApp do Editor*: Achamos um absurdo linotipo ser feminino, mas vamos em frente.

aproximando, olhando para os lados. Apertei uma tecla, pulou uma haste, e eu recuei. Muito tempo depois, descobriria que tinha que colocar papel. Depois, empurrei uma maçaneta, um rolo andou por conta própria e derrubou um copo de madeira cheio de lápis. E ouvi uma voz atrás de mim, que achei que era a minha tia Tipá. Era a diretora.

— É para olhar, não para bulir.

Me encantei.

E agora, diante da máquina do Kiko, enlouqueci. Era de escrever. Ela não apenas escrevia. Ela fazia um jornal inteiro. Não sei se foi o Kiko quem me disse isso ou se eu deduzi.

O Kiko foi o meu primeiro ídolo!, penso hoje.

Mal sabia, naquele momento, que depois de seis anos, com catorze, trabalharia até os vinte, ali, naquele jornal, com o Kiko. Com o tempo, eu teclava meus textos direto na linotipo, morrendo de rir com a diversão.

Mas, naquele dia, o Kiko pegou o Wilmondes — meu goleiro —, abriu o estômago dele (a caixa de fósforos) e jogou fora uma porção de traquimandas — acho que acabo de inventar esta palavra — que era para dar peso. Segurando apenas com dois dedos, levou o Wilmondes até o alto e despejou o chumbo derretido dentro dele. Fechou a caixinha. O Wilmondes ficou impossível. Tão pesado como o meu sapato. Nenhum artilheiro o derrubaria.

Dezoito anos depois, eu estaria trabalhando com Samuel Wainer na *Ultima Hora*, de São Paulo, onde conheci a Marta, minha futura esposa. Samuel gostava de ficar na redação até a hora em que o jornal rodava, agora já sem chumbo, sacar dois exemplares na esteira, um para ele e outro para mim, e irmos jantar lambendo mais uma cria. Mais de uma vez, choramingou:

— Sinto saudades do chumbo...

Eu também sinto. Do chumbo e do Kiko.

Até hoje.

E do Samuel, é claro, meu maior mestre.

casos

DO SILVA AO PRATA

Fugindo de Napoleão, em 1808, d. João VI chegou ao Rio de Janeiro. Com ele uma corte de 16 mil portugueses e muitos piolhos. E a sífilis, é claro.

Dois deles, Manuel da Silva e Joaquim da Silva, irmãos de pai e mãe, compraram umas mulas e adentraram pelas Minas Gerais, até chegar a um lugar chamado Sertão da Farinha Podre, que era ocupado pelos índios caiapós. Remarcaram uma vasta extensão de terra (dentro de onde hoje se chama Triângulo Mineiro), ficaram amigos dos indígenas.

Já assentados e acomodados, um dia, um deles, ao atravessar um córrego, abaixou-se para beber água e um patacão (antiga moeda portuguesa de prata) caiu na água. Apeou, procurou, não achou. Vieram os escravos (negros e índios) a procurar. Nunca acharam. Ou, se acharam, roubaram. O corregozinho ficou se chamando Rio da Prata. Olhem no Google, ele desemboca no rio Grande, divisa de Minas com São Paulo. E uma cidadezinha bem pequena se formou e também se chama Prata. Não, a cidade infelizmente não é de nenhum Prata e tem hoje 28 mil habitantes.

Tanto um como o outro passaram a ser conhecidos como Manuel da Prata e Joaquim da Prata.

CUNHA CAMPOS: AS PAPUDINHAS

Tudo começou em 1857.

Meus cinco netos (Olivia, Daniel, Laura, Manuel, Dora e Tomás) são a nona geração pós-Papudinhas, e eles precisam saber de onde vieram. Pelo menos da minha parte.

Elas, as Papudinhas, eram da família Cunha Campos, de Uberaba (meu nome é Mario Alberto *Campos* de Morais Prata). Walter *Campos* de Carvalho também surgiu dali (mas ele merece um tópico só para ele). Família tradicionalíssima lá do Triângulo Mineiro.

As Papudinhas eram oito, quando começaram a ser conhecidas com tal epíteto. Havia um grego em Uberaba, onde todas nasceram, que era contratado para dar nomes aos bebês no final do século XIX, quando tudo começou. Vamos lá: Dídia (1891), Eponina (1892), Aspásia (1892, também), Raymunda (1896), Floriscena (ou Fiíca, minha avó, de 1899), Abadya (1901), Rita (1903) e Candinha (1905). Com exceção da Dídia e da Rita, que morreram muito cedo, conheci as outras seis e convivi muito com elas. E tem mais: quando morreu a Dídia, a minha avó logo deu o mesmo nome para a sua filha, nascida em 1922: Dídia. E a primeira filha da Dídia passou a ser a Rita. E assim seguia a vida ali na Rua Segismundo Mendes, 41.[2]

Mas, antes de entrar na história das seis sobreviventes, preciso contar a origem delas.

Eram filhas de Antonio Cunha Campos Filho (1870-1952), meu bisavô Pai Tonico, que conheci até meus seis anos, e Maria da Paz Vieira Pontes (1869-1963), minha bisavó Mãe Cota, com quem convivi até meus dezessete anos.

E, antes ainda de me fixar nos pais das Papudinhas, tenho que recuar um pouco mais para falar da mãe da Mãe Cota, Cândida Veloso, nome de solteira, avó de todas as Papudas.

Quando a Cândida Veloso tinha dezesseis anos (nasceu em 1825), viu sua irmã mais velha falecer ao dar à luz, em 1841. Algo meio comum em meados do século XIX. O bebê, um menino, sobreviveu. Seu nome: Antonio Vieira Pontes, sobrinho, portanto, da moça Cândida. Mas, como a irmã havia falecido, ela pegava o menino nos braços (tá meio piegas, eu sei), trocava as fraldas e, para a família presente, vaticinou, como diria uma descendente mais de um século e meio depois:

"Vou criar esse 'mininu', e quando ele tiver dezesseis anos, vou casar com ele".

Pois em 1857 aconteceu. Cândida, já com trinta e dois, e o sobrinho Antonio, com dezesseis, casaram-se na Justiça e com a bênção da Igreja. Alguns anos depois, em 1869, nasceria Maria da Paz Vieira Pontes, conhecida por todos nós como Mãe Cota, que morreria apenas em 1963, aos noventa e quatro anos. Convivi com ela.

Não se sabe de onde surgiu o apelido Papudinhas. São várias as lendas. Sim, lendas. As histórias delas dariam um livro

---

2. *WhatsApp do Editor*: Onde, aliás, Mario Alberto Campos de Morais Prata nasceu em 11 de fevereiro de 1946.

digno de Mauro Rasi, o grande dramaturgo especializado em tias e afins. Mas vou apenas me fixar nos casamentos das minhas tias-avós.

Tia Eponina (1893-1987), minha madrinha de batismo, casou-se com o filho de um alemão que andava por Uberaba, Reinhard von Krüger, alto como convinha aos tedescos. Não se sabe como caiu em Uberaba no fim do século XIX. Tinha um filho (que viria a ser o seu marido e meu padrinho Fernando) igualmente grande. Não se sabe também muito bem, mas consta que esses alemães eram donos da água de Uberaba. Partidão, diriam as irmãs. A lembrança mais forte que tenho dele é ouvindo, com muito custo, a transmissão do *Balança mas não cai*, programa de humor da Rádio Nacional nos anos 1950 e 60, num rádio imenso e de som péssimo. Exigia silêncio absoluto da sobrinhada que algazarrava em volta. Fernando vendia álcool. Em galões. Não sei como namoravam.

Aspásia, a Tipá, viveu e morreu solteira. E, provavelmente, virgem. Tinha um olho de vidro e nos vigiava o dia inteiro.

Não pode bulir. A gente vê é com os olhos.

Tenho minhas desconfianças que era lésbica. E também desconfio que ela nunca soubesse disso. E, se tinha alguma desconfiança, passou a vida sofrendo com aquela "doença".

Meu avô, Mario Moraes e Castro,[3] tinha um cartório só dele. Ou seja, era rico. O homem mais magro que já conheci. Era pele e osso. E alguns órgãos. Encheu a cara num bar e apostou com quem quisesse que iria se casar com a moça mais bonita da cidade. Minha avó fora eleita a menina mais bonita da cidade, e o Mario foi bater na porta da Segismundo Mendes, 41 a pedir a mão, conforme aposta.

---

3. *WhatsApp do Editor*: Mario Moraes e Castro é neto da Avenida Moraes e Castro em Juiz de Fora, que foi alcaide (prefeito) da cidade no século XIX.

— Fiíca tá muito novinha, leva a Aspásia — disse o Pai Tonico.

Aspásia era a do olho de vidro e a mais velha, que começava a sina de ficar pra titia. Mas meu avô não gostou dela, coitada.

— Então vou esperar uns anos e fico com a menina Fiíca mesmo.

— Volta daqui a dois anos.

Casaram-se. Minha vó, antes do solene dia, perguntou para a irmã mais velha, Eponina — casada e com filhos —, como é que fazia para ter filho.

— Beijo na boca — afirmou Eponina. — Tiro e queda!

— E pra quê que tem aquele buraco na camisola, lá embaixo?

Tia Eponina já não estava ali. Agora você imagina a lua de mel da inocentérrima minha avó, em 1920! O sexo foi um trauma que carregou para a vida toda. Só teve prazer com quase noventa, já demente, quando aprendeu a se masturbar com o sabonete. E eu pedi para a enfermeira horrorizada que deixasse.

As três ainda solteiras, Raimunda, Abadya e tia Candinha, foram passar uma temporada no Araxá.

Lá estava hospedado um rapaz meio inglês que se chamava barão Bawden. Pois ia o barão caminhando pelo corredor do hotel quando viu a camareira arrumando um quarto com três camas. Perguntou a quem se destinavam.

— São as Cunha Campos, de Uberaba.

Ele ficou olhando aquela arrumação, uma camisola em cima de cada cama. Pegou uma camisola em especial.

— A que usar essa camisola vai ser minha esposa.

Assim, a seco. Assim foi feito, e tia Raimunda, feia de cara e de tudo mais, virou baronesa.

Temos ainda duas solteiras. Abadya e Candinha.

Tia Abadya conheceu um altíssimo funcionário do Banco do Brasil numa viagem de férias ao Rio de Janeiro. Flertes de varandas, férias acabando, ficaram de trocar cartas. E assim foi feito. Com um detalhe importante: Abadya sempre foi meio, digamos, bobinha, não tinha capacidade nem boa letra para escrever cartas. Principalmente cartas de amor. Mas a Candinha, caçula e espevitada, escrevia em nome da irmã para o futuro meu tio Joviano Jardim. Ele se encantava com as cartas da amada Abadya, escritas pela Candinha.

Aí as histórias começam a ter várias versões. Uma delas e a mais óbvia é que a Candinha também se apaixonou pelas cartas do Joviano. Não sei. Mas pode dar uma peça de teatro bonita. Chamada *Cyrano e Roxana*...

Candinha era a última solteira, se não considerarmos a Tipá. Não sei se, nos anos 20-30 do século passado, já existia o costume de fumar maconha. Mas, se existia, tia Candinha seria adepta. Sempre que me lembro dos meus encontros com a tia Candinha, achava que ela estava completamente chapada. Só para terem ideia: um dia ela estava num bonde e percebeu que todos os passageiros estavam olhando para ela e rindo. Demorou a cair na real: estava só de camisola. Nada por cima e nada por baixo.

Tia Candinha (a que escrevia as cartas de amor) casou-se com o nelsonrodrigueano Pires. Como se conheceram é outro filme. Vejamos:

Ela foi passar férias no Rio de Janeiro numa casa da família, na Avenida Nossa Senhora de Copacabana, cujo quintal dava para a praia de Copacabana. Chegou de trem, provavelmente com alguma aia.[4] Pegaram um táxi. Sentaram-se as duas atrás. Foi aí que o fato se deu.

Pelo espelhinho retrovisor, Pires, que depois souberam ser Antonio Alcarraz Pires, futuro tio Tunico, começou a flertar com a mineirinha Candinha. Deixou as meninas em Copacabana e no mesmo dia e seguintes passou a rodear a casa, de táxi, como quem não quer nada. Candinha, da janela da sala, correspondia. No fim do verão já havia aceninhos discretos. Depois troca de endereços. E, finalmente, tia Candinha tinha um Pires para chamar de seu e escrever tudo que lhe vinha à cabeça. Cartas reais!

Passado meio ano, Pires se apresenta na Rua Segismundo Mendes, 41. Foi do Rio a Uberaba no seu táxi, que fez muito sucesso na cidade. O táxi!

Mas como? Mas como um motorista de táxi, carioca, podia se casar com uma Cunha Campos? A solução foi dada pelo tio Joviano, já casado com a Abadya, aquele mesmo que recebia as cartas de amor escritas por essa mesma Candinha.

— Arrumo uma colocação para ele lá na Carteira Agrícola do Banco do Brasil. Falo com o presidente amanhã mesmo.

Não o presidente do banco, mas do Brasil mesmo, Getúlio Vargas, que assumiu a chefia do "Governo Provisório" em três de novembro de 1930, data que marca o fim da República Velha no Brasil. E a ascensão do Pires!

Assim foi feito, e todos viveram felizes para sempre. Hoje, os Cunha Campos, surgidos a partir da Cândida Veloso e de seu

---

4. *WhatsApp do Editor*: "Mulher cujas responsabilidades estão relacionadas com a educação e criação de crianças que pertencem a famílias ricas ou nobres; preceptora". Certo, Prata?

sobrinho, são mais de setecentos, distribuídos em nove gerações durante 130 anos.

Todos nós, frutos de um silencioso incesto na década de 60! Do século XIX. Os anos 60 sempre são demais.

A saga das Papudinhas começou com o nascimento da avó delas, a Cândida Veloso, em 1825, e se encerrou com a morte da tia Abadya em 1995, esta com quase cem anos.[5]

Até hoje, 170 anos, nove gerações, incluindo meus netos.

---

5. *Whatsapp do Editor*: O que o autor não comentou é que tanto na casa dos bisavós, como de cada uma das Papudinhas, tinha um Pretinho. Analfabeto. Ficava por ali, levava recados, buscava cartinha, pequenas compras, como os Pretinhos dos contos daquele Machado de Assis. E o Pretinho também jogava futebol com as crianças.

NO DIA QUE O LINENSE SUBIU, O AMÉRICO FEZ TRÊS GOLS NO PACAEMBU E DESVIOU O TRÂNSITO EM LINS

O Linense havia derrotado a Ferroviária de Araraquara, no Pacaembu, na final da segunda divisão paulista de 1953, por três a zero. Américo Murolo havia feito os três.

Eles chegariam de avião, pegariam um caminhão, dariam a volta na Praça Coronel Piza e subiriam até o estádio velho. A nossa casa ficava a duas quadras da praça. Todos queriam ir pra lá. E o meu pai dizia que o caminhão iria passar na frente da nossa casa. Eu:

— Olha aí, pai. Tá todo mundo indo pra praça.

— Vai passar aqui. Fica bonitinho aí!

Minha mãe meio que duvidou:

— Alberto, o menino está certo. Olha a multidão.

— Vai passar aqui, bem na nossa frente!

— Como é que você sabe?

— O Ranulpho me disse! O Américo namora a filha dele, ou não? E não se fala mais nisso!

Seu Ranulpho Silva era um rico fazendeiro vizinho à direita da nossa casa. Morava numa pequena mansão, com sua mulher, dona Pequenina, e a filha Gilza.

— O Américo prometeu para a Gilza que se o Linense ganhasse, o caminhão ia passar aqui! – arrematou meu pai. – E a dona Pequenina confirmou! Mania, ninguém me ouve nessa casa...

— Sei não.

Dali a pouco o seu Ranulpho, a dona Pequenina e a Gilza, uma menina linda demais, foram para a sacadinha. Esperando.

E não é que o caminhão desviou e passou na nossa frente e dos Silva?

E o Américo foi jogar na Itália, jurou para a Gilza que voltaria, voltou, casou, foi jogar no Palmeiras, no Flamengo e no Guarani.[6]

---

6. *WhatsApp do Editor*: o Prata citou o Américo no filme *O casamento de Romeu e Julieta* e Gustavo Murolo, filho do casal, mandou um *e-mail* agradecendo e dizendo que os pais ficaram muito emocionados. Muito emocionada ficou a família Prata vendo aquele time todo acenando para eles! Não esqueceram até hoje. E tem mais: o seu irmão Leonel, que tinha um ano, caiu da muretinha e levou uns pontos na cabeça. Tem a cicatriz até hoje. O Prata me ligou hoje e disse apenas o seguinte:
— Inocêncio, Rui e Noca; Geraldo, Frangão e Ivan: Alfredinho, Américo, Washington, Próspero e Alemãozinho.

MINHA MÃE, A FILHA DO GOVERNADOR, E O JOVEM ESCRITOR

Minha mãe, Dídia, como boa Cunha Campos, estudou nos colégios Notre-Dame de Sion, em Campanha; e no Sacré-Coeur de Marie, em Belo Horizonte. No Sacré-Coeur, foi colega durante três anos de Helena Valadares, filha do então governador mineiro Benedito Valadares (governou de 1933 até 45). Que, depois de morto, virou cidade: Governador Valadares. E piada: mas será o Benedito?

Em 1939, minha mãe, já morando em Uberaba, onde nasceu, convidou a amiga Helena para o seu baile de debutante, no Jockey Club, recém-inaugurado. Helena foi com sua mãe e um jovem namorado. Dídia, Helena e Fernando, o namoradinho, tinham dezessete anos. Educado, tirou minha mãe para dançar. Me lembro dela me contando, anos depois, que o rapazinho havia se tornado campeão sul-americano em nado de costas, sua especialidade. Também disse que ele queria ser cadete.

Dezessete anos depois, 1956, já casado com a Helena, Fernando Sabino mandou o seu livro *Encontro marcado*, saindo do forno, para a minha mãe, que agora morava em Lins. Eu tinha dez anos e já gostava de ler. Mas a dona Dídia escondeu o livro do amigo Fernando, porque era "muito forte".

Claro que eu descobri o esconderijo e lia nas madrugadas. Mudou a minha vida. Até então, eu não tinha ideia que se pudesse escrever certas indecências, habituado que estava com os livros ginasianos e "edificantes" do Colégio Salesiano. Um trecho que eu nunca esqueci, já na terceira página:

Floripes era a ama. Dava banho em Eduardo, vestia-lhe o uniforme do Grupo. Um dia Eduardo gritou-lhe de dentro da banheira:

— Floripes! Tem um osso no meu pipiu!

Desse dia em diante a preta decidiu que ele já podia tomar banho sozinho. Quase sete anos.

— Não quero. Quero você.

— Está na hora de ir para o Grupo.

— Hoje eu não vou.

— Vai.

— Não vou.

Foi a primeira vez que pensei em ser escritor.

Depois, adulto e já escritoriando, nos tornamos amigos. Ele não estava mais com Helena. Mas me ajudou a armar um encontro entre ela e a minha mãe. Mamãe queria organizar uma festa em Belo Horizonte para as alunas do Sacré-Coeur comemorarem os cinquenta anos de formatura.

O encontro foi um sucesso. Acho que foi em 1991.

Um dia, contei ao Fernando que, havia muito tempo, li uma crônica dele inesquecível. Ele havia enchido uma página inteira da revista *Manchete* apenas com a dúvida de um orador que não sabia se falava "eu não sou daqueles que dizem" ou "eu não sou daqueles que diz". Enrola uns vinte minutos e cheio de dúvidas, mas decidido, diz, encerrando a crônica:

"Senhoras e senhores, enfim, eu não sou daqueles".

Foi ovacionado.

Eu havia achado o máximo.

— Essa crônica não é minha. Tem cara do Velho Braga.

— Não acredito. É sua!

— Juro.

Passaram-se quarenta anos. Escrevi a história com mais detalhes em algum lugar. E eis que outro dia recebo um Messenger de um desconhecido:

Caro Mario: O Fernando Sabino estava errado, a crônica é dele, sim, e foi publicada na página 74 da Manchete *de 26 de julho de 1958. Título: "Aventura do cotidiano". Adalgisa Colombo na capa, nossa Miss Brasil.*

Consegui a revista na *Estante Virtual*. Havia lido em 1958, com doze anos.

Tá aqui na minha frente, querido Fernando!

Agradeço ao desconhecido. Não achei mais o texto dele no Messenger, para dizer obrigado.

Dentro da revista, além do Fernando Sabino, seis páginas de fotografias com Adalgisa em Nova Iorque, feitas pelo craque Gervásio Baptista, baiano, um dos melhores fotógrafos da imprensa brasileira. Morreu em 2019, aos noventa e seis anos. O Gervásio, não a Adalgisa.

E, na página 74, o sujeito indeciso no discurso. De Fernando Sabino.

As incríveis aventuras do Doutor Prata

1932, COM JOUBERT DE CARVALHO

Repúblicas eram casas que estudantes alugavam em grupo, enquanto faziam faculdade. Acho que até hoje se chamam "repúblicas". Entre 1931 e 1941, enquanto estudava no Rio de Janeiro, meu pai morou em uma com amigos e colegas de sua cidade. Mal sabia meu pai que alguns deles se tornariam famosos, famosíssimos.

Meu pai, Alberto Prata Júnior, Aluízio Rosa Prata e Lolô Prata — tudo primo —, mais Mário Palmério (sim, o futuro imortal) e Joubert de Carvalho (*Taí*) eram todos de Uberaba. Mário fazia engenharia e advocacia. O resto, medicina na Nacional. Os três primeiros eram primos-irmãos. Joubert e Palmério, velhos amigos da mineira adolescência. Joubert, um pouco mais velho que o meu pai. Palmério, Aluízio e Lolô, pouco mais jovens.

Joubert de Carvalho estava se formando e já procurando emprego. Metido a músico, mas ninguém ali lhe dava bola. Compositor era uma coisa meio marginal. Ele compunha e ninguém ligava muito, nem ouvia.

Seu grande sucesso até então vinha na voz da então também novata (vinte e um anos) Carmen Miranda, com a gravação (*Pra você gostar de mim*) lançada em 1930.

Em 1932, ficou amigo de um tal de Rui Carneiro, chefe de gabinete do ministro da Viação e Obras Públicas. Perguntou se o Rui não conseguiria, com o ministro, uma "colocação" para ele, de médico, no Instituto de Estudos Marítimos. Ali, no papo, num bar, Rui Carneiro deixou escapar que o chefe estava sofrendo muito, pois sua namorada havia voltado para o Nordeste, de onde, aliás, ele, o ministro, também tinha vindo. Paraibanos. Estava com uma dor de corno horrível.

— De que cidade é a moça?

— Ingá, Paraíba.

E o nome dela?

— Maria.

— E o ministro também é paraibano, né?

— Sim, de Areia.

Joubert teria coçado o queixo.

— Aí tem! — Longa pausa. — O ministro não é metido a escritor?

Uma semana depois, Joubert liga para o ministério e diz ao chefe de gabinete que tinha uma música para mostrar ao ministro. Composição dele, Joubert de Carvalho.

No dia seguinte, o Rui Carneiro telefona e pede para o médico-compositor ir até o ministério mostrar a música.

— Nem pensar. Se ele quiser, que venha até a minha casa.

Segundo disse aos colegas da república, estava apenas fazendo cu-doce (ainda existe a expressão?). Ele iria no dia seguinte, é claro.

Qual não foi seu espanto (e do meu pai, do Mário, do Aluízio e do tio Nonô) quando chegou o ministro, no fim da tarde, com todo o seu gabinete. E ele, meio trêmulo, pegou o velho violão e cantou a música que hoje é conhecida como "Maringá".

Maria de Ingá, Maria de Ingá,
Depois que tu partiste,
Tudo aqui ficou tão triste.
Maria de Ingá, Maria de Ingá.

E por aí vai. Dizia o meu pai que o ministro chorou disfarçadamente.

Em agosto de 1977, um mês antes de morrer, em entrevista de vídeo a Jair Conceição, seu filho adotivo, Joubert da Carvalho declara, claramente:

— O emprego? Dois dias depois, saiu no *Diário Oficial* a nomeação.

E cantarola, tocando um piano: "Maringá, Maringá".

Maringá virou até nome de cidade no norte do Paraná, fundada em 1947, um ano depois do meu nascimento.

Quando meu pai me contou essa história, há muitos anos, eu perguntei.

— E ela voltou?

— Ela quem?

— A Maria do Ingá, voltou para o ministro?

Meu pai pensou, pensou:

— Sabe que eu não sei?

JÁ NO CURSO PRIMÁRIO[7]

Mario Alberto *"é dispersivo e está atrapalhando o andamento da classe"*.

---

7. *WhatsApp do Editor*: Bilhete da dona Augusta para a dona Dídia Campos de Morais Prata.

FRASES DO MEU PAI

- O negócio é o seguinte:
- Vamos acabar logo com isso de uma vez!
- Por acaso eu sou sócio da Light?
- Ninguém me ouve nesta casa... — (quando dava algo errado que ele já havia dito que podia dar).
- Chispa!
- Pijama e cama!
- Toma água, menino! Toma água! — (quando a gente começava a falar alguma barbaridade. Porque, enquanto se bebia, não podia falar).
- Não come, belisca!
- Vai aonde que pensa que vai?
- Saúde, dez! Educação, zero! — (quando algum de nós arrotava).
- Não fez mais do que a sua obrigação — (para quem tirava cem nas provas).
- Vai pentear macaco!

PREJUDICAR E DESMORALIZAR

Era a minha mãe correndo atrás do meu pai, que, por sua vez, corria atrás de um dos três filhos homens para bater.

— Na cabeça não, Alberto, que prejudica! E na cara não, que desmoraliza!

LIDI O QUÊ?

Nada me impressionou mais no velho e bom século XX do que a invenção do liquidificador.

Era ainda menino quando o aparelho — a primeira safra, de alumínio — chegou a Lins. Meu pai avisou: "Vem um sujeito aqui hoje em casa fazer uma demonstração". Naquela época eu não sabia nem o que era demonstração. Vieram os vizinhos e o padre.

— Um negócio com esse nome não pode dar certo — vaticinou, profetizou, predisse, prognosticou, previu e anunciou meu pai, que tudo sabia. — Como é mesmo o nome? Lidiquificador?

— Precisa pôr terno pra receber o homem?

— Tomar um banho já está muito bom.

Mas o sujeito veio de terno, gravatinha-borboleta e uma caixa. Fomos todos para a mesa da copa. Pediu uma garrafa de leite e as frutas que tivesse em casa. Foi cortando as frutas e jogando dentro do cone enquanto dissertava sobre as vantagens do trambolho.

— Querem com gelo?

— Tudo que temos direito.

Colocou umas cinco pedras lá dentro, ligou na tomada, colocou meio litro de leite e finalizou com uma tampa de alumínio.

— Para funcionar, basta virar esse pininho para a direita.

E virou. O barulho parecia o de um avião que uma vez passou rente à nossa casa. Ele segurava o bicho com as duas mãos. Se soltasse ele se deslocava pela mesa. Era temperamental o troço. Foi quando o meu pai, sempre muito curioso, tirou as mãos do ouvido e levantou a tampa de cima.

Gente! Nacos de manga, uvas, laranjas, pedradas de gelo, o aparelho escapou da mão do representante e foi para o chão, onde vomitou o resto de leite amarelado e continuou andando como as máquinas de lavar roupas que, aliás, não tinham ainda sido inventadas. Pensando aqui: talvez as máquinas de lavar tenham sido uma extensão dos liquidificadores, no seu trôpego caminhar. Pedaços de manga grudados no teto e no lustre, que passou a piscar. Uma semana para limpar aquilo tudo.

— Ninguém me ouve nessa casa... Falei que não ia dar certo. Como é mesmo o nome? Ainda mais com esse nome: lidiquificador.

DESAFIA O NOSSO PEITO A PRÓPRIA MORTE!

Nasceu em Três Lagoas, MS, e, ainda pequena, mudou-se para Lins, no Estado de São Paulo, cidade que adotou de coração, como sempre dizia. E eu acrescentaria: de coração e de peito.

Foi uma grande atriz, linda, muito humor, corpo escultural, como se dizia quando as esculturas ainda eram valorizadas. Foi casada com ator muito famoso e jantavam juntos quase todas as noites no Gigetto, ali na Rua Avanhandava, em São Paulo. Foi lá que fiquei amigo deles, ainda com vinte e poucos anos, começando no teatro. Eu e ela tínhamos algo em comum. Lins nos nossos corações.

O que eu quero contar aconteceu em 1954, em Lins. Ela tinha uns quinze-dezesseis, e eu oito, com certeza. Lembrei agora que a mãe dela tinha uma pensão para jogadores de futebol do Linense.

Mas me recordo dela e muito, na sua exuberante adolescência. Como se dizia na época, era "uma pequena de parar o trânsito". Pernas e seios. As garotas da cidade, invejosas, insistiam que os seios eram de enchimento. Algodão puro!!!

Eis que o pai dela é transferido da cidade. E começa um zum-zum-zum entre pessoas de todas as idades. Porque ela mandou espalhar a notícia que no domingo, um dia antes da mudança, iria mostrar os seios no coreto da Praça Coronel Piza.

A cidade tremeu. Mais do que no ano anterior, quando o Linense começou a disputar o campeonato paulista da primeira divisão. Eu tinha oito anos! Não ia perder aquilo de jeito nenhum. Por nada. Nunca havia visto um peito na minha vida. E mal sabia que aqueles seios, em pouco tempo, seriam um dos mais admirados e cobiçados do país. Domingo, quando o sino da Igreja de Santo Antônio desse as doze badaladas do meio-dia, ela giraria seus seios nus pelo coreto. Até os pardais sabiam disso.

Eu era magrinho, pequeninho, fui me esgueirando e fiquei ali na primeira fila, na fila do gargarejo, como se diz no teatro.

Eu suava e tremia ligeiramente. Não houve nenhuma autoridade — fora o bispo Dom Gelain — a proibir. Era um interesse comunitário. O delegado mandou fechar a zona para que as putas pudessem ver aquilo e até descolou uns praças para ajeitar o trânsito em volta da praça.

Sorveteiros, pipoqueiros. Pra mais de dez carrocinhas.

De repente, um minuto antes do pipocar do sino, um rapaz subiu ao coreto e bateu a caixa. Uma corneta se ouviu em algum lugar. Ela veio chegando, descalça, com um roupão branco, muito branco.

Colocou-se no meio do coreto, abriu os braços, cumprimentou um ou outro mais chegado. Eu estava gelado e com dor de cabeça ao mesmo tempo.

Mas o que ninguém contava era com a surpreendente participação no evento do Acácio. O Acácio era um sujeito de uns quarenta anos, sacristão, puxa-saco do pároco da Igreja de Santo Antônio, que distava uns quarenta metros do coreto da praça. Como em toda pequena cidade do interior, o sacristão era meio bobão, andar torto, roupas esquisitas, solteiro e, com certeza, virgem. Em pensamentos, palavras e obras. Não existiria outro emprego na cidade para ele. Bajulador imediato do padre Rebouças, cuja maior preocupação religiosa era o decote das moças. Diziam que o Acácio era analfabeto. Mas ajudava a missa em latim.

Pois bem, anos depois, eu soube que alguém dera um binóculo e uma garrafa de conhaque (nacional) para o Acácio — que era quem tocava o sino. Que ele fosse lento como o Menino Jesus — sempre achei o Menino Jesus meio lento. Que badalasse com um olho no sino, outro na boca da garrafa e o terceiro olho no coreto.

Quando o sino deu a primeira bimbada, ela, como se já fosse a atriz que viria a ser, num gesto rápido, tirou o roupão. Estava só de calcinha, meu Santo Deus!

Estava fazendo mais que o prometido. Calcinha vermelha, bem vermelha, e no ritmo das badaladas começou a girar por todo o coreto. Descalça e de calcanhar limpo. Uma ovação, um delírio, dois bicos firmes e completamente cor-de-rosa. Só que a segunda badalada demorou um pouco. E a terceira, nem se fala.

Talvez ela tenha sido a primeira a perceber que o Acácio estava transformando cada segundo em uns dez. Ela olhou para o alto da torre da igreja e sorriu para o Acácio. Jogou um beijo! Quase que ele caiu lá de cima. Na terceira e lenta batida, o padre Rebouças já estava na porta da igreja — trancada por dentro — batendo com sua bengala e gritando:

— Acácio, tu vais morrer no fogo eterno!

E o povo, que na quarta badalada já tinha entendido tudo, bradava:

eu vi um baile de debutantes

— Acácio! Acácio! Acácio!

E ele, lá de cima, de alma mole e pau duro, balançava a garrafa. Aqueles doze repiques demoraram uns dez minutos.

Alguém gritou para o padre:

– Seu padre, se a sua batina fosse de bronze, ia ser uma badalada!

Tudo hirto, as coxas perfeitas lustravam, as unhas do pé também no mesmo tom da calcinha. Acabaram as badaladas, e o rapaz do repique colocou o roupão nela. Ela pediu ao público que fizesse silêncio. Conseguiu:

— Vocês estão no meu coração. Jamais esquecerei o dia de hoje. Viva Lins!

Outra apoteótica ovação.

Que peitos! Puta que o pariu!

Saiu carregada nos braços das putas de peitos caídos.

Vinte anos depois, em 1974, eu já com duas peças de teatro encenadas, estávamos jantando no Gigetto, restaurante da classe teatral, numa mesa grande redonda, e calhou de ela (e seus seios) ficarem ao meu lado. Eu já com vinte e oito, e ela com trinta e seis.

Ela:

— O Plínio Marcos me disse que você é de Lins.

Silêncio, olhos nos olhos.

— É. Sou...

Ela ficou me olhando e perguntou baixinho:

— Em 1954 você já tinha nascido?

Eu sorri mais baixo ainda.

— Tinha oito anos...

Ela chegou bem pertinho do meu ouvido:

— Sei... Você estava lá? Viu?

— Estava. Vi...

— Sei...

— Pois é...

— É. Passa o pão.

E eu tive a coragem de dizer:

— Quero te agradecer. Um dia ainda vou escrever isso.

— Que maravilha! Vou morrer de rir. — E gritou para o marido: — Olha, olha, aquele negócio de Lins que você disse que é mentira, ó, ele viu! Tinha quantos anos mesmo, amor?

— Oito — com medo do marido.

E caímos na risada.

Ela morreu em janeiro de 2014, aos setenta e cinco anos. Não deu tempo de ler esta minha declaração de amor aos seus seios, coxas, seu dedinho do pé, bunda, talento e amizade linenses.

Em Lins, nós somos assim: amigos do peito e de corações![8]

---

8. *WhatsApp do Editor*: Somente agora, hoje, 2023, o Prata, aos setenta e sete anos, caiu na real que seios de dezesseis anos foram os dela, os únicos que viu em toda a sua vida.

UMUARAMA-TAMBAÚ, PADRE DONIZETTI

Tinha nove anos e agora morava com meus avós maternos em Uberaba. Minha mãe estava grávida do meu irmão caçula, e, como eu era um capeta, me mandaram para lá.

Minha avó era daquelas beatas antigas. No quintal da casa da mãe dela tinha um portãozinho que dava direto no jardim da Igreja de São Domingos. Para não precisar nem sair pra rua pra rezar. Padres dominicanos comiam na casa dela, como nos romances de Machado e Eça, sempre com batinas preta e olhares brancos. Quando fui morar em Portugal, descobri que todas as casas de Lisboa eram iguais às casas das minhas tias. Janelas sempre fechadas, como as de Proust por causa da asma.[9]

Pois foi quando chegou à cidade a espalhafatosa notícia que um tal de padre Donizetti estava fazendo milagres em Tambaú, interior de São Paulo. Trezentos quilômetros de estrada. De terra.

Meu avô, apesar de ateu, começou a fazer seus planos expedicionários para colocar na estrada um dos primeiros Volkswa-

---

9. *WhatsApp do Editor*: Nos desculpe, não sei o que o Proust está a fazer aqui.

gens da cidade e do país, da primeira safra, presente do seu amigo e também mineiro, o presidente Juscelino Kubitschek de Oliveira. Sairíamos de manhã, dormiríamos no supernovo e moderno recém-inaugurado Hotel Umuarama, em Ribeirão Preto, e no dia seguinte seguiríamos para Tambaú, previa meu avô.

Pois foi no moderníssimo Hotel Umuarama, pioneiro da verticalização de Ribeirão Preto, que o fato se deu.

O carro foi muito bem, mas chegamos àquela beleza cheia de mármore preto, bastante empoeirados. Meu avô foi o primeiro a ir tomar seu banho. Ouvimos o barulho da ducha com a água saindo com uma força arrebatadora, um grito, barulho, grito. Esqueci de dizer que o meu avô era a pessoa mais magra que já existiu no mundo. Era só osso, pele e alguns órgãos. Altura normal, não chegava a 40 quilos. Tchibum! Minha avó, gritando e temendo o pior, desesperada, abriu a porta. Meu avô estava num canto do banheiro, enroscado no bidê. Não fora o bidê, ele iria pelo ralo.

— Liga pra portaria, mininu! Chama alguém! Desliga essa maldita ducha. Se providencie!

— Bateu na nuca e me atirou aqui...

— Foi o padre Donizetti que salvou sua vida.

— Padre Donizetti, o *cazzo*! Me pega o roupão, desliga aquela porra, criatura! Chuveiro de hotel moderno...

— Rezemos!

Eu estava parado na porta admirando a magreza do meu avô. Pra quem tinha visto aqueles seios no coreto de Lins um ano antes, aquilo era a maior aberração da humanidade.

(A partir daquele dia passei a comer mais.)

Na estradinha que dava acesso à pequena Tambaú, passava só um carro e muitos peregrinos a pé. E de joelhos também. Promessa, talvez. Muita gente de muletas, cadeiras de rodas precárias, empurradas por negros. Muitos padres em quase transe, apressados, nervosos. Freiras fazendo o sinal da cruz sem parar. Uma loucura mesmo. Quando comecei a ver os filmes do Fellini, desconfiei que ele esteve em Tambaú. Em preto e branco.

Uns trinta anos depois, sentiria algo parecido em Fátima, Portugal.

O mesmo cheiro de velas. Finas, grossas, altas. Enjoativo.

E logo ficamos sabendo que a próxima aparição (na janela) do padre seria dali a meia hora. Nos pusemos em posição. Foi aí que ouvimos gritos:

— Ela anda! Ela anda! Ela está andando!

Uma velha saía de uma espécie de depósito ao lado da pequena igreja, andando. Totalmente trôpega, mas caminhando, segurando duas muletas erguidas na direção do céu.

— Essa veia tá é de pilequinho — meu avô.

Saí correndo dali, me esgueirando, pequeno que era, e entrei na tal sala. Ali tinha uma quantidade incontável de bengalas, muletas, cadeiras de rodas e até — e nunca soube por quê — umas três dentaduras. O que era aquilo? O padre teria colocado aquele povo todo para andar? Com o devido perdão, só sei que nada sei, me diria Sócrates anos depois.

Surge o padre na janela, a multidão fica histérica, minha avó chora, faz infinitos sinais da cruz. Chora alto, escandalosamente fiel.

— Deixa de histeria, criatura! — ele, claro.

O padre levantou os braços. Como se fosse algo ensaiado, todos se ajoelharam, inclusive eu. Mas aí eu não enxergava. Fiquei de pé mesmo. Todos já tinham um papelzinho na mão. Lemos em voz alta:

Venerado padre Donizetti, vós, que sob a proteção de Maria Santíssima, na invocação de Nossa Senhora Aparecida, passastes por este mundo espalhando o bem e tivestes a dádiva privilegiada de amenizar dores e sofrimentos, conseguindo também numerosas graças especiais, intercedei por mim junto a Deus, para que Ele me conceda a graça (faz-se o pedido: eu pedi uma bicicleta) de que tanto necessito.

Venerado padre Donizetti, prometo me lembrar sempre deste favor e procurarei incentivar cada vez mais a devoção para convosco.

O padre, então com setenta e três anos (morreria em 1961, com setenta e nove), rezou conosco um Pai-Nosso, uma Ave-Maria e um Glória ao Pai. Fez sum sinal da cruz geral, se afastou e um coroinha fechou a janela. Aí ficou aquela multidão ali sem saber o que fazer. E eu perguntei:

— E agora, vó?

— Agora que já rezamos junto com ele, vamos embora.

Fiquei decepcionado:

— Mas não vai ter nem um churrasquinho, nada, vó?

Nunca me esqueci do olhar que a vovó me deu.

Na volta, eu não conseguia parar de pensar naquelas muletas todas. Aliás, até hoje. Em Fátima, também ficaria impressionado trinta anos depois.

Dentadura? Vou pensar nisso na velhice.

Padre Donizetti.

Tambaú.

Umuarama.

As incríveis aventuras do Doutor Prata
1956, COM O PAI DO PELÉ

Entre 1955 e 1957, meu pai se dividiu entre a Delegacia Regional de Saúde de Lins e a de Bauru. Ficava três dias em cada cidade (ainda se trabalhava seis dias por semana). Em Bauru, conheceu um contínuo que puxava uma perna servindo café (eu conheceria, numa das idas com o pai), chamado Dondinho. Dondinho era tão tarado por bicudos e curiós quanto o meu pai.

Um dia, no quintal do seu funcionário, visitando uns bicudos, Dondinho pediu, muito modestamente, uma opinião do seu chefe:

— Doutor Prata, estão querendo levar o meu filho, o Edinho, aquele ali, jogando botão sozinho, para treinar num time grande em São Paulo. O que o senhor acha?

Meu pai contaria depois, em Lins, que primeiro olhou para a perna que ele arrastava, dura. Dondinho (ex-jogador do Atlético Mineiro, do Vasco da Gama e do Bauru Atlético Clube, o BAC) tinha se acidentado em campo, e pareceu ter entendido a indireta. E o chefe arrematou:

— Dondinho, futebol não dá camisa pra ninguém! E o menino é muito pequeno, muito baixo, tá com quantos anos?

— Vai fazer quinze em outubro...

— Muito pequeno! Deixa isso pra lá, Dondinho! Depois a gente arruma uma colocação para ele aqui na Delegacia de Saúde. Futuro garantido. Me mostra o bicudo que nasceu aqui, em cativeiro. Coisa rara... Como você conseguiu isso?

Felizmente, para o mundo, dessa vez o funcionário não levou a sério as palavras do chefe.

Apenas dois anos depois, em setembro de 1958, o Santos foi jogar em Bauru. Pelé ainda estava com dezessete anos e já era campeão do mundo. Faria dezoito um mês depois. Após o jogo, churrasco na casa do Dondinho. Quintal cheio de bicudos. E todos os craques do Santos. Mas o doutor Prata estava mais interessado no gol que o Pelé tinha feito contra o País de Gales. Coisa de gênio!

Nunca me esqueci daquela tarde. Tinha doze anos. Cinco a menos que o Pelé.

Trinta e oito anos depois, 1996, eu estava fazendo uma palestra no Sesc de Santos, seguida de autógrafos. Estava lá assinando com a fila à minha esquerda. Não dava nem para ver o tamanho. Acabei de assinar um livro, virei-me para pegar o próximo. Levei um susto, achei que era o Pelé. Mas não tinha a idade dele e, principalmente, era uma moça. Uma garota muito bonita e simpática demais.

— Não se preocupe. Todo mundo se assusta. Sou a cara dele. Sou neta do Dondinho, filha do Lima com a Maria Lúcia.

— Grande Lima! Como vai o seu avô? Li que está mal.

— Pois é. Em primeiro lugar, adorei a palestra! Meus parabéns! E foi o meu avô, que está de cama, que me pediu para vir pegar "um livro do filho do doutor Prata, autografado". Comprei um pra mim também!

eu vi um baile de debutantes

Eu abaixei a cabeça, ia chorar, segurei. Devia ter chorado... Desperdicei um choro que era uma homenagem ao pai, por meio daquela menina linda, neta do amigo dele. E escrevi:

Para a dona Celeste e o seu Dondinho, agradecendo ao senhor por não ouvir o conselho do meu pai. Beijos nos dois!

Entreguei o livro, ela leu a dedicatória. Riu.
— Sabe da história?
— Claro, imagina se não!
Foi quando eu me levantei, abracei a neta do amigo do meu pai e, agora sim, choramos juntos.

SÃO PAULO DA GAROA E DA ESCADA ROLANTE

Morávamos em Lins, interior de São Paulo, onde o meu pai era Delegado Regional de Saúde. Sei que já disse. Por causa disso, pelo menos uma vez por mês tinha reunião em São Paulo com o secretário da Saúde ou até mesmo com o governador. Ia de avião pela Real Aerovias, um velho Douglas DC-3 de dois motores. Pista de terra! Jânio Quadros, Carvalho Pinto e Ademar de Barros eram nomes corriqueiros na hora das refeições em casa.

Papai sempre trazia as últimas edições da *Manchete* e de *O Cruzeiro*, que levariam ainda alguns dias para chegar a Lins, de trem. Também uma caixa de bombons da Kopenhagen e discos de Bossa Nova, Elvis Presley, Neil Sedaka (trinta anos depois eu escreveria uma telenovela com título dele: *Estúpido cupido*). E as novidades da cidade que não podia parar. Até que um dia ele contou algo que me impactou.

Em uma galeria de São Paulo tinha uma escada rolante! Imagine um garoto ouvindo isso. Uma escada rolante! Mas como? Não é possível. Não conseguia dormir. O mais próximo que cheguei foi dessas escadas de pedreiros que se abrem. Seria uma daquelas com quatro rodinhas embaixo? Mas como fazia, ficava no primeiro degrau, como um patinete, e pedalava? Será? E para parar? Eu precisava ver aquilo com meus próprios olhos. Meu pai ficou de me levar um dia.

— Vamos ver.

Quando falava "vamos ver", era o mesmo que falar não.

Mas, um dia, fomos. 1955. Eu, nove anos. Janeiro ou fevereiro.

Viajei de avião. Barulhão das duas hélices. Ganhei uma bala de hortelã, Pipper. As aeromoças, lindas, passando a mão na minha cabeça!... Quinze anos depois, no Rio de Janeiro, namorei uma atriz que tinha sido aeromoça da Real Aerovias. Deu um certo frenesi. Conhecia o Lins Hotel e tudo!

No meio da viagem, meu pai me deu um saquinho e mandou eu vomitar dentro. Eu vomitei!

Em São Paulo, pra começo de conversa, todos os homens usavam terno cinza ou escuro, gravata, chapéu e bigode. Como meu pai. Uns usavam bengalas, como ornamento. Não tinha mulheres nas ruas. Ficamos no Hotel Cineasta, na São João, quase esquina com a Ipiranga. Garoava. Achei que era por isso que os homens usavam chapéus.

No hotel, entrei pela primeira vez num elevador. Fiquei quietinho, não disse uma palavra. Tinha estranhos junto. A geringonça balançava um pouco. Mas o que eu queria mesmo era ver a escada rolante.

De tarde fomos a uma galeria (um lugar cheio de lojas!) e vi. Meu pai disse para eu reparar nos outros e fazer igual. Primeiro fui eu, ele na retaguarda. Depois ele. E aquele negócio — lenta e silenciosamente — andava para frente e para o alto. Queria que todos os meus amigos do grupo vissem aquilo. Nem perguntei para o meu pai como funcionava, para evitar deixá-lo sem explicação.

Lembro também que eu estava olhando estupefato para os faróis que acendiam e apagavam nas esquinas, organizando o trânsito.

— O vermelho tem que parar, não pode passar. O amarelo é atenção, vai surgir o verde. E o verde é para passar.

— Pai, quem é que muda as cores?

— É automático, meu filho.

De noite, antes de dormir, perguntei:

— Pai, o que é automático?

Na rua, era uma multidão que ia para todos os lados, entravam e saíam de prédios. E o que mais me espantou: como é que todo mundo sabia para onde tinha que ir? Anos mais tarde, o diretor teatral e meu irmão Aderbal Freire-Filho me diria que também teve essa impressão.

Era sábado, e de tarde fomos ao Theatro Municipal ver uma peça infantil. Não lembro que peça era. Duas imagens me marcaram: a suntuosidade do teatro e termos sentado na última fila do último andar. Em 1973, dezoito anos depois, com 27 anos, eu atuaria naquele palco, como ator, ao lado de Sérgio Mamberti, Yara Amaral, Ênio Gonçalves e Regina Duarte, com direção de Paulo José, na peça *Réveillon*, do querido Flávio Márcio. De tarde, agora em 1973, fazendo o ensaio de luz, do palco fiquei olhando para aquela última fileira pra ver se eu ainda estava lá.

Saímos do teatro e entramos numa loja imensa, chamada Mappin. Ali, para susto meu, o elevador falava:

— Segundo andar, roupas para mulheres, crianças, móveis infantis, brinquedos em geral.

A porta se abriu e meu pai comprou meu primeiro terno. Verde-escuro, calça curta.

Nunca me esqueço que, ao sair de lá, passamos em frente de outra loja, a Ducal. Meu pai leu os letreiros e me disse:

— Devíamos ter comprado aqui. Sabe por que se chama Ducal? Porque você compra um terno e vêm duas calças! Du-cal!

— Eu quero!

— Deixa disso. Vamos tomar um sorvete.

Já era Kibon! Que presente bom!

No voo de volta perguntei para o meu pai:

— Por que na ida o senhor me mandou vomitar naquele saquinho?

SETE DA MANHÃ DO DIA QUATRO DE OUTUBRO

— Guarde bem o dia de hoje! Escutei no jornal da Rádio Nacional, enquanto tomava café. Tem um satélite artificial rodando aí por cima. Quatro de outubro de 1957! — Me disse o Meneis.

Olhei para o céu.

Eu tinha onze anos, estava no primeiro ginasial; e ele dezesseis, no último ano do científico. Aprendia muito com ele, sempre subindo os oito quarteirões até o colégio "dos padre" Salesiano.

Fiquei sem saber o que falar. Uma lua artificial, foi o que eu consegui pensar. Mais uma lua pra gente olhar?

— Foram os russos comunistas que soltaram. O troço chama-se *Sputnik*. Guarda o nome. *Sputnik*. *Sputnik* quer dizer, em russo, "amigo viajante"!

Abriu os braços.

— É deste tamanho. Cinquenta centímetros de diâmetro. Já sabe o que é diâmetro, né?

— Claro, o dobro do raio.

— Isso. E pesa 89 quilos!

— E pra que serve o *Sputnik*?

— Sei lá. Coisa de comunista... Amigo viajante, sei!

Guardei o dia: quatro de outubro de 1957.

COISAS FEIAS

Pois, com onze anos fui para o Colégio Salesiano. Tínhamos uma Caderneta Escolar onde, além dos carimbos de presente e ausente, havia os avisos que a mãe mandava justificando falta por motivo de doença, uma página para as notas e vinte e sete páginas com orações em português e latim. Além dos cânticos.

Tenho até hoje uma delas. Na página 45 está o melhor:

PREPARAÇÃO PARA CONFISSÃO
EXAME DE CONSCIÊNCIA

Sexto mandamento:
— Tenho pensado voluntariamente em coisas desonestas?
— Tenho olhado de propósito para coisas desonestas?
— Tenho prestado atenção a conversas desonestas?
— Tenho lido coisas desonestas? Conversado disso? Cantado alguma cantiga desonesta?
— Tenho faltado ao pudor despindo-me levianamente à vista de outra pessoa?
— Tenho feito coisas desonestas? Tenho deixado os outros fazer isso comigo?

Eu tinha onze e achava que coisa feia era o lobisomem...

A GRANDE CORRIDA, VOLTANDO A 1958

Respirei fundo, olhei para a esquerda e disparei assim que ouvi o locutor — *speaker!* — dizer, na rádio da Leiteria Central, em frente ao Cine São Sebastião (o "Palácio Encantado da Noroeste"), em Lins:

> *Pedro Luiz,*[10] *Rádio Bandeirantes de São Paulo, Brasil, comandando a cadeia Verde Amarela Norte Sul do Brasil. No estádio de Rasunda, em Solna, Suécia, são 15 horas, horário do Brasil. Começa a decisão, final da Copa do Mundo de 1958. Gilmar; Djalma Santos, Bellini, Orlando e Newton Santos; Zito e Didi; Garrincha, Vavá, Pelé e Zagalo.*

Antes de seguir com a corrida cinema-minha casa, numa distância de aproximadamente um quilômetro, indo direto pela Luís Gama até a Paulo Giraldi, tomei fôlego. E corri.

---

10. *WhatsApp do Editor*: Pedro Luiz Paoliello (São Tomás de Aquino, MG, 14 de junho de 1919 — São Paulo, 13 de julho de 1998), mais conhecido como Pedro Luiz, foi um locutor e comentarista esportivo brasileiro, considerado um dos maiores narradores da crônica esportiva do Brasil. Participou da cobertura de onze Copas do Mundo e dois Jogos Olímpicos.

Estava cansado de saber que o jogo começaria às três da tarde em ponto. Aconteceu que, na "vesperal das dez" do cinema daquele domingo, além do filme, tinha o capítulo final do seriado *Látego*, em dez episódios. Ninguém ia perder o mocinho que desarmava bandido com seu chicote de couro. Saiu todo mundo correndo para suas casas.

Quando eu estava começando o segundo quarteirão, ali pela casa dos Cúcolo, ouço o rádio do Pedro Luiz.

Quatro minutos decorridos no estádio de Rotunda, em Solna! Gunnar Gren passa à direita para Bergmark. Este, tramando, tenta descer pela direita; passa para Borjesson. (Estou pela casa do Bisteca, agora, casa do seu Júlio da Coletoria.) *Este tenta mandar para o comando da ofensiva para Simonsson, este tenta a finta, finta e manda para Liedholm, que dribla e dispara para o gol. Golllll!!!*

(Eu já estava nos Ariano.) *Gol da Suécia!!! Gol!* (Casa do Jairo Borges, que se casaria com a Lilinha anos depois.)

Merda! Intensifico a corrida. Entre a 13 de Maio e a Paulo Giraldi, cinco minutos depois, Pedro Luiz:

Garrincha recebe de Didi que recebeu de Zito, agora fugindo pela direita; balança o corpo, ginga e manda para a área! Golllll!!! Gol do Brasil!!! Vavá!!! Vavá!!! Nove minutos de jogo. Gol do Brasil!

Era o que eu tinha corrido. Nove minutos. Acelerei. Entrei correndo em casa. Todo mundo em volta do rádio mais ou menos potente.

Garrincha monumental. Pelé para Zito, este para Garrincha, Garrincha faz a finta, centra e Vavá, na marra, o Peito de Aço. Goooooooooooooooooooooooollllllll!!! Brasil vira, vira, vira... Agora são trinta e dois minutos da primeira etapa!

Foguetes por toda a cidade, por todo o Brasil. O jogo terminaria cinco a dois. Os dois do Vavá, dois do Pelé e um do Zagalo (ainda com um "L" só), que a gente teria que engolir por décadas.

Pulo abraçado com meu pai e meus irmãos menores. A Rua Paulo Giraldi, esquina com Luís Gama, é nossa! Alguém não resistiu ao trocadilho:

"Em Rasunda, a Suécia levou na bunda!".

Dois meses depois, na casa do Dondinho, pai do Pelé e amigo do meu pai, passarinheiro como ele, em Bauru, perto de Lins, abraçamos o Pelé. Ele tinha dezessete anos, eu doze. Cinco anos apenas de diferença. Todos tínhamos cara de moleque. E éramos. Leonel, meu irmão com sete anos, ficou tão nervoso e emocionado que fez cocô na calça. Dona Celeste trouxe um calção pra ele. Do Zoca, o caçula deles que tentou, mas não jogava nada.[11]

---

11. *WhatsApp do Editor*: Zoca hoje cuida dos negócios do Pelé nos Estados Unidos. WhatsApp do Editor II: Prata, lamento informar: Jair Arantes do Nascimento, o Zoca, o irmão que também queriam que fosse Pelé, morreu em Santos-SP, em 2020, com setenta e sete anos, após longa batalha contra um câncer. E, agora, 2022, foi seu irmão Edson.

O CASACO DA TIA MARIÍTA

Nas férias de Uberaba, rolavam os campeonatos de jogo de botão com os primos do lado dos Prata. Os jogadores eram plásticos de relógios usados e botões de roupas grandes, casacos, pouco maiores que a maior moeda. E o goleiro era caixa de fósforo com peso dentro. Kiko!

Um dia, cheguei para jogar com o time concentrado, dentro de uma caixa de queijo Catupiry, na casa da vó Quita, onde tinha uma mesa perfeita para a prática do esporte bretão. Era julho, muito frio. Ao chegar e atravessar a sala de visita — sim, tinha a sala de estar, a sala de visita e a sala de jantar —, estavam umas tias de quem eu tinha a obrigação de tomar a bênção oralmente, "bença, tia", beijando a mão e tudo o que tinha direito forçado. De todas. Quando fui beijar a rugosa e pintalgada mão da tia Mariíta, eu vi. Vi e fiquei impressionado.

Entrei para a sala de jantar afobado, onde os primos Gilberto, Jorge, Ricardo e Stanislaw me esperavam, e foi logo perguntando:

— Vocês viram o que eu vi?

Todos haviam visto e estavam igualmente obcecados com a coisa. A coisa eram os quatro botões do casaco da tia Mariíta. Excelentes zagueiros. Fortes, machos!

Foi o Stanislaw, o mais velho, quem fez o plano. Primeiro mostrou uma tesourinha de unha.

— O negócio é o seguinte: entramos na sala, correndo, eu e o Gilberto. E a gente tropeça perto da tia Mariíta, e eu caio no colo dela e o Gilberto vem em cima de mim! Já caio com as duas mãos preparadas. Arranco! Vamos nessa, Gil?

No que eu perguntei:

— Não dá pra tirar dois? Quero levar pra Lins, vai fazer o maior sucesso.

E assim foi feito, os dois caíram em cima da tia e o primo meteu a tesourinha no peito da velha. Foi quando o Gil caiu em cima dele que acabaram furando um pouquinho o farto e exposto seio da septuagenária.

O grito correu o quarteirão. No dia seguinte, Marií (em homenagem à querida tia) estreava na mesa da vó Quita pelas mãos do Stanislaw. Excelente zagueiro.

Vó Quita olhou para aquele zagueiro, deu um risinho...

TIO MAURILO I

Meu tio. Irmão caçula de minha mãe. Foi meu herói por muitos e muitos anos. Gostava muito dele. Principalmente porque era a chamada ovelha negra da família e, diziam, péssimo exemplo para mim.

Sua vida teve três fases bem distintas.

Primeira: nascido em Uberaba, em 1924, depois do hoje chamado Ensino Médio foi para o Rio de Janeiro estudar meteorologia.

Meu avô Mário, pai do Maurilo, tinha muito dinheiro, além de um cartório só dele, e "mexia" com diamantes. Nunca ficou muito claro para nós, netos e sobrinhos, o significado do verbo "mexer" nos negócios do vovô Mário. Nem que tinha uma segunda família com dois filhos. Meus tios, portanto, que nunca conheci, mas saúdo aqui.

Formado, meu avô bancou uma pós-graduação na Columbia University, em Nova Iorque, nos anos 1950, para o Maurilo. Foi aí que, sempre segundo a família — porque eu era bem jovem para entender —, começou a dar caca. Das grossas.

Um dia, lá em Manhattan, passava em frente a um teatro na Broadway, o Mark Hellinger Theatre. Era 15 de março de 1956, ele jamais esqueceria. Estreava *My Fair Lady*, adaptação da peça teatral *Pigmalião*, de Bernard Shaw. Atores principais: Rex Harrison e Julie Andrews. "Foi Deus", me diria décadas depois, "quem fez cair um ingresso do bolso de alguém que passou correndo."

Assistiu, se apaixonou por tudo. Deslumbrado, acabou amigo do elenco e de todo mundo. Nunca havia visto nada igual. O teatro brasileiro musical dos anos 1950 era feito por vedetes de pouca roupa e humoristas de muitas piadas dúbias. Deu um estalo na cabeça dele, pensou em voz interna, mas profunda.

"Vou fazer um *My Fair Lady* no Brasil!"

Tinha trinta e dois anos, o tio Maurilo.

Conseguiu convencer o meu avô — pai da minha mãe — e alguns tios a financiarem sua aventura.

Voltou para os Estados Unidos para estudar a técnica do musical.

Conheceu a dupla de produtores de My Fair Lady, *Frederick Loewe, Alan Jay Lerner e o diretor Moss Hart, que ensinaram como* Pigmalião, *de Bernard Shaw, foi convertido em* My Fair Lady. *Permitiram-lhe assistir a todos os ensaios da companhia que se preparava para percorrer o país (com Brian Aherne e Ann Rogers nos papéis criados por Rex Harrison e Julie Andrews, na Broadway). Maurilo foi um homem de sorte, porque raramente se permite a presença de estranhos em ensaios de teatro nos Estados Unidos. Os americanos lhe mostraram como "fechar" uma cena, dosar os climas etc.*

O parágrafo acima foi escrito num jornal carioca, pouco antes da estreia, por Paulo Francis.

De Nova Iorque, tio Maurilo voltou ao Rio para preparar o musical *Peguei um ita no Norte*.

Deixou a Columbia University pra lá. Chegando ao Rio de Janeiro, procurou o músico Dorival Caymmi e o autor e compositor Haroldo Barbosa, para o libreto. Escreveram o espetáculo *Peguei um ita no Norte*. Superelenco, encabeçado por Zélia Hoffman, Sonia Mamede e Renato Consorte. Para tanto, pegou dinheiro de toda a família, já disse. Inclusive da minha mãe, irmã dele.

1958.

Minha mãe se deslocou de Lins para o Rio de Janeiro para a aguardada estreia do tio Maurilo. Fracasso retumbante! Segundo o então crítico teatral Paulo Francis (e a minha mãe), os produtores das revistas musicais brasileiros pagavam para laranjas irem vaiar o espetáculo do começo ao fim.

Faliu quase toda a família.

Ele estava quase um século na frente do teatro musical brasileiro.

Vinte anos depois, fiquei amigo do Renato Consorte, com quem fiz dois trabalhos. Um ator maravilhoso. E sempre brincava comigo, quando a gente se encontrava no Gigetto:

— Quando é que você vai me pagar o que o seu tio ficou me devendo?

INTERNATO

Eu era tão pentelho e arreliento na pré-adolescência que me puseram interno num colégio de padres na mesma cidade em que eu morava: Lins. Tinha treze anos.

Era um colégio muito grande, e no último andar inteiro ficavam os dormitórios dos internos, divididos em três partes, por cortinas: Menores, médios e maiores. Eu era dos médios. Uns cem alunos e um padre cujo nome eu não lembro, pois era conhecido por padre Bostero. Era ele quem fazia a última oração com todos já deitados, apagava as luzes e dormia num canto. Era o primeiro a acordar e, em cima de uma cadeira, tocava uma sineta barulhenta, ensurdecedora!

Numa noite aconteceu algo absolutamente extraordinário. Dormindo, meu pau (que eles chamavam de pênis, como se fosse um tio da gente: e o Pênis, como vai? Tá sumido...), pois o meu pauzinho de treze anos saiu para fora pela braguilha, sem querer, enquanto eu dormia. Duro, como convinha à idade. Nem tinha percebido, mas ouvi o Bostero se aproximando sorrateiramente da minha cama e, com toda a delicadeza, abriu mais a braguilha e colocou o pequeno objeto para dentro.

E seguiu seu caminho de eterna vigilância.

Eram dedos frios, nunca me esqueci. Depois da missa diária, com comunhão e tudo, contei para o Bolinha e o Cabelinho. E pedi para não comentarem. Claro que na manhã seguinte os dois estavam com o pinto de fora. E o Bostero foi e fez o recolhimento.

Uma semana depois tinha uns trinta paus pra fora, só nos médios. Porque os maiores e menores também já estavam colocando as manguinhas de fora.

Numa manhã, fomos acordados com uma sineta muito maior e mais barulhenta, ensurdecedora. E, na outra mão, uma daquelas tesouras de cortar plantas, imensa. O Bostero abria e fechava aquela ferramenta com ódio, quase babando as babas do diabo de Cortázar.

— DE AMANHÃ EM DIANTE, CADA PIRULITO PARA FORA DO PIJAMA SERÁ CORTADO SUMARIAMENTE. (E ABRIA E FECHAVA A TESOURONA.) E FAREMOS UM GRANDE CHURRASCO NO SÁBADO, ONDE CADA UM VAI COMER A LINGUIÇA DO OUTRO. E AGORA, REZEMOS AO SENHOR!

Ajoelhamos e rezamos...

DOIS TIOS BEM VELHOS

Um se chamava Lauriston e tinha noventa e três quando ouvi o que se segue. Andava a cavalo pela fazenda do filho em Três Lagoas, MS. Chegou empoeirado, passou uma água nas mãos e sentou-se pra comer o pão de queijo das três da tarde.

Papo vai, papo vem, meu pai perguntou qual o segredo da longevidade — tio Lauriston viria a morrer com cento e três. E ele, tomando uma talagada de pinga e mordiscando o pãozinho:

— Três coisas. Primeira: se tomar chuva, secar a roupa no corpo. Segunda: uma talagada de vez em quando. E terceira: banho, o menos possível.

O outro tio, tio Clevelande — pronunciava-se assim —, também beirando os cem, tinha uma barba enorme, que ia até a cintura. Desde que eu o conheci, há uns cinquenta anos, a barba só fazia crescer. Um dia, jantar de domingo, um bisneto perguntou:

— Vô, quando o senhor dorme, o senhor coloca a barba pra dentro das cobertas ou para fora?

— Não interessa, seu bostinha!

No dia seguinte tio Clevelande amanheceu sem barba. A família toda olhando. Nunca ninguém tinha visto a cara dele. Era outro homem. Tio Clevelande apontou o dedo para o bisneto:

— Foi você, seu merdinha, com aquela pergunta! Nunca tinha pensado naquilo! Fui durmir, punha a barba pra dentro, ficava sem jeito, punha pra fora, ficava pior. Os galos já tavam cantano quando dei um fim na fia da puta da barba! Seu bostinha! Durmi quase nada.

COM O DEMÔNIO NO CORPO

Eu não sabia o que tinha aprontado. Mas a cena, me lembro bem. O padre Benjamin, salesiano, me pegou pelo colarinho e me levantou. Fiquei com os pés no ar. Tinha treze anos. Ele gritava, gritava. Dizia que o demônio havia entrado no meu corpo. Que eu estava possuído. E outras barbaridades. Quando me pousou, perguntou:

— O que é que você mais gosta de comer?

Não titubeei:

— Alface! Com azeite e sal.

— Pois vai ficar três meses sem comer alface.

— TRÊS?

— E se levantar a voz de novo, chamo tua mãe aqui.

(Quando chamavam a mãe, era horrível.)

— Isso que você vai fazer se chama sacrifício.

— Sacrifício?

— Sacrifício! E agora reze o *Oremus*.

— Oremos nos...

— Em latim, espertinho.

— *Concéde nos fâmulos tuos, quaesumos Dómine Deus perpétua mentis et corporis sanitate gaudére, etc glosiosa beâtae Mariae semper Virginis intercessióne a presenti liberari tristia eu aeterna perfrui laetitia. Prer Christum Dóminum nostrum.*

E eu não lembrava da merda que tinha feito. De ter me pego me masturbando atrás do altar, que era um excelente lugar, com cheirinho de incenso? Não sei.

Já estava na revisão final deste livro quando me lembrei do acontecido naquela ocasião. Acho que realmente eu abusei. Eu perguntei pra ele, por pura curiosidade de menino, mais ou menos o seguinte:

— Padre Benjamin, se a Nossa Senhora era mesmo virgem, quando Jesus nasceu deixou de ser, né?

Putz... Três meses sem alface foi pouco.

Mas pensei no assunto, agora que eu soube que o padre Benjamin largou a batina e virou empresário em Cuiabá.

A MANCHA

Eu então com treze anos, era interno no colégio dos padres salesianos, em Lins. Morava interno na cidade que vivia. Por aí podem imaginar o quanto eu não pentelhava em casa.

Foi quando aconteceu o A Mancha. 1959.

Antes, uma explicação. Naquela época usava-se caneta-tinteiro. Não tinha Bic de tinta seca. Tinha uma bombinha no corpo da caneta para encher de tinta líquida. Escrevia-se uma linha e passava-se o mata-borrão que enxugava a tinta para, justamente, não borrar. No mata-borrão tinha um papel que absorvia o excesso de tinta. Sei que está mal explicado. Pergunte ao seu avô o que era o mata-borrão. Ou procure no Google. Lá tem fotos. Estamos falando de 1959.

Mas o que importa é que na supracitada caneta, se você fizesse um movimento forte com a mão, de cima para baixo, ou para os lados, disparava tinta. E, se pegava na roupa, manchava. Dava pra lavar, mas ia pra casa sujo. Ou para o dormitório, no internato. Em qualquer lugar, era encrenca. Não, naquela época não existia máquina de lavar. Pelo menos na minha casa e no internato. Era no braço, a lavação.

Pois um belo dia, um mês antes do fim do ano, um padre passou uma prova escrita e ficava andando pelos corredores entre as carteiras, enquanto a gente escrevia. Ele fazia aquilo para evitar que a gente colasse (pergunta ao teu avô como se colava). Numa dessas passagens, alguém deu uma canetada na batina dele por trás. Ficou um risco forte, respingado quase da nuca até lá embaixo. E, conforme ele ia caminhando, cada vez mais alunos iam vendo. Menos ele. Risinhos. Ele foi ficando nervoso, queria saber por que estava todo mundo se divertindo. E quanto mais nervoso ele ficava e se virava de costas para nós, mais a gente ria.

Esqueci-me de dizer lá em cima que a batina era branca. Como aquelas roupas do papa, porque Lins era muito quente, e não tinha padre que aguentasse batina preta. Branca. Com aquele escarro azul atrás.

Nos dias seguintes, o padre apareceu com o uniforme número 2: batina preta. Quase dezembro, termômetro lá em cima. Ele suava lá dentro, coitado. Mas nunca, em momento algum, ele comentou sobre a batina branca e batizada.

Até que chegou o último dia das aulas. Férias de fim de ano. Os pais podiam buscar os filhos internos após o almoço, ali pelas duas horas. Na noite anterior todos com as malas prontas. Aquela ansiedade para ir ver a família, os amigos e amigas em suas cidades, o clube, namoricos, primeiros bailinhos. Tínhamos todos treze anos.

Calhou que a última aula daquele último dia era com aquele padre, o da batina suja. E, para surpresa de toda a classe, ele entrou com a batina branca. Mas não deu para perceber se ele havia lavado ou não. Quando ele foi para a lousa, ficou de costas, e a classe toda caiu na risada. Estava lá a mancha, definitivamente. Ele nem olhou para trás. Foi escrevendo:

NÃO SAI NINGUEM DE FÉRIAS ENQUANTO O CULPADO NÃO SE APRESENTAR AQUI NA FRENTE!

Assim mesmo, em maiúsculas.

Um garoto levantou a mão. O padre chegou perto, olhos nos olhos, e perguntou:

— Foi você?

— Não — apontando a lousa. — É que ninguém tem acento! A classe toda caiu na risada de novo.

Ele subiu naquele degrau, sentou-se à sua mesa, abriu um livro e começou a ler. E só disse:

— Já tem alguns pais lá na sala de espera. Esperando...

Todo mundo se olhando. Garanto que não tinha sido eu. E não sabia quem era. Ninguém sabia.

Acho melhor não contar o fim e escrever uma série. Porque a história — verdadeira — vai longe.

Durou dez dias, e o caso chegou ao Congresso Nacional, à época ainda na Baía da Guanabara. No Palácio do Catete, Juscelino presidente.

Atenção, produtores de televisão. Quatro capítulos, e não se fala mais nisso.

Interregno:

A autora do prefácio me liga, ao ler os originais:

— E o fim da história? Nem pensar! Começa e para e vem falar em série de televisão? Quero saber o fim.

Pois é, Maria. Me desculpe, mas o fim está longe. Estava escrevendo e percebi que não iria caber aqui. Tem fôlego para um romance, talvez. Para você ter ideia, houve até telefonema do meu avô Mario para o Palácio do Catete, no Rio, para tentar colocar o Juscelino na história.

Mas, para você ficar mais curiosa ainda (e os leitores também), teve um final totalmente... Não posso contar. Acho que vou escrever um livro mesmo. Desculpe, filha! Desculpem, leitoras e leitores!

A DESQUITADA

A fofoca correu rápida, espalhando-se pelas esquinas de Lins e talvez até ao Palácio do Bispo. Eu tinha uns treze anos, e me explicaram meio pelo alto o que era aquilo.

Uma desquitada!

Veio morar numa casa grande que ficava a uns trinta metros da nossa varanda. Eu a observava.

A desquitada tornou-se o assunto da cidade. Ninguém sabia de onde vinha e nem para onde ia. Alugou uma boa casa. Passava horas sentada no chão, brincando com uma filhinha de uns cinco anos, num largo alpendre. As duas eram loiras. A mãe, alta, esguia. Era linda a desquitada que eu observava.

Cheguei a pensar em ir até lá conversar com ela. Mas conversar o quê? Com o tempo sabia seus horários de varanda, de janela e até quando apagava a luz para dormir.

Eu era apaixonado pela desquitada. Minha mãe não respondia minhas perguntas sobre a pecadora. Ralhava. Minha curiosidade não era ainda sexual. Era social, cristã, talvez. Queria ser amigo daquela moça. Ela não devia ter trinta anos.

Uma bela tarde ela não foi para a varanda. Soube depois que havia se mudado da cidade. Para onde? Ninguém sabia me dizer.

E eu fiquei sem saber os mistérios que povoavam minha desquitada, como a chamo até hoje.

Minha linda desquitada.

NA ESQUINA DO PECADO ONDE TUDO COMEÇOU

Na esquina da Luís Gama com a XV de Novembro (qual é a cidade do interior que não tem essas ruas?), de noite, ficavam os adolescentes. De um lado os garotos, e do outro as meninas. Em diagonal. Todo mundo muito bem vestido, lavado, penteado e com olhares precocemente lascivos. Mas puros.

Do outro lado, vindo pela XV em direção ao Lins Hotel, descia a pé o Alcyr Fernandes. Era mais velho, tinha vindo de São Paulo para dirigir o Sesc local e morava no hotel. O Alcyr, uma vez por semana, preenchia uma página inteira da *Gazeta de Lins*. Alguns comentários da cidade, críticas de filmes, livros e até fofocas de Hollywood, a Rede Globo daqueles dias.

Estávamos em 1960 — pré The Beatles, imagine! —, e eu tinha catorze anos. Não sei o que deu em mim quando vi o Alcyr, porque atravessei a rua e perguntei se podia escrever alguma coisa dentro da página dele. Eu não havia programado aquilo!

— Alguma coisa como?

— Sei lá — e chutei na hora —, coluna social.

Ele ficou me olhando, sério:

— Quiser é com Z ou S?

Na lata:

— Esse. Só que tem o seguinte. Vou usar um pseudônimo. Eu tenho um tio, irmão da minha mãe, que resolveu ser escritor, fez uma peça de teatro no Rio e quase faliu a família toda... Tem dois anos.

— Entendi. Me entregue toda quinta pra sair no domingo. Uma lauda.

De noite, me sonhando um grande escritor, já tinha o nome da coluna e o pseudônimo: O OBSERVATÓRIO – *Franco Abiatti*.

Que ridículo! Voltaria a encontrar o Kiko e a linotipo.

Só não iria ter coragem de publicar umas crônicas, discutindo comigo mesmo a existência de Deus. Ainda bem que queimei tudo quando me mudei para São Paulo em 66. Horror!

Antes, em 1962, um repórter e um fotógrafo da *Ultima Hora* foram cobrir um crime em Lins; me enturmei, e eles acabaram passando a matéria para o Rio de Janeiro diretamente do telefone da casa dos meus pais. A partir daí comecei a escrever para a *Ultima Hora* do Samuel Wainer, via sucursal de Bauru. Tinha uma página inteira no jornal — chamada "Luzes" —, com colunas de várias cidades. Eu fazia Lins, já assinando Mario Alberto. Uns trinta anos depois, o Ignácio de Loyola Brandão me perguntou:

— Você que era o Mario Alberto, de Lins?

— Sim.

— Eu que fechava aquela página! Luzes!

— Incrível! Luzes! Campinas era o Quércia!

Durou pouco. Em 1964, os militares destruíram todas as redações do jornal em todo o Brasil. Empastelaram. Não restou nenhuma tecla no país.

Samuel foi cassado e foi morar em Paris.

Para completar as coincidências: quando Samuel morreu, em 1980, nós o cremamos. Ele havia pedido para mim e o Rubem

Braga que cuidássemos do assunto. Os dois foram cremados. Um, em 1980; e o outro, em 1990. Do velho Braga eu não participei. Voltarei ao assunto.

O ROSA BRANCA

O Palmeiras tinha o melhor time de basquete do começo dos anos 1960 no Brasil. Era a base da seleção brasileira que havia sido campeã do mundo em 1959, no Chile, e seria bi em 1963 no Rio de Janeiro.

Pois o Palmeiras foi jogar em Lins com aqueles craques todos contra o nosso modesto Clube Comercial. Claro que foi um baile. E, por coincidência, naquele dia ia ter um grande baile em Lins, com a orquestra do Silvio Mazzuca, no formoso e marmorento Clube Linense. Não confundir com Clube Atlético Linense, que é só de futebol.

Todo mundo saiu do jogo, foi pra casa, tomou banho e vestiu paletó e gravata. Eu, com catorze anos, iria para o meu primeiro baile de noite.

Toda a juventude local, inclusive eu, ficou na porta do clube esperando o timaço do Palmeiras entrar. Foi aí, na entrada, que o fato se deu.

Barraram o Rosa Branca! Preto! Campeão do mundo, futuro bicampeão do mundo, um dos maiores atletas brasileiros de todos os tempos! Mas nem que não fosse nada disso! Ali, não!

No Clube Linense, na cidadezinha de Lins, preto não se misturava com a elite branca da qual eu fazia parte.

E o pior, ninguém reclamou, nem os colegas do Palmeiras, eu me lembro. Era normal.

Eu fiquei olhando o Rosa indo embora, cabeça erguida, virando a esquina. Corri atrás.

Pedi um autógrafo, todo emocionado. Não sabia o que falar. Mas nenhum dos dois tocou no assunto. Era normal.

O campeão do mundo entrou no Lins Hotel.

FAKE NEWS NOS ANOS CINQUENTA

Eu tinha catorze anos e soube que o Jânio Quadros ia passar de trem por Lins e fazer um comício relâmpago na estação. Eu e uns amigos fomos lá. 1960, candidato à Presidência do Brasil.

Chegamos. Tinha gente demais, de todas as idades. O trem chegou, foi passando, passando, passando e o homem não aparecia. Mas... quando chegou o último vagão, no final tinha uma varandinha. E o cara estava lá, de terno preto, gravata meio solta, todo despenteado, um calor enorme; ele suava e levantava uma vassoura. Era o Jânio. O povo cantava:

> *Varre, varre, vassourinha!*
> *Varre, varre a bandalheira!*
> *Que o povo já tá cansado*
> *De sofrer desta maneira.*

No final, tirava um sanduíche de mortadela do bolso do paletó e dava uma mordida. Ou "mortandela", como dizia o povo fascinado, fascinado como se fosse leite condensado.

Ganhou, mas seis meses depois renunciou.

Na semana seguinte, num palanque na Praça Coronel Piza (sempre esta), era a vez do Ademar de Barros. Terno, gravata, discreto, bigode aparado. Geralmente levava a esposa, a dona Leonor. Mas quando foi a Lins não a levou. Fazia o tipo simpaticão. E gritava, pois os alto-falantes eram muitos ruins. E no meio daquilo tudo, me lembro como se fosse hoje, a brincadeira que ele fez:

— Leonor não pôde vir, porque enquanto eu estou aqui em Lins, a Capital do Café, a Leonor está trabalhando lá na zona de Bauru!

O povo delirava. Ficou em terceiro lugar.

"Roubo, mas faço!", ele dizia...

Em segundo ficou o general Henrique Teixeira Lott, que, após o Golpe de 1964, afastou-se da vida pública por não concordar com o regime militar que estava se iniciando no Brasil e privou-se dos assuntos políticos brasileiros. Em novembro de 1979, o marechal Lott defendeu publicamente a necessidade e a importância da anistia. (Wikipédia)

OS CAÇADORES DE SAPO

"Vai caçar sapo!", "vai pentear macaco!" são expressões que equivalem "a não me encha o saco!", que, por sua vez, significa "me deixe em paz!".

Mas na minha casa, quando era criança e adolescente, "vamos caçar sapo" era uma ordem paterna como se estivesse dizendo: vamos tomar um sorvete? Quem caçava sapo podia tomar sorvete depois.

Antes, eu vou explicar aqui como se fazia para saber se a mulher estava grávida. Fui ao Google procurar o nome correto do inventor do teste, em 1947: Galli Mainini, argentino. E encontrei no *site O meu bebé*, de Portugal, a explicação completa:

Nos dias de hoje, se uma mulher quer saber se está grávida, só precisa ir a uma farmácia e adquirir um teste de gravidez. Não obstante, no passado, as coisas não eram tão simples e utilizavam-se outros métodos, alguns tão peculiares como o chamado teste do sapo.

Esse método para detectar se uma mulher está grávida foi utilizado principalmente durante os anos 1960, e o seu funcionamento era como o dos testes atuais, com a diferença de que a tira reativa ou o plástico habitual dos testes eram substituídos por um sapo.

Em 1947, Galli Mainini descobriu o teste do sapo, com o qual se obtinham resultados muito mais cedo.

Consistia em injetar no saco linfático do sapo a urina da mulher. Se, passadas três horas da injeção, o animal ejaculasse, confirmava-se a gravidez.

Esse era um teste muito barato, já que os sapos podiam dar os resultados várias vezes, mas tinha que esperar quarenta dias entre duas análises.

Portanto, um sapo usado, só daí a quarenta dias podia ser testado de novo. Para evitar pegar o mesmo sapo, meu pai colocava delicadamente uma plaquinha na perna do bicho com a data. Meu pai, médico, tinha um laboratório de análises clínicas. O único da cidade. Tinha também uma rede catalogada de japoneses que tinham brejos em seus sítios. Chegava um japonesinho lá em casa, batia palmas — não tinha telefone, na época:

— *Dotoro Pata, cheio sapo brejo, né?*

E lá íamos nós. Caçar sapo. De noite. Botas de borracha até os joelhos. Papai e os três Pratinhas. Existia certa sabedoria. A gente levava lanternas. Se tinha plaquinha na perna, acendia e via a data. E só podia levar sapo macho. E como saber se aquele bicho na mão da gente era macho ou fêmea? Simplérrimo: segurava o bicho pelas costas com a esquerda e colocava as costas da outra mão na barriga dele. Se o bicho abrisse imediatamente as quatro patas, era fêmea. Se fechasse em torno da mão, era macho. Tinha um certo sentido, sexualmente falando, o abrir ou fechar as pernas.

Depois, passávamos em casa, pegávamos as meninas, mãos lavadas, sorveteria.

No dia seguinte, a gente sabia, com exclusividade, de todas as grávidas da cidade. Soltávamos os sapos usados no brejo japonês. Com plaquinhas.

O mais interessante seria saber como o Galli Mainini descobriu isso. Acho que, na época, nunca perguntei ao meu pai.

ENQUANTO ISSO, NO CÍRCULO OPERÁRIO

Devíamos ser uns quinhentos estudantes, entre catorze e dezesseis anos, de todo o Estado de São Paulo, reunidos naquele imenso salão do operariado linense. Estava começando mais um dos congressos da União Paulista dos Estudantes Secundários (Upes), cujo presidente era José Álvaro Moisés.[12]

Naquela época éramos uns garotões. 1960. Eu tinha catorze anos. Do discurso de abertura do Zé, pouco entendi. Usava palavras fora do meu vocabulário. Instituíram-se comissões para a discussão, durante uma semana, de várias reformas. Escolhi a Reforma Agrária, embora não soubesse nada a respeito. Éramos uns quinze meninos e meninas, numa sala. Eu ficava fascinado; citavam autores franceses e ingleses atuais e do século XIX. Eu não entendia nada. Mas prestava atenção. Mas juro que não captava quase nada. Os meninos de São Paulo eram muito cultos. "Comunistas", dizia meu pai...

---

12. *WhatsApp do Editor*: José Álvaro Moisés é hoje cientista político, professor e jornalista. José Álvaro é titular de Ciência Política da Faculdade de Filosofia, Letras e Ciências Humanas da Universidade de São Paulo e diretor do Núcleo de Pesquisa de Políticas Públicas da USP.

No último dia, um representante de cada comissão faria uma narrativa do que fora discutido e do que seria proposto. Na hora da Reforma Agrária, o Zé Álvaro chamou, claramente:

— O colega Mario Alberto. Reforma Agrária!

Gelei. Era eu. Não podia existir outro Mario Alberto no mundo. E mais, numa mesma comissão lá no COL (Círculo Operário de Lins). Imediatamente, com medo de me levantar, comecei a suar. O que eu ia dizer para aquele povo, meu Deus? Foram alguns segundos de absoluto pânico.

Até que um gordinho levantou-se lá na frente e se dirigiu ao palco. Era o gordinho da minha comissão.

Não apenas fui falar com ele depois do seu rico palavreado, como ficamos amigos para o resto da vida. Casou-se com uma amiga minha, a Zuleika Cesário Alvim — outra grande companheira —, e foi diretor de redação da *Veja*, nos seus bons tempos: anos 1970 e 80. Grande Mario Alberto de Almeida!

"QUEIXO-ME ÀS ROSAS, MAS QUE BOBAGEM, AS ROSAS NÃO FALAM. SIMPLESMENTE AS ROSAS EXALAM O PERFUME QUE ROUBAM DE TI, AI"

Nasci em Uberaba e fui muito pra lá nas férias. Mas nunca estive com o Chico Xavier e nem vi. Mas senti.

Um dia, pouco anos antes da morte dele, estava andando pela Leopoldino de Oliveira a caminho do Cine Metrópole com o primo Gilberto e, repentinamente, senti um forte cheiro de rosas. Não de perfume, talco. Da flor mesmo. Perguntei ao Gil:

— Você sentiu um cheiro forte de rosa ali na frente da livraria?

— Você não viu um cara que saiu do carro e entrou na livraria? Era ele. Livraria Espírita. Era o Chico Xavier.

— Mas ele exala rosas?

— Já dizia Cartola! Não é perfume de vidro, pode acreditar. É o Chico mesmo. Sabia não?

A PENA DE MORTE

Quarto colegial (a oitava série de hoje), catorze anos, aula de Português, professor padre Pedro Cometti.

O grande acontecimento no Brasil era a construção de Brasília, feita em cinco anos e que logo seria inaugurada.

No mundo, Caryl Chessman, com trinta e nove anos, driblava a justiça e os governadores americanos, depois de condenado à morte; era o Bandido da Luz Vermelha (não confundir com o brasileiro Acácio). Condenado, estudou Direito na Penitenciária de San Quentin e era seu próprio advogado. Bonito, esperto, começou a escrever livros que viraram filmes que eram lidos e vistos por milhões e milhões de pessoas em todo o mundo.

O mundo torcia por ele.

Então eu já estava cansado de escrever redações "de trinta linhas" sobre a construção de Brasília e a pena de morte.

E de repente ali, mais uma vez o padre Pedro. Já tinha feito umas três ou quatro redações, não tinha mais o que falar.

Coloquei o título lá em cima:

A PENA DE MORTE

E escrevi duas linhas:

Ao iniciar a redação, minha caneta caiu no chão e quebrou a pena. Êta pena de morte!

Entreguei e fui para o recreio mais cedo.

Uns dias depois, o professor entregou as redações, falando alto as notas. Quando chegou a mim:

— Mario Alberto Prata, zero!

Vaias, assovios...

No fim da aula ele me puxou de lado e pediu que eu o procurasse à tarde.

Entrei no quarto dele:

— Tinha que dar zero! Eram trinta, então eram trinta linhas! Mas senta aqui — pequena pausa. — Adorei! Foi a melhor redação.

A partir desse dia, o padre Pedro passou a ser uma espécie de mentor para mim. Indicações, dicas, críticas.

Aquela pena que caiu no chão foi o tiro de largada para a minha profissão.

Um mês depois, dia 2 de maio de 1960, Caryl Chessman foi executado numa câmara de gás, na Califórnia.

E eu nunca me esqueci dele, da história dele e da minha com o padre Pedro Cometti, que, pelas últimas notícias, era vigário-geral em Cuiabá.

Deixa eu olhar no Google.

Achei no Portal Mato Grosso.

Ele merece o texto abaixo:

COMETTI (Pedro, Pe.). Religioso, professor, literato, escritor (Itália, 06/01/1918 – Cuiabá, 27/10/1998). Chegou ao Brasil com quinze anos de idade e no ano de 1951 naturalizou-se brasileiro. Cursou filosofia, pedagogia e teologia, lecionando as mesmas matérias na região sul de MT, que hoje compreende o Estado de MS, e no Estado de SP, onde dirigiu vários colégios. Teve destacada atuação em Cuiabá, tornando-se superior provincial da Missão Salesiana de Mato Grosso e oeste de São Paulo. Deixou vasta obra de cunho religioso, tornando-se o quarto ocupante da Cadeira n° 17 da AML (Academia Mato-grossense de Letras).

Eis o cara!

AQUELE MÉDICO CARECA

Na adolescência, um amigo tinha ejaculação precoce. Mas muito precoce mesmo. Um dia, me contou que havia arrumado uma solução infalível.

— Sabe o doutor Baragatti? Aquele médico careca total?

— Claro, gente finíssima.

— Esse. Então, quando vou transar, fico pensando na careca dele. Não falha. Seguro o tempo que quiser.

— Legal...

Um dia, fomos ao cinema. O doutor Baragatti — e digníssima esposa — veio caminhando pela fileira da frente, licença, licencinha, e se sentaram bem à nossa frente.

Começou o filme. O amigo:

— Vamos mudar de lugar.

— O que houve?

Ele apontou a careca do Baragatti.

— Estou ficando de pau duro.

Sete anos depois, quando eu tinha vinte e três, o doutor Baragatti operou a minha fimose.

eu vi um baile de debutantes

NARA LEÃO, FILÉ COM FRITAS E OS JOVENS COMUNISTAS DE LINS

Vendo agora a magistral série sobre a Nara Leão na televisão, me veio à mente (que frase horrível), cheia de nebulosidade, a lembrança de uma única vez que estive com ela. Almoçamos, lado a lado — com mais umas dez pessoas —, no Restaurante Marrocos, anexo ao Lins Hotel, na esquina daquela mesma praça do coreto (lembra da praça?), em Lins.

1964. Eu, com dezoito anos, Nara, vinte e dois.

Antes de contar tudo, preciso apresentar duas pessoas que estavam naquela mesa, além da Nara e do Sérgio Mendes (com vinte e três anos), que iriam fazer um *show* logo mais. Estas pessoas eram José Roberto Filippelli e o Lívio Rangan, da Rhodia, que mudaria o mundo da moda no Brasil.

E eu ali no meio, vendo o *pop* brasileiro desabar da minha Lins e no meu colo.

O almoço: Filippelli havia me dito, antes, que a Nara queria conhecer os jovens "comunistas" da cidade. Segundo ele, eu era um deles. Tinha mais dois. O Carlos Soulié do Amaral, com vinte anos e que depois, aos vinte e dois, iria ganhar o Prêmio Jabuti de Poesia, em 1966. Do mesmo naipe poético, Sérgio Antunes, à época também com dezoito, já fazendo Direito e, com vinte e um, ganhando um Festival de Música Universitária, na Tupi, apresentado pelo Flávio Cavalcanti, em 1967. Molecada precoce.

Mas o centro da coisa era a Nara. Com quatro anos a mais do que eu. Se, naquele dia, o Filippelli me dissesse:

"Pratinha, no próximo século" — a gente estava em 1964 —, "na segunda década do próximo século, a Nara terá um neto e você duas netas, que serão irmãos!".[13]

Fora essa turma, tinha umas cinco ou seis modelos da Rhodia, das quais não me esqueci até hoje, ali na faixa dos dezessete, dezoito anos. Uma se chamava Giédre.[14] Não me esqueci mesmo. Outra era a Mila, depois atriz, falecida recentemente, mais ou menos da minha idade.

Quando chegaram os cardápios, não tinha para todo mundo. Coube um para mim e a Nara, e ela me pediu para sugerir alguma coisa, já que eu era da terra.

— Vai no simples. Arroz com feijão, bife, fritas e ovo, se gostar. E tem uma pimenta boa aqui. Aqui da terra. Feita pela japonesada explorada pelo capitalismo americano!

---

13. *WhatsApp do Editor*: E a profecia estava certa. Hoje, Prata tem duas netas da sua filha Maria: Laura e Dora, com o marido Pedro. Por sua vez, Nara Leão se casou com o Cacá Diegues, e tiveram uma filha chamada Isabel. O já mencionado Pedro, antes de se casar com a sua filha, teve um filho com quem? Com a filha da Nara. O filho chama-se José, irmão de Laura e Dora.

14. *WhatsApp do Editor*: Você não vai acreditar, mas ao dar um Google agora, olha o que ele encontrou, quarenta e oito anos depois de 1964: "Não é apenas hoje que grandes modelos se aventuram na carreira de atriz. Mesmo que para muitas a passagem não seja tranquila, esse trânsito entre as passarelas e as câmeras da televisão e do cinema já é uma tradição e revelou ótimas presenças. Como Giédre Valeika, grande modelo nos anos 1960, com repercussão internacional. Da corte de Denner, o mais importante estilista da época, Giédre foi contratada pela Agência Ford, nos Estados Unidos.

E ela:

— Vou nessa!

Achei o meu pedido totalmente comunista!

E hoje eu diria:

— Nara, o José (Leão) Diegues Bial, seu neto, é o máximo. Fez um documentário sobre você, apaixonante. Sobre a amizade: de você com os outros e dos outros com você. De chorar!

O RAPAZINHO EMBARCA PARA SÃO PAULO

Noite quente em Lins. Eu iria embarcar para São Paulo num ônibus da Reunidas para tomar posse no Banco do Brasil S/A. Futuro garantido, diziam todos. Meu pai, minha mãe (que não parava de chorar), e dois dos irmãos: Leonel e Zé Maria, o caçula com dez anos comendo um pastel do bar do Raco, ao lado.

A mãe preocupada com a grande mala, com enxoval completo para verões e invernos, ternos, gravatas. O pai me chamou num canto e falou baixinho de um assunto que, até então, era tabu:

— Em 1931, quando eu fui pegar o trem lá em Uberaba, para tentar a vida no Rio de Janeiro, meu pai me chamou de lado e me disse o que vou dizer para você e um dia, meu filho, você vai dizer para o meu neto, o seu filho:

— Tesão contido é tesão perdido!

Em São Paulo, peguei um táxi para o Tatuapé, onde iria dividir casa com o Luizinho Prudêncio, também de Lins. Cheguei, paguei o táxi, entrei, cumprimentei o amigo, que me perguntou:

— Ué, não trouxe mala?

eu vi um baile de debutantes

Puta que pariu! Eu havia deixado todo o enxoval no porta-malas do táxi. Nunca mais! Com que terno e gravata iria tomar posse no banco daí a dois dias?

Eu acabava de chegar à São Paulo, a maior cidade da América do Sul!

O que mais me entristeceu foi perder aquela calça de veludo cotelê, ainda virgem. Cinza, sabe?

Dois dias depois tomaria posse no banco como *Auxiliar de Escrita – Referência 050*. O que seria aquilo?

O BANCO DO BRASIL

Lá, fui *auxiliar de escrita, referência 050*, durante oito anos, nas agências Penha de França e no Brás, em São Paulo, entre 1966 e 1973. Dos vinte aos vinte e sete anos.

E fazia Economia na USP.

E posso garantir: não existe nada mais calhorda, mentiroso e criminoso do que anúncio de banco na televisão.

Bertolt Brecht, dramaturgo alemão (1898-1956), já dizia, havia quase um século:

"Não sei qual o pior crime: assaltar um banco ou fundar um banco...".

Assim que tomei posse, lá na Penha de França, perto de Itaquera, estava fazendo xixi e um colega chegou com uma lista que eu achei que devia ser rifa. Ele explicou:

— Coleta pra ver o Miranda chupar buceta.

— Queeeeeeeeee?

— No duro. Aquele loirinho, que senta atrás de você. Ele disse que chupa buceta. Como ninguém acreditou, ele disse que se a gente der quinhentinho ele traz uma garota aqui de noite e chupa. Pra todo mundo ver. Juro por Deus.

E eu:

— Não acredito. Nunca ouvi falar nisso.

Eu havia chegado de Lins fazia dois meses, e lá na zona de Lins, as putas não faziam essas sem-vergonhices, não.

— Tou nessa! Quando é a cota?

Na noite aprazada, o Miranda chega com uma loiraça! Na zona de Lins não tinha nada parecido. Eu cheguei a pensar que aquela moça, que parecia de família, não ia deixar o Mirandinha abusar dela, não.

Sentou-a na mesa do chefe do cadastro, que era maior que as nossas, ela tirou a roupa, me lembrei dos seios daquela atriz, aquela, e fiquei com o pau muito duro. Muito.

E ele começou. Tinha gente debaixo das mesas, de gravata e tudo, com o pau de fora, se masturbando. Uma loucura. E a moça foi fazendo uns sons, quase chorando, deu um grito e depois uivou. Com isso ninguém contava. A coitadinha gozou... Porra pra todo lado.

E o Miranda, observei, nem cuspiu nem nada. Ficou um silêncio chato, ninguém sabia se era para aplaudir, chorar, dar os parabéns.

Lúcia Helena foi se vestindo lentamente. Miranda guardou o pau, fechou os botões da calça.

Seu Alípio, o contínuo que tinha passado a lista, veio com outra lista e eu:

— Já assinei e paguei.

— Essa aqui é pra semana que vem...

Uns cinco anos depois disso, em 1971, eu trabalhava no jornal *Ultima Hora* e, pelo menos uma vez por mês, passava uma lista "de casamento" de um jornalista. Todo mundo assinava e não tinha nenhum casamento. Era dinheiro para que algum colega fugisse do Brasil com a família toda.

O DIA EM QUE O BENETAZZO ASSALTOU UM BANCO

Às sete da manhã eu tinha que estar no Banco do Brasil, lá na Penha. Alguma vez você já teve que estar às sete da manhã na Penha de França, em São Paulo?

Trabalhava no cadastro.

Eram três da manhã e era nisso que eu pensava. A madrugada estava muito fria. Eu e o Ottoni Fernandes Junior,[15] o Grandão, atravessávamos a Praça da República. Eu fazia Economia e ele, Física. Os dois na USP. Ele era mais velho um ano. Alto, muito alto. A gente caminhava em silêncio. Os *hippies* começavam a instalar suas barracas na Praça da República. Cheiro de maconha.

— Estou com medo — eu disse.

— Fica na sua. Estou armado — disse o Grandão.

O medo e o frio aumentaram na minha barriga.

---

15. *WhatsApp do Editor*: No ano seguinte, partiria para a guerrilha. Ottoni militou na Ação Libertadora Nacional (ALN) durante os primeiros anos da ditadura militar, até ser preso em 1970. Em 2004, o jornalista Ottoni lançou o *livro O Baú do Guerrilheiro – Memórias da Luta Armada*, com incríveis lembranças dos anos de prisão. Morreu em 2012 de um ataque cardíaco, quando passava férias na Patagônia.

Nós havíamos saído do Copan, do apê do Benetazzo. Tínhamos 100 mil marcos alemães no bolso. Depois de uma demorada reunião na casa do Benê e da Zuleika, os companheiros haviam chegado à conclusão que a missão era pra mim e para ele. Nós dois tínhamos carteira assinada.

A missão: ir até uma garagem na Rua Aurora — barra pesadíssima — resgatar o jipe Candango do Benetazzo.

A história: o Benetazzo e outros estudantes haviam assaltado um banco dois dias antes. E, por mais incrível que pareça, usaram o velho jipe.

E, pior, depois o deixaram estacionado na frente do Copan.

O jipe foi roubado no dia seguinte por ladrões comuns. Que depois leram no jornal sobre o assalto e estava lá a foto do jipe. Na primeira página do *Jornal da Tarde*, fazendo uma derrapada de fuga. Daí a chantagem. O jornal dizia que além de cruzeiros novos, foram levados marcos. Os bandidos queriam os marcos. Óbvio! Ou entregavam tudo. Endereço, telefone, faculdade. E discutiram o valor.

Ladrão de jipe: — Queremos duzentos mil marcos alemães. É a metade do roubo.

Ladrão de banco: — Tá louco? Duzentos mil é o que roubamos, companheiro!

Ladrão de jipe: — Tá aqui no jornal: quatrocentos mil marcos alemães. Qua-tro-cen-tos! Não se faça de engraçadinho.

Ladrão de banco: — Eu ainda não li os jornais. Isso é sacanagem do banco pra receber seguros. É manjado.

Ladrão de jipe: — Quero duzentos. Tou sendo bonzinho.

Ladrão de banco: — Amigo, esse dinheiro não é pra mim... É para a guerrilha e...

Ladrão de jipe: — Caguei pra guerrilha!

Ladrão de banco: — Compreenda...

Ladrão de jipe: — Anota aí a localidade do resgate.

Ladrão de banco: — O Movimento Revolucionário...

Ladrão de jipe: — Caguei! Anota aí. Dá duas batidinhas na porta de ferro, conta até dez e dá mais duas.

Ladrão de banco: — Diga. E muito obrigado!

Chegamos à porta de ferro do estacionamento e o Ottoni deu as batidinhas sincronizadas.

— É o código — me disse, com ar de Agente 86.

— Tou sabendo.

A enorme porta rangeu e se abriu como num filme policial mequetrefe. Lá no fundo escuro, uma lanterna ia marcando o chão, nos apontando o caminho, como num genial Tarantino (que ainda não existia). Apenas um sujeito com cara de tira e o Candango.

Não houve muito diálogo. Dei o dinheiro, ele contou, apontou o carro com a lanterna. A chave estava na partida. Minha perna tremia, queria sumir dali. O Ottoni percebeu e foi dirigindo. Fomos para a Zona Leste.

Às sete da manhã eu estava batendo carimbos.

Na época, achava aquilo tudo normal.[16]

Meio.

---

16. *WhatsApp do Editor*: Sei... Tem certeza, Prata?

GASTO COM VESTUÁRIO NO NORDESTE

Apesar de o professor Antonio Delfim Netto ter assinado o AI-5, foi um grande professor ali na Economia-USP. Nunca me esqueci de uma aula onde ele explicou como se fazia para calcular o PIB nacional.

Começou lá atrás, no feudalismo, depois o mercantilismo e o capitalismo. E já marcou uma prova sobre *O capital*, do Karl Marx, para duas semanas depois.

Depois de falar como era no capitalismo, resolveu explicar como era no capitalismo brasileiro. Dividiu a lousa no meio e foi colocando números dos dois lados, como se fosse um balanço (e, no fundo, é). Depois, tinha que somar os dois lados. E tinha que bater. Só que somou, e de um lado ficaram faltando 500 milhões de dólares.

Risadinhas. Inclusive dele. Afastou-se e ficou olhando a lousa de uma certa distância. Voltou, pegou um giz e escreveu "Gastos com Vestuário no Nordeste". Somou, bateu.

— É mais ou menos assim — disse do alto dos seus já quarenta anos.

Quando foi para o governo militar, convidado pelo Costa e Silva, começou o Milagre Brasileiro, como era chamada a economia brasileira. O PIB disparou: 5, 7, 10, 13% ao ano!

E eu comentava com o meu colega de faculdade Henri Philippe Reichstul, futuro presidente da Petrobrás no governo de FHC:

— Gasto com vestuário no Nordeste...

BARBÁRIE: "PRECISANDO DE 20 SEGURANÇAS NA PEÇA *FEIRA PAULISTA DE OPINIÃO*"

No dia 18 de julho de 1968, logo depois de terminar a sessão da peça teatral *Roda Viva*, integrantes do CCC (Comando de Caça aos Comunistas) começaram a bater nos atores e na equipe. E quebrar as poltronas e os cenários. Noventa homens agiram dentro do teatro e mais vinte fora. No Teatro Ruth Escobar. Quebraram todo o teatro, plateia, palco, camarim e atores (bateram mais nas mulheres). Como disse a *Folha de S. Paulo* do dia seguinte:

Depredaram as poltronas, quebraram os spots, instrumentos musicais e subiram nos camarins, onde as atrizes estavam mudando de roupa. Espancaram-nas, tirando-lhes a roupa, e praticaram atos brutais de sevícias, conforme afirmaram atores, testemunhas oculares da violência. A atriz Marília Pera, depois de várias vezes mordida, foi obrigada a andar nua pela rua.

Dois dos agressores foram presos pelos espectadores. Um era Flávio Ercole, advogado formado pelo Mackenzie.

Em 1993, vinte e cinco anos depois, numa entrevista ao jornalista Luis Antônio Giron, o também estudante do Mackenzie João Marcos Flaquer, que foi quem planejou a ação, afirmou:

O objetivo era realizar uma ação de propaganda para chamar a atenção das autoridades sobre a iminência da luta armada, que visava à instauração de uma ditadura marxista no Brasil.

Depois de vários ataques a elencos, criou-se o FAZER SEGURANÇA. E quem fazia segurança nos teatros éramos nós, os universitários, a partir de 1968. Os elencos deixavam recados nos Centros Acadêmicos com texto mais ou menos assim: "Precisando de vinte seguranças na peça *Feira Paulista de Opinião*".

Eles telefonavam, e meia hora antes de começar a peça, estávamos lá.

Em que consistia: entrávamos antes, mas na fila, e ficávamos na primeira fileira, meninos e meninas. Na perna, enfiados na meia e encobertos pelas calças, cassetetes de ferro de uns cinquenta centímetros. Acabava o espetáculo, pulávamos em cima do palco e fazíamos uma fila, um muro, protegendo o elenco, que agradecia os aplausos atrás da gente. Mas sempre tinha um ator ou atriz que se adiantava e pedia aplausos para os seguranças também. Com isso, durante uns seis meses o futuro dramaturgo fez segurança em uns dez espetáculos tidos como comunistas. Tinha peça que eu assisti mais de quinze vezes e sabia quase todo o texto de cor.

Com isso, eu, estudante de Economia e funcionário do Banco do Brasil, comecei a ficar amigo do pessoal de teatro, a frequentar o Gigetto, aonde todos os artistas iam jantar. Já me sentia da "classe".

Em 1969, um ano depois, com vinte e três anos, escrevi a minha primeira peça. Foi encenada em 1970. Eu já era um promissor autor de teatro, apesar de nunca ter ouvido falar em Pirandello, o que me valeu um puxão de orelhas do crítico do *Estadão* Sábato Magaldi — e depois grande amigo meu. Terminou a crítica dizendo:

O excepcional talento não supre a ignorância.

E ele tinha razão. Foi um toque de um admirador e amigo. Deu nos jornais:

O Comando de Caça aos Comunistas (CCC) foi uma organização paramilitar anticomunista brasileira de extrema-direita, atuante, sobretudo, nos anos 1960, iniciada pelos estudantes da Faculdade de Direito da Universidade de São Paulo, sendo composta por esses, além de estudantes da Universidade Presbiteriana Mackenzie, policiais e intelectuais favoráveis à ditadura militar no Brasil então vigente. Fundado pelo policial civil e estudante de Direito Raul Nogueira de Lima, que se tornaria um torturador no Dops (Departamento de Ordem Política e Social) conhecido como "Raul Careca", era chefiado pelo advogado João Marcos Monteiro Flaquer e recebia treinamento do Exército Brasileiro.

Flaquer, do Mackenzie, morreu em 1999, de um ataque cardíaco. Morreu cedo, mas já havia entrado para a História.

E eu, Mario Alberto Prata,[17] virei dramaturgo, de certa maneira, graças a ele.

---

17. *WhatsApp do Editor*: Foi Carlos Imperial, ao produzir *Cordão Umbilical* no Rio de Janeiro, quem cortou o Alberto. E tinha toda razão. Quem não gostou foi o pai do Pratinha, o dr. Alberto Prata Júnior.

AINDA NA DR. VILA NOVA

Eu, com vinte anos, e mais uns colegas descíamos a Rua Dr. Vila Nova, saindo da Economia-USP em direção à Quitanda (ou Bar Sem Nome), a trinta metros dali, com nosso professor Antônio Delfim Netto, que gostava de caipirinha de maracujá.

Vinha subindo um sujeito desconhecido, de uns quarenta anos, terno e gravata, olhou na minha cara e disse, dono da verdade:

— O insólito deve ser combatido no momento exato de sua manifestação!

E seguiu subindo a Vila Nova.

Nós fomos beber. Era sábado, meio-dia, um calor danado. Éramos jovens.

Um ano depois, nosso professor Delfim foi um dos signatários do AI-5. Que bobageira mais insólita!

A MAÇÃ DOURADA*

Assim que os militares tomam o poder em 1964, um dos primeiros alvos foi a UNE (União Nacional dos Estudantes), com sua sede no Rio sendo saqueada e incendiada e a entidade tornada ilegal. Manifestações como a passeata dos calouros da UFMG foram violentamente reprimidas, assim como a greve geral dos estudantes e outros eventos relacionados. Em 1968, a insatisfação dos estudantes com o novo regime atinge seu ápice. Acontecem nesse ano grandes protestos, como a Passeata dos Cem Mil, muitos dos quais violentamente reprimidos, e conflitos como a Batalha da Maria Antônia, uma disputa ideológica entre alunos da USP e do Mackenzie que se tornou uma batalha real e resultou em uma morte. Após o AI-5, no final daquele ano, ficou cada vez mais impossível a atuação estudantil brasileira, com as prisões, tortura e mortes se tornando cada vez mais comuns, e muitos começaram a aderir à luta armada como forma de lutar pela volta da democracia no país.

Já comentei sobre os meus tempos de Rua Maria Antônia. Queria falar um pouco aqui das ocupações das faculdades no fim dos anos 1960. Ninguém me contou. Eu estava lá, como diria o grande Samuel Wainer. Cheguei a empunhar um revólver durante uma noite toda.

Faculdade ocupada significa que só tinha estudantes lá dentro, revezando 24 horas por dia. Funcionários e professores, nada. Dormíamos lá. Namorávamos, aprendíamos a lutar judô, jogávamos pingue-pongue, fazíamos *shows* de calouros, comíamos, assistíamos palestras de profissionais de várias áreas ligadas ao ensino, à sociologia, à antropologia. Tinha aula de tiro ao alvo. Eu tinha vinte e dois, vinte e três anos. Depois fomos todos detidos, fichados no Dops e soltos. Um pouco assustados, é claro. Ainda teríamos pela frente mais uns dez anos de militares. E, o pior, pelas costas.

Havia uma garota linda que andava pelas faculdades ocupadas ali pela Maria Antônia, Vila Nova. O Zé Dirceu caiu em cima e começaram um caso. Era linda mesmo. Fazia Filosofia.

Mentira dela. Era do Destacamento de Operações de Informação – Centro de Operações de Defesa Interno (DOI-Codi), um órgão subordinado ao Exército, de inteligência e repressão do governo brasileiro durante a ditadura que se seguiu ao golpe militar de 1964.

Seu codinome era Maçã Dourada, e havia meses vinha entregando colegas, encontros e tudo. Meses! Nas barbas (reais) do Zé.

Na sua biografia, Zé Dirceu disse que transou só um dia com ela e notou como ela manejava bem a arma dele (arma, mesmo). Apertaram a moça, e ela confessou. O Zé, que foi um excelente líder estudantil colegial, saracoteava com ela pra cima e pra baixo havia bastante tempo, para inveja de todos nós. Não tou te culpando não, Zé, tou te elogiando. Que seja dito: o Zé Dirceu também era lindo. Pensando bem, acho que todos nós éramos.

Foram meses incríveis, a gente se sentia útil de alguma maneira.

* Dedico esta pequena nota ao Gustavo, à Heleny Guariba, ao Antonio Benetazzo — que fez a capa do meu primeiro livro —, ao primo Zé Carlos da Matta Machado e a tantos e tantas colegas que se sentavam ao meu lado nas aulas, assembleias e conferências e depois sumiram para nunca mais voltar.

Até hoje, meio século depois.

PRIMEIRA CRÍTICA – 1968

Eu era meio metido a besta.

Escrevi um livro de contos enquanto ocupávamos a Faculdade de Economia da USP, usando a máquina do senhor diretor da escola, no frio, enrolado numa bandeira do Brasil que estava ali dando sopa. Na sala dele. O livro se chamava *O morto que morreu de rir*, e foi rodado nas máquinas do Centro Acadêmico Visconde de Cairu. Mimeografado. Vendia em bares e restaurantes, imitando Plínio Marcos.

Mas metido a besta porque pedi para o Leo Gilson Ribeiro, importante crítico literário do *Jornal da Tarde* e da revista *Veja*, recém-lançada, para escrever o prefácio. Que pretensão! Dias depois me mandou o texto abaixo, que até hoje sei de cor. Rapaz, o homem sacou tudo, tudo. Leia (mantive a acentuação da época):

Mario Alberto Prata estréia, com alguns êrros de ortografia, mas com um transbordante talento natural na literatura. Uma literatura que ao mesmo tempo começa já num nível de fluência extraordinária e peca por ser um rascunho do que êle pode fazer.

Tataraneto da obscenidade divertida e da ficção em defecação de Rabelais, é primo distante de Stanislaw Ponte Prêta na "go-

zação" dos tabus sacrossantos da burguesia beata. Cria personagens com a facilidade de um escritor experimentado. Tem como armas fundamentais a originalidade, a imaginação, a graça iconoclasta. Como defeitos a pressa, o inacabado de seu estilo. Com afinco, poderá ser mais de que uma mera "promessa literária" nêste Brasil atualmente necessitado de Urubupungás de talento.

Mario Alberto Prata, se quiser, poderá ser um grande sucesso como autor vivo, inquieto, inteligente, que ironiza até a si mesmo, sempre com muitos kws de um talento bruto imenso, que só lhe falta represar para tirar partido integral de sua avassaladora facilidade de contar coisas.[18]

---

18. *WhatsApp do Editor*: Era o Mario Prata aos vinte e dois anos. Tsc, tsc, tsc... Ficou impossível, o menino. Sabe de cor o comentário. Até hoje. Vai negar, mas é verdade.

A SONINHA,
O CARIMBO E O *HAIR*

Então, eu já tinha vinte e três anos e estudava economia na USP, ali na Dr. Vila Nova, quase esquina com a Maria Antônia, como já disse algumas vezes. A Soninha trabalhava numa peça ao lado, no Sesc-Consolação, no Teatro Anchieta. A peça se chamava *A Moreninha* e era dirigida pela Heleny Guariba (que sumiria dois anos depois. Isso mesmo, foi presa em 1971 e sumiu, deixando dois filhos), com um grupo de teatro de Santo André. A Soninha fazia a Moreninha.

Naquele mês de junho, a Soninha estava triste. Tinha feito um teste para o musical *Hair* e não havia passado. Eu estava lançando meu primeiro livro — mimeografado — *O morto que morreu de rir*. O lançamento foi no Sesc, e eu convidei a Soninha, que havia feito dezenove anos uma semana antes, para bater um carimbo na página de dedicatória. A gente se divertia com aquilo. A cada carimbada ela se escrachava de rir:

Para (nome do consumidor) com votos de elevada estima, consideração e felicidade juntos aos seus, modestamente oferece (rubrica do autor).
P.S. Viva Nossa Senhora Aparecida!

Ela carimbava e eu rubricava.

Meses depois, ela voltou a fazer teste no *Hair* para uma substituição e passou.[19]

Nos anos 1970, a Soninha seria musa de Caetano Veloso, "uma tigresa de unhas negras e íris cor de mel (...) ela me conta que era atriz e trabalhou no *Hair*".

Hair, que já era um sucesso na Broadway (começou na *off-off* Broadway), estourou no Brasil e no mundo. Começamos a usar umas roupas coloridas e deixar o cabelo crescer, apesar do olhar do gerente do Banco do Brasil. Um dos autores, James Rado, conta como teve a ideia do musical revolucionário:

> *Nós* (ele e seu parceiro Gerome Ragni, ambos atores desempregados com tendência ao hippie) *conhecemos esse grupo de garotos do East Village que estavam recusando e jogando fora os certificados de alistamento (para a Guerra do Vietnã) e havia vários artigos na imprensa sobre alunos que estavam sendo expulsos das escolas por usarem cabelos compridos. Havia uma grande excitação nos parques, nas ruas e nas áreas hippies, e nós imaginamos que, se pudéssemos transmitir isso para o palco, seria magnífico. Nós saíamos com eles, íamos a seus "be-lins" e deixamos nossos cabelos crescer. Vários integrantes do elenco original foram recrutados diretamente das ruas. Aquilo foi muito importante historicamente, e se nós não o tivéssemos escrito, não teria havido nenhum registro daquele movimento. Você hoje pode ler ou ver filmes sobre aquilo, mas não pode vivenciar a experiência pessoalmente. Nós pensamos: isto está acontecendo nas ruas, e queremos levar para o palco.*

19.*WhatsApp do Editor*: Foi assim que Sônia Braga passou a trabalhar no palco com Ney Latorraca, Antonio Fagundes, Armando Bogus, Laerte Morrone, Aracy Balabanian, Bibi Vogel, Nuno Leal Maia, Ariclê Perez, Dennis Carvalho, Wolf Maya. Duvido que algum deles tivesse mais que vinte e três. O Fagundes, por exemplo, tinha vinte.

Hair estreou nos Estados Unidos em 1967 e no Brasil em 1969, com tradução da poetisa Renata Pallottini e direção de Ademar Guerra. Aqui, foi alguns dias depois do AI-5, em dezembro. A produção temia que fosse proibida. A Censura proibiu apenas a cena do nu, quando todos do elenco (eram mais de vinte no palco) se cobriam com uma enorme bandeira dos Estados Unidos que, quando era içada para os ares, mostrava todos do elenco nus. Não proibiram o nu. Proibiram a bandeira americana. Usaram então um enorme lençol branco, do tamanho do palco do Teatro Bela Vista, no Bixiga.

Foi onde eu vi a Soninha carimbadora, agora nua. Que mulher linda! A peça e ela e todos aqueles jovens brasileiros ali, a minha geração inteira, contra uma guerra absurda lá no fim do mundo.

Que atitude os jovens brasileiros de 2022 tomaram diante da guerra na Ucrânia? E o teatro brasileiro? A ABI? E, por que não, a minha geração? A UNE ainda existe?

Ninguém tirou a roupa... Ninguém ficou nu nos palcos.

A MENINA QUE VAZOU
PELOS FUNDOS, EM 1969

O cearense José Macário chega até a minha mesa no Banco do Brasil, lá no Brás, São Paulo. Era o chefe do Cadastro e, portanto, meu superior.

— O gerente quer falar com você.

Devo ter ficado branco:

— Comigo?

Ele deu de ombros. Subi a escada para o segundo andar imaginando que o gerente, seu Escobar, tinha descoberto que eu dormia no sofá de couro da sala dele. Sim, quando ia para a balada, voltava direto para o banco. O porteiro da noite me deixava entrar, eu subia e dormia até as seis e meia. Com o emoldurado ditador na parede a zelar pelo meu sono. Acordava, escovava os dentes, passava uma água no cabelo pra dar aparência de banho tomado, enfiava a gravata marrom já com o nó dado, mostrava a língua para o presidente de plantão, o Emílio Garrastazu Médici, e ia para a padaria da esquina para um pingado e pão com manteiga. Sete em ponto virava a minha mesa e surgia uma máquina de escrever Olivetti grudada, pronta para ser metralhada.

Subi pensando no sofá. Mas era pior. Muito pior!

O gerente nos apresentou:

— Este é o Mario Alberto e este é o capitão Mendes.

Capitão...

Apertamos as mãos e vi um pacote do meu primeiro livro recém-lançado, *O morto que morreu de rir*, em cima da mesa. Ele pegou um exemplar. Tive uma calma que não sei de onde saiu. Estávamos em 1969, ainda o ditador general Costa e Silva. Já meio debilitado. Eu com vinte e três anos.

— O senhor não me chamou aqui para pedir um autógrafo...

Ele não sorriu nem respondeu.

— Este pacote com vinte exemplares do seu livrinho foi achado no banco de trás de um Volkswagen.

E eu imaginava alguma coisa parecida. Só não sabia qual era o problema. O livrinho não era tão subversivo assim.

O capitão Mendes bateu a mão várias vezes em cima da capa, trocando o peso das pernas para um lado e para o outro, para o outro e para o um, movimento que autoritários adoram fazer. Pensei logo no autor da capa. O Antonio Benetazzo, que seria metralhado por eles dali a poucos meses. Aliás, ali mesmo, no Brás. A coisa estava piorando.

— O problema, meu jovem, é que o carro cheio de livros do senhor foi resgatado pelo Serviço Secreto da Segunda Divisão do II Exército, depois de um assalto a um banco em Sorocaba. Os idiotas foram fazer o assalto e se esqueceram de colocar gasolina. E querem derrubar o regime, não é, meu jovem?

Eu quieto, calado.

— O senhor tem ideia de como o livro foi parar dentro do carro?

— Mais ou menos.

— Pois diga o mais e o menos.

— O livro foi editado pelo nosso Centro Acadêmico. Eu digo aí no prefácio. Da Economia da USP. Tirei mil exemplares. (Daqui para a frente, era tudo mentira.) Como eu sou diretor cultural do Cairu...

Ele interrompendo.

— Cai o quê?

— Cairu! Centro Acadêmico Visconde de Cairu. Eu mandei, pelo correio, vinte exemplares para uns trinta centros acadêmicos da cidade.

— E o senhor quer que eu investigue trinta centros acadêmicos?

O gerente resolveu me ajudar.

— Capitão, houve mortes?

— Nada. Assaltinho de merda! Coisa de estudante inocente útil. Tou vendo que você é um bom menino. Mesmo assim, deixe a relação dos centros acadêmicos aqui com o gerente. O senhor está dispensado.

Cumprimento os dois com a cabeça e vou saindo, mas ouço:

— Agora, o caso da menina é sério. Estou com oito homens à paisana aí na frente. Ela é perigosa.

Fui fechando bem devagar a porta, para ouvir. O capitão queria que ela subisse. O gerente veio e reabriu a porta. Eu já estava de costas:

— Prata, peça para aquela moça nova subir. A Maria de Lourdes, Lurdinha. A novata, ruivinha.

Fiz que sim com a cabeça e, enquanto descia os degraus, escrevi num pedaço de papel: "VAZA – PELOS FUNDOS".

Passei pela mesa dela, ao lado da minha, e joguei o papel amassado. Antes de ler, ela já havia pegado sua enorme bolsa. Vi que o Macário estava acompanhando o jogo. Tirei um dinheiro que tinha acabado de sacar no caixa, uns trezentos reais em dinheiro de hoje, e joguei na bolsa dela. Ela viu, sorriu magrinho e foi para o fundo, onde ficavam os banheiros.

Macário, me olhando, abaixou a cabeça em sinal de cumplicidade conosco.

Depois me disseram que ela pulou o muro dos fundos, caindo num terreno vazio. Nunca mais voltou ao banco. Nunca mais vi aquela menina. Tinha dezoito anos. Era de Arapongas, Paraná.

COM VINTE E TRÊS ANOS, NA CENSURA FEDERAL, BRASÍLIA

O crítico Jefferson Del Rios dá boas-vindas ao novo autor:

Dono de uma linguagem fluente, viva, carregada de uma vibração que se extravasa em contínuos trocadilhos e achados humorísticos, o autor faz um primeiro ato de risadas, mostrando sua gente, cinco criaturas, quatro adultas e um feto que se manifesta apenas no fim, inesperadamente, dando um tranco violento na plateia... O Cordão umbilical é explosão de vitalidade, esta densa, ainda imperfeita e entusiasmante vitalidade que se derrama sobre o teatro brasileiro. Deve ser visto.

Em 1970, a minha primeira peça, *Cordão umbilical*, foi proibida pela Censura Federal antes da estreia, e eu fui tachado por eles de *inocente útil*. Fui chamado para uma conversinha em Brasília.

Significado de "inocente útil" pelo Dicionário Informal (SP):

Pessoa que serve aos interesses e objetivos de uma causa sem estar vinculada à organização, fundação ou ente interessado.

O mesmo ocorre referente a posições políticas ou filosóficas.

Na época da ditadura, os militares chamavam assim todos que achavam que estavam sendo usados pelos comunistas sem saber, na santa ignorância. Confesso que gostei de saber que eu era um inocente útil. Dava certo *status*. Era muito melhor do que ser um inocente inútil, como a gente chamava os milicos.

Mas se fôssemos a Brasília, poderíamos negociar, com alguns cortes. Fomos, quatro inocentes úteis, para Brasília num fusca vermelho. Maria de Lourdes de Andrade, dona do carro, sobrinha do Mário igualmente de Andrade, o José Rubens Siqueira, diretor da peça e Maria Helena Grembecki, artista plástica e cenógrafa. Chegamos e fomos direto para a sede da Censura, sem dormir. Inocente útil não tinha dinheiro para hotel.

Estávamos na suntuosa sala de espera do chefe do Serviço de Censura de Diversões Públicas (SCDP), doutor Wilson Almeida de Aguiar. Era o ministro da Justiça, e depois ele. Fodíssimo! Anos depois, viria a conhecer o seu filho, Wilson Almeida de Aguiar Filho, bom dramaturgo e roteirista. E, com certeza, mais um inocente útil.

Antes de entrar na sala do censor magno, fui fazer um xixi. E, juro, nunca tinha visto um lugar com tanto palavrão escrito nas portas, paredes e adjacências. Assim era o mictório do chefe da Censura Federal.

Entramos, ele estava sentado escrevendo alguma coisa na sua Olivetti imensa. Fez sinal para sentarmos. Éramos quatro num sofá para três. E todos com o cu na mão. Naquela época existia até a possibilidade de nunca mais voltarmos para São Paulo. Sumirmos...

— Quem é o senhor Mario Alberto?

Me levantei.

— Sou eu, doutor.

— Leia o que escrevi:

Exmo. Snr.
Dr. Wilson Almeida de Aguiar
DD. Chefe do SCDF
Brasilia
Presado Snr:
Procedendo ao reexame da peça Cordão umbilical, *de minha autoria, procedi a seguintes modificação de palavras, dentro do texto da mesma:*

Li e reli. Além de não ter acentuado Brasília, o censor-gestor escreveu prezado com S e cometeu a seguinte frase "procedi a seguintes modificação de palavras". E ainda colocou "a mesma".

— Agora o senhor pega aqui a peça com as anotações sugeridas para modificações e vai modificando, sempre numerando a página, como eu fiz ali em cima no 1-.

— Lemos, traga uma cadeira para o garoto.

Imediatamente me lembrei do Nelson Rodrigues: *"Lemos é nome de vizinho. Um sujeito que se chama Lemos só pode ser vizinho".*

Peguei a minha peça, coitada, toda rabiscada, riscada em vermelho, dilacerada, sentei na cadeira que o vizinho trouxe, olhei aqueles carimbos de tudo quando é tipo em meu casto texto e fiz "as *seguintes modificação*" na máquina de escrever:

Pag.
1 - "Puta que o pariu!" por "vovozinha".
2 - Suprimida a palavra "saco".
3 - Suprimida a palavra "brochou" e "no seio".
4 - Suprimida a palavra "porra" e o seguinte trecho de texto: "se bem que estas faculdades que estão por aí sejam uma verdadeira... Didi - Verdadeira o quê? Marco - Didi, se é verdadeira, só pode

ser uma verdadeira bosta. Ou você ainda não tomou conhecimento dessa verdade universitária e catalítica? Didi – (não entendeu) Ah, evidente..."

5 – "Bostas" por "drogas". Suprimida a expressão "bosta e mijo".

6 – "Bosta e mijo" por "isso". Suprimida a expressão "bosta e mijo". "Mijar" por "fazer xixi".

7 – Suprimida a expressão "puta". "De suruba, é?" por "o que". "Porra" por "pô".

8 – "Quero mijar" por "quero fazer pipi". Suprimida a expressão "mijemos ao amor dos amores, mijemos...". "Come" por "dorme com".

9 – "Bosta" por "coisa".

10 – "Puta" por "bruta". "Filho da puta" por "filho da mãe". Trocar cinco "porra" por um "puta que o pariu", uma vez. "Putazinha" por "mulherzinha" (duas vezes). Suprimida a expressão "porra, é Kátia". "Mais filho da puta" por "lazarento". Suprimida a expressão "inimigo da puta".

11 – "Merda" por "lixo" (duas vezes).

12 – Suprimida a expressão "corta o pinto dele".

13 – Suprimida a palavra "trepar".

14 – "Porra" por "po". Suprimida a expressão "porra, né?". Suprimida a palavra "pica". "Puta" por "senhor corno".

15 – "Puta!" por "vagabunda". "Fodida" por "estrumbicada".

16 – Suprimida a palavra "porra". Suprimida a palavra "picas!". "Porra" por "oras". Suprimida a palavra "porra".

17 – "Puta esporro" por "que zorra". "Pau duro" por "Tarado". "Tesão" por "vontade".

18 – Suprimida a expressão "Sou, por princípios cá meus, um antiputa!" "Puta" por "prostituta". Suprimida a palavra "puta!" (duas vezes).

19 – *"Puta" por "Gente".*

20 – *Suprimida a expressão "do baú de puta!". "Porra" por "nossa". "Puta" por "sirigaita". "Filhos da puta" por "fariseus". "Puta solidão" por "Mas que solidão".*

21 – *"Puta" por "uma colega minha". "E trepa?" por "E faz michê?" "Trepa" por "faz". "Piço" por "da vida". "Puta é puta" por "entrou na vida, acabou".*

22 – *"Porra" por "ai, meu deus". "Porra" por "pô". Suprimida a palavra "puta". "Puta por "perdida".*

23 – *Suprimida a expressão "proteja sua buceta" e "vote em Kátia Porreta".*

24 – *Suprimida a expressão "puta é a mãe". "Você é uma puta como eu" por "Você é como eu". "Gonorreia" por "doença". Suprimida a palavra "gonorreia". "Porra por pô" (duas vezes).*

25 - *"Puta" por "Vaca". "Vou te comer agora" por "Agora é a minha vez".*

26 – *Suprimida a palavra "porra". "Suruba" por "festinhas" (duas vezes).*

27 – *"Tesão" por "porreta".*

ASS. Mario Alberto Prata

Só lembrando que uma das personagens era uma puta, a Kátia Porreta, grávida. Por isso a quantidade de tantas putas no texto. Devo confessar — mas não contem para os meus amigos comunistas (ainda existem dois) — que o texto ficou melhor. Havia também uma parte política no texto que os censores não perceberam. Eles estavam preocupados com as putas e não com que porra era aquela.

A peça foi montada em São Paulo em 1970, com direção de José Rubens Siqueira e com Carlos Augusto Strazzer, Ênio

Gonçalves, Julia Miranda e Cacilda Lanuza. No Rio, dois anos depois, com direção de Aderbal Freire-Filho e com Marco Nanini, Débora Duarte, Nélson Caruso e Íris Bruzzi. Atriz substituta, Thaís Portinho.

MILTON À MILANESA (OU MILLÔR) E A LARA DO HENRIQUINHO

Em 1969, ano do nascimento do *Pasquim*, publiquei meu primeiro livro (mimeografado), *O morto que morreu de rir*, com prefácio de Leo Gilson Ribeiro. Tive a audácia de mandar um exemplar ao Millôr Fernandes, para o endereço do *Pasquim*. Tinha vinte e três anos. Exatamente a metade da vida dele, quarenta e seis. Não apenas leu como deu uma dica no jornal. Quase morri. Mesmo.

Dois anos depois, aconteceu a prisão de toda a redação do jornal. Menos ele e o Henfil que, sozinhos, tocaram o hebdomadário por dois meses. Millôr usava um pseudônimo em cada página. Me lembro bem do "Milton à Milanesa". Eu tive a audácia — de novo — de mandar um texto para ajudar. Fiz o Sig, o ratinho do Jaguar, entrevistar o Mickey Mouse. O Millôr e o Henfil publicaram. Eram mais audaciosos do que eu. A partir de 1972, eu ficaria fixo no *Pasquim* e muito, muito amigo dos dois. Levei até o Henfil para passar um Carnaval em Lins. Ele tinha uma namorada de catorze anos que se chamava Lúcia Lara e que fugia dos fotógrafos. Havia dito para a família que iria passar o Carnaval na casa de uma amiga em Minas. Marta Góes fez um comentário:

"O Henfil tá provando que comunista come mesmo criancinha."

Pois saibam todos que essa namorada veio a se casar com ele e ficou ali, durante dez anos, ao lado do seu Henriquinho, até a agonia final no hospital, vítima de HIV adquirido numa transfusão de sangue. Lúcia já tinha vinte e quatro anos. Uma senhora.

Lúcia Lara, aquela criancinha de catorze anos que o comunista Henfil namorava, hoje é médica e trabalha no SUS na Bahia.

E tem mais. Desde a morte do Henfil, brigou contra as leis e a Justiça durante quase trinta anos. Em 2016, conseguiu que fosse proibida a doação de sangue paga.

— Eu tinha o dever de não me calar sobre seu corpo. A tragédia não era só minha, mas de muitas pessoas – observou a menina-médica.

Ela diz que compara o que viveu "como ter estado na Guerra do Vietnã. Mas me tornou o que sou, me fez mais forte e sobretudo me ensinou o que de fato é importante na vida".

Voltemos ao Millôr, ao Henfil e ao *Pasquim*. Devo, portanto, aos milicos o meu ingresso no *Pasquim* e a amizade do Millôr e do Henfil, um dos meus grandes orgulhos.

Um dia, ainda no tempo que ficou conhecido como "A Gripe do *Pasquim*", mandei um texto, o Millôr me liga.

— Vou publicar, porque tá faltando texto. Mas tá uma bosta. Vem pra cá.

— Então não publica...

— Vou publicar. Só publicado dá para sentir. Vem tomar um uísque.

Ele tinha um estúdio entre Ipanema e Copacabana. Fui lá. Ele estava atendendo um longo telefonema, sentei-me na sua frente. Enquanto ele falava com as pessoas, ia fazendo rapidamente uns desenhinhos num bloquinho, arrancava, amassava e jogava no lixo. Fazia outro, amassava e jogava no lixo. E outro e outro. E eu olhando aqueles millorianos desenhos todos começando a encher o lixo. Assim que ele fosse fazer um xixi, eu ia pegar tudo. Pra mais de vinte.

Spoiler: Fui embora, horas depois de vários uísques, e me esqueci dos desenhinhos. Até hoje não me perdoo. Ele:

— Sabe qual o problema da sua crônica? É que você teve uma boa ideia, ficou contente e escreveu. Você não trabalhou a ideia, achando que ela estava pronta. Não estava. Quando se tem uma boa ideia, tem que relaxar e ter uma em cima dela, e outra, e outra, até ter dezoito ideias sobre a mesma ideia. Às vezes, a primeira é mesmo a melhor, mas você teve dezoito oportunidades de melhorar a danada. Entendeu, garoto?

— Porra...

P.S.:

Mandei o texto acima para a Lara, que eu não vejo há mais de quarenta anos. Ela respondeu:

— Nunca esqueci o que a Marta disse. Rio até hoje!

E mais:

[16:24, 29/07/2021]: Mario: Na verdade, em 2016 ganhamos o processo. A lei que proíbe a comercialização é de 1988

[16:24, 29/07/2021]: Bj

[16:25, 29/07/2021]: Fui fazer lobby *na Constituinte*

[16:25, 29/07/2021]: Muito obrigada pela força

[16:25, 29/07/2021]: Só não precisava dedurar que eu mentia pra minha mãe...

[16:26, 29/07/2021]: Eu trato um monte de adolescentes

[16:26, 29/07/2021]: Bj imenso

O HOMEM DO SALTO ALTO

No fim dos anos 1960, quando eu comecei a frequentar a classe teatral, mais do que o susto de conhecer aquelas pessoas todas, foi entrar em contato com o Homem do Salto Alto. Aquilo me fascinou.

Quem tem mais de sessenta e, de uma forma ou outra está ou esteve ligado ao teatro paulistano, certamente se lembra do Homem do Salto Alto. Quem tem menos, como é o seu caso, fique sabendo agora quem foi ele.

Foi nas décadas de 60 e 70 que ele atuou. Anonimamente. Nunca ninguém soube quem era o misterioso personagem. Escrevia cartas anônimas para as atrizes. O que ele fazia? Recortava de revistas ou jornais fotos de sapatos femininos de saltos altos e mandava a foto pelo correio com dizeres totalmente pornográficos, dizendo, entre outras coisas, que gostaria de enfiar aquele salto na atriz (lá) e outras bobagens do mais baixo calão. Escrevia a lápis. Durante décadas ninguém nunca descobriu quem era. Um dia as cartas deixaram de chegar. Devia ter morrido O Homem do Salto Alto. O teatro estava de luto.

Sim, porque o mais interessante nesta história é que ele só mandava para atrizes que faziam grandes papéis. Se no início aquilo parecia de péssimo gosto, com o passar dos anos as atrizes começaram a esperar para receber as cartas como um prêmio. Era uma honra para qualquer uma. Dava *status*, a notícia corria de boca em boca pelas coxias do teatro paulistano.

— Fulana recebeu!

Recebia telefonemas cumprimentando.

Passou a ser uma espécie de prêmio teatral, tão importante como o Prêmio Molière ou o da APCA. Tinha atrizes que chegaram a receber três prêmios Homem do Salto Alto.

Mostravam-se as cartas no restaurante Gigetto, e todos cumprimentavam a destinatária da missiva. Era o máximo.

Quando o Homem do Salto Alto morreu (pararam as cartas), o teatro brasileiro ficou mais pobre, com menos humor, andando de salto baixo.

Em tempo: nunca nenhum ator recebeu a carta. Embora muitos sonhassem com isso.

TOQUINHO NÃO PERDE UMA

1971.

Estávamos nós dois no elevador do prédio dele, nos Jardins. Nós dois e um garotinho que acabara de entrar. Uns cinco anos. Mal alcançava o número 7. Mas apertou. O Toquinho apertou o dele, o 5.

Aviso que ele não admite perder em nada. Futebol, aposta, sinuca, tudo.

Ele mostrou a língua para o garoto.

O garoto mostrou a língua para ele.

Ele mostrou a língua para o garoto.

O garoto mostrou a língua para ele.

Estávamos chegando ao quinto. A última língua foi do garoto. Mas o Toquinho não admite perder. Nada e nunca. Na hora que saímos e a porta estava quase fechada, na frestinha que sobrava, ele mostrou a língua, vitorioso e bateu a porta.

Mas, lá dentro, o garoto ficou na ponta do pé e, pela janelinha, numa fração de segundo, mostrou a língua.

O Toquinho ficou puto, saiu correndo do elevador, subiu a escada a mil, apertou o botão no seis, o elevador foi interceptado, mostrou a língua para o garoto e voltou correndo. E suado!

eu vi um baile de debutantes

— Ganhei! — disse, ofegante e limpando o suor com a manga da camisa.

O texto acima foi publicado no meu livro *Minhas mulheres e meus homens*, em 1998.

Quase cinquenta anos depois de 1971, em 2015, estaciono uma Mercedes, emprestada, no restaurante 53, na Castelo Branco. Fechando uma porta, uma voz:

— Tive um igualzinho.

Era o Toquinho, que eu não via — ao vivo — havia mais de quinze anos. Ele estava voltando de um *show* em Botucatu e eu ia para Sorocaba, onde estava o dono do carro. Acabamos almoçando juntos. Estava ele, a cantora que o acompanhava — Verônica Ferriani — e três músicos. Muitas risadas depois, contei a história do elevador e as línguas para fora para provar que o Toquinho não admitia perder nada. Foi quando ele me perguntou com quantos anos eu estava.

– Sessenta e nove.

Ele:

— Ganhei, estou com sessenta e oito!

— Ganhou o caceta. O mais velho é quem ganha. Até em fila de banco.

Generalizou-se a discussão. Depois, por quatro votos a dois, democraticamente, ganhei a contenda.

Toco bufava. Mudei de assunto.

— Depois você me ensina como faz para levantar a capota da Mercedes?

Ele não perdeu tempo:

— A minha era mais nova. No caso aqui, o mais novo ganha.

— Impossível. A minha, que não é minha, é do ano.

E mostrei a língua. Todo mundo riu. Foi um encontro maravilhoso. Saímos, pegamos a fila para pagar e o Toquinho sumiu. Pagamos, ficamos esperando lá fora, uns minutos depois ele aparece. Tinha ido ao banheiro.

— Vamos lá que eu vou te mostrar a capota. É simples.

Ele entrou, sentou-se no banco do motorista e mexeu num botãozinho ao lado do câmbio. Mágica, a capota foi se levantando e todo mundo acompanhando.

Despedidas, beijos, ele pegou a direção de São Paulo e eu a de Sorocaba. Mas tinha um papel dobrado no outro banco que eu não me lembrava ter visto ali. Dobrado em quatro. Era um daqueles papéis redondos para colocar na privada para se sentar. Desdobrei. E, desenhado com uma Bic, uma enorme língua. Para mim.

O POETA E A
EMPREGADA DO SAMIR

Samir Curi Meserani, grande professor de redação e criatividade, gostava de receber. E até de hospedar. Pois uma vez o acomodado lá era o poeta Vinicius de Moraes, que fazia um *show* em São Paulo com o Toquinho.

Vinicius dormia tarde e amanhecia tarde. Café da manhã às duas, três da tarde. Que a empregada servia, embevecida.

A dita funcionária do Samir era bastante jovem, baixinha, com cara de sapeca.

Pois uma bela tarde, depois do café da manhã, mais ou menos às três da tarde, a danadinha pediu para o poeta ir até a cozinha fazer um favor para ela. Vinicius foi. Ela pediu para ele chegar até a janela.

Foi ele quem contou, depois, deliciando-se.

— Quando eu cheguei à janela, ela colocou a mão no meu ombro e encostou a cabeça no meu braço, delicadamente. E acenou para fora com a outra mão. No prédio ao lado, na área de serviço, estavam todas as empregadas, de todos os andares, acenando para ela. E para mim. Ela havia marcado na véspera: "amanhã, de tarde, três horas"... Tinha até uma ou outra patroa. Fiquei emocionado. É como se eu estivesse vivendo um soneto de amor. Dei um beijo no rosto dela e fui preparar meu primeiro uísque.

O CLUBE DOS CAFAJESTES

Está no Google:

Restaurante Fiorentina, Rio de Janeiro, Leme
Comida italiana em um lugar onde intelectuais, jornalistas
e artistas se reúnem desde 1957.

Nos anos 1970, andei morando no Rio e frequentava o Fiorentina. Lugar cheio de histórias, lendas. No fim dos anos 60, começo de 1970, existia no Rio o Clube dos Cafajestes, liderado pelo Carlos Imperial. Este, produtor teatral, levou Paulo Pontes para conhecer o restaurante. Paulinho, recém-chegado à cidade, vindo de Campina Grande, Paraíba, viria a ser, poucos anos depois, junto com Armando Costa, o criador e roteirista de *A grande família*. Pequeno, magro, muito tímido, trinta anos. Ao redor de Imperial (que estava querendo produzir uma peça dele, Paulinho), Jece Valadão, Jorge Dória, Pereio. Os simpáticos cafajestes de plantão, pessoas de quem eu também ficaria amigo. Nesse dia, eu acompanhava o Paulinho. E o Imperial estava querendo montar minha peça *Cordão umbilical* no Rio.

Começaram a falar das "lebres" que eles já tinham "abatido". E o assunto foi ficando internacional. Paulinho, calado, ouvindo a algazarra. Entrou Ava Gardner na história. Depois Brigitte Bardot, e até mesmo Janis Joplin. Paulinho, calado. Levantou o dedo, como a pedir a palavra. Alguém gritou:

— Fala, Paraíba! Já abateu alguém aqui no Rio?

— Vocês, aqui no Sul, já ouviram falar no Lampião, aquele cabra danado?

Todo mundo riu.

— Claro!

E o Paulinho completou, tímido, meio baixinho, sem fazer escândalo:

— Papai comeu muito...

UM CARRO PEGANDO FOGO NA DUTRA

"Jornalista, além de talento, precisa ter sorte. Muita sorte!", dizia Samuel Wainer, o homem que estava lá.[20] E me contou uma história incrível.

No dia 27 de setembro de 1952, estava ele na sala de diretor (e dono) do jornal *Ultima Hora*, no Rio, quando entra um desconhecido. Samuel nunca fechava sua sala. O sujeito mostrou uma foto de um carro pegando fogo.

— Vinha vindo do Rio hoje e vi esse carro pegando fogo. Sou fotógrafo amador, tou sempre com minha Rolleiflex Baby. Olha que foto bonita. Entre Taubaté e Pindamonhangaba! Olha o fogaréu.

Samuel pegou a foto. Olhou alguns segundos. Gostou. Negociaram, mandou alguém levar o cara no financeiro e jogou a foto numa gaveta. Quinze minutos depois entra um repórter con-

---

20. *WhatsApp do Editor*: Samuel dizia também que um dia escreveria um livro de memórias que se chamaria *Eu estava lá*. Quando a Karla Monteiro entrevistou o Prata para a biografia que estava fazendo dele, ele contou do "eu estava lá". E a belíssima biografia ficou com o título *Samuel Wainer, o homem que estava lá*. O Prata não fez mais do que cumprir com a sua obrigação.

tando do acidente na Dutra com o maior cantor do Brasil naquela época. Mais ou menos como Roberto Carlos, hoje.

— Morreu o Francisco Alves, queimado! Acidente da Dutra, altura de Pindamonhangaba!!!

Samuel, calmo, abriu a gaveta, pegou a foto.

— Confira a placa, solte uma edição extra com a foto em oito colunas: "MORREU O CANTOR DAS MULTIDÕES".

— Desculpa, Samuel, mas o Cantor da Multidões é o Orlando Silva.

— Ponha lá qualquer coisa. O que importa é a foto! E o nome dele...

O cara olhava incrédulo para ele, com a foto na mão. Ia perguntar como conseguira.

— Vai, rapaz! Quero a edição nas bancas em menos de duas horas.

Levantou os óculos para cima da cabeça, recostou-se na sua cadeira, acendeu seu cigarro Hollywood — sem filtro — e tragou gostoso.

RÉVEILLON NA PISCINA, NUS!

Foi o Serginho Mamberti quem descobriu a piscina.

Fazíamos, ele, eu (como ator), Regina Duarte, Yara Amaral e Ênio Gonçalves, a peça *Réveillon*, no Teatro Anchieta, no começo dos anos 1970. O teatro era (e é) o Sesc Consolação, ali na Dr. Vila Nova, e foi o Sérgio quem descobriu a passagem para a piscina aquecida. Tóim!

Minha atuação na peça durava os sete primeiros minutos, e depois eu sumia, só voltando no final para os merecidíssimos aplausos. O Sérgio também ficava fora de cena quase trinta minutos. Não deu outra. Passamos a frequentar a piscina todas as noites (duas vezes no sábado e no domingo), enquanto a Regina, a Yara e o Ênio enrolavam o público. Ninguém podia imaginar por que eu e o Sérgio agradecíamos com o cabelo molhado.

Nelsinho Motta Mello vendia o programa antes do espetáculo e projetava os *slides* da Regina morta no final. Foi convidado. Além do teatro, estudava música, e hoje é um famoso músico terapeuta. Pois ele levava a sua estante desdobrável com as partituras e tocava Vivaldi e Bach na flauta doce. Todos nus. Inclusive o músico.

Depois de um tempo, os três filhos do Serginho, os pré-adolescentes Duda, Carlinhos e Fabrício, começaram a chegar na hora da natação musical. E, por fim, a queridíssima mulher do Sérgio, a Vivien Mahr, na época se chamando de "Heart Smile". Também nua. Que noites maravilhosas!

Claro, um baseado já havia sido fumado por todo o elenco. Mas não era ele que dava o barato. Não precisava daquilo. Que pessoas inacreditáveis. Éramos felizes!

Ao longe, ouvíamos Regina, Yara e Ênio dando duro...

A MORTE E A MORTE
DO ALMIR PERNAMBUQUINHO

Desde o dia 6 de fevereiro de 1973, a cada dez anos, por volta deste dia e mês, a mídia me procura. É porque faz dez, vinte, trinta ou quarenta anos que o Almir Pernambuquinho, craque de bola, campeão do mundo com o Santos, que jogou na seleção e era craque na porrada, foi assassinado na minha frente num bar (Rio-Jerez) na saída da Galeria Alaska, em Copacabana. Eram duas da manhã, e ele levou apenas um tiro, na têmpora. Quando chegamos perto do corpo, Alice, então companheira de Aderbal Freire-Filho, colocou uma toalha de mesa para cobrir o corpo.

O que foi que aconteceu: alguns integrantes do genial e internacional grupo *Dzi Croquettes*, depois do espetáculo que havia feito sucesso no Brasil e na Europa, ainda com purpurina no corpo, jantavam. Uns portugueses de terno cinza e gravata (estávamos na época de Salazar lá e Médici cá) começaram a zombar daqueles paneleiros (*gays*). Almir foi defender os *Dzis*. Saiu porrada e houve muitos, muitos tiros. Os portugueses fugiram e embarcaram no dia seguinte de volta para a ditadura portuguesa. E ninguém nunca mais soube deles.

O companheiro do Almir também foi alvejado, mas salvou-se. Os *Dzi Croquettes* calaram-se.

E, como dizia, a cada dez anos, me entrevistam e eu conto a mesma história. Assim como o diretor Aderbal Freire-Filho.

Ao fazer quarenta anos da briga, o jornalista Anésio Barreto fez uma matéria de página inteira na *Folha de S. Paulo*, no dia 2 de fevereiro de 2013. Falou comigo. Contei a mesma história. E o Anésio me honrou finalizando seu texto comigo.

Almir tinha trinta e cinco anos quando foi morto. Como diz Mario Prata, esta história tem um lado bonito: um machão como ele morrer defendendo um grupo gay.

Dias depois da matéria publicada, uma sobrinha-neta do Almir, pernambucana como ele, ameaçou a *Folha* de entrar na Justiça, justificando que o tio-avô Almir é quem estava batendo nos *Dzi Croquettes*. Anésio me liga, preocupado. Depois de algumas décadas de bom jornalismo, não queria sair na seção "Erramos", da *Folha*. E a neta ameaçava processar o jornal! Disse para ele ficar tranquilo, liguei para o editor do "Erramos". E naquele espaço saiu o seguinte:

ESPORTE – (2 FEV., PÁG. *d4) Diferentemente do publicado em "Futebol marginal", Almir Pernambuquinho não defendia um grupo de artistas gays quando foi morto em briga de bar, em 1973, como afirmou Mario Prata. Segundo a versão defendida por familiares, a discussão começou depois que o jogador agrediu um dos homossexuais.*

A família, que não estava no bar naquele dia, ficou muito feliz.[21]

---

21. *WhatsApp do Editor*: No dia 6 de fevereiro de 2023, fez cinquenta anos. O procuraram, de novo. E ele contou a mesma história. Só que, desta vez, teve mais um assunto: o adendo do "Erramos".

NOS TEMPOS DA PORNOCHANCHADA

Edmundo Donato, mais conhecido pelo pseudônimo Marcos Rey (1925-1999), foi um escritor e roteirista brasileiro. Foi também redator de programas de televisão; adaptou os clássicos *A moreninha*, de Joaquim Manuel de Macedo, em forma de telenovela, e *O Sítio do Pica-pau Amarelo*, na Globo. Além de meio guru do Oswald de Andrade.

Nos anos 1980, os Barreto me chamaram para adaptar para o cinema o livro *Malditos paulistas*, dele. Isso fez com que a gente se aproximasse muito. Eu e Reinaldo Moraes passamos a ir à sua cobertura na Pompeia quase diariamente para tomar uísque e beliscar quitutes da sua exótica mulher Palma Donato.

A vida de escritor é sempre de altos e baixos em termos de dinheiro. Numa fase baixa dele, nos anos 1970, apelou. Ligou para a dupla que dominava o cinema na pornochanchada: Galante & Palácios, e não eram pseudônimos. Ligou e disse:

— Tou com uma ideia que vai arrebentar! Sim, erótica, claro! E quero cem paus. Cinquenta hoje, cinquenta quando entregar o roteiro. Não, não vou contar por telefone. Venham aqui tomar um uísque. Outro. Vocês vão adorar. Tragam o cheque de cinquentinha.

E a Palma:

— Que ideia é essa que eu não sei?

— Nem eu... Vamos ao uísque.

— Você enlouqueceu.

— Até eles chegaram eu arrumo.

Ele, contando para nós:

— Rapaz, eu fui ficando preocupado, porque não vinha nada na cabeça, andando em círculos aqui na varanda, como nos gibis. Nada. Palma só me olhando. Mas eu tinha que ter uma ideia. Conta estourando, sabem como é, né? Prestações... Os caras chegaram em menos de meia hora. Da Boca do Lixo até aqui. Vieram voando. E eu, nada, nada, nada.

Entraram contentes, foram se servindo, sentaram nas poltronas de couro e fixaram os olhos em mim. Eu disse:

— Um brinde!

— Você vai nos salvar, Marcos. Aquele filme do cara com três bolas no saco foi um tremendo fracasso.

— Tou sabendo.

Fizemos brinde.

— De novo!

Fizemos de novo, de novo. Eu queria sumir. Mas aí achei melhor ir até o banheiro fazer xixi.

— Preparem seus corações, que eu vou mijar!

Entrei no banheiro, tranquei a porta, abri a braguilha e fiquei olhando para a frente com a mão apoiada na parede. E o que tem na parede do meu lavabo? Bem na frente de quem está mijando? Um belíssimo bico de pena com uma turma de cangaceiros. Fiquei olhando aquilo, um pequeno sorriso foi se esboçando, fechei a braguilha com toda a calma do mundo, já sorrindo largo, destranquei a porta, encarei os dois. A Palma me olhando, meio pálida. Eu:

— *Vou dizer apenas o título: As cangaceiras eróticas.*

E a Palma, rápida como um gatilho:

— *Não se esqueça de contar da fita métrica...*

Galante olha para Palácios, Palácios olha para Galante. E os dois dizem, ao mesmo tempo!!!:

— *PUTA QUE LOS PARIU!!!*

— *Vai bater todos os recordes de bilheteria do Brasil!*

E bateu. E assinaram um cheque logo de 100 mil!

Eu conheço o quadro dos cangaceiros. Usei muito aquele lavabo.[22]

---

22. *WhatsApp do Editor*: O Prata reviu o filme durante a pandemia. É maravilhosamente engraçado. A cara do talento do Marcos Rey. Tem no YouTube.

ÁGUA COM AÇÚCAR

Escrevi uma sinopse de novela para a Globo, *Estúpido cupido*, e, para minha surpresa, foi aprovada por nada menos, nada mais que o diretor de texto da emissora, Zbigniew Ziembinski, o polonês que mudou para sempre o teatro brasileiro com a direção de *Vestido de noiva*, do Nelson Rodrigues, em 1945. Trinta anos depois, em 1975, leu a minha sinopse. Três anos depois morreria. Como sempre, a sinopse e os primeiros capítulos foram para Brasília. E fui chamado pela segunda vez para conversar com um dos censores. Era uma mulher.

A novela era totalmente água com açúcar, como convinha ao horário das sete. A história da minha adolescência no interior de São Paulo. A narrativa se passava em 1961, começo da década que iria mudar o Brasil e o mundo. Mas, como eu era "comunista", enchi a novela de gravíssimas sacanagens políticas. E pensei, quando me convocaram: "Eles descobrirão tudo".

Alguns exemplos:

• O presidente do Brasil se chamava João Belchior Goulart (o Jango), e sua mulher, a linda Maria Teresa, que, com vinte e três aninhos, era considerada a mulher mais bonita do Brasil. Ganhava da primeira-dama americana Jacqueline Kennedy, depois Onassis. Pois, na novela, o jovem galã (Ricardinho Blat) se chamava João, e a heroína, Françoise Forton, que queria ser Miss Brasil, a mulher mais bonita do Brasil, chamava-se Maria Teresa.

• E ainda usei o Belchior do João Belchior Goulart para dar nome a um personagem meio pirado, mas inteligente e abertamente de esquerda, que ficava na praça fazendo a cabeça dos rapazes: Belchior Neto.

• E tem mais: na época, o embaixador americano no Brasil era Mr. Lincoln Gordon, que andava tramando o golpe que viria três anos depois. Pois na novela havia um americano que vinha tirar petróleo aqui no Brasil que se chamava Mr. Gordon. Tóim!

Você acredita que nem a Censura, nem os milicos, nem a imprensa, nem a Globo, nem o Boni, nem NINGUÉM nunca percebeu isso?[23]

---

23 *WhatsApp do Editor*: Tenho certeza que é a primeira vez que o Prata conta isso.

CAETANO, FELLINI E EU
BEBENDO AO SOL DO LEBLON

Um dia, do nada, meu filho Antonio perguntou:

— Como você se sentiu quando, depois de apenas dez anos após sair de Lins, em 1976, o Caetano Veloso, que estava passando em frente ao bar Degrau, no Rio, te vendo lá dentro, na varanda, entrou e foi falar com você?

Eu nunca havia contado esta história para ninguém.

— Como você sabe disso?

— Mamãe me contou.

— Eu acho que ela estava comigo. Antes de estrear a novela, eu soube que o Caetano tinha uma música inédita chamada "Cabelo na testa", que se referia aos anos 1960. Consegui o telefone dele, liguei, expliquei que estava escrevendo a novela e me interessava a música. Foi ultra gentil, me convidou à sua casa, ali mesmo, no Leblon, cantou e eu gravei. Levei para o Boni, diretor-geral da Globo, que me disse que iria ouvir no carro, voltando pra casa. Nunca me retornou. Então eu já tinha essa pequena ligação com o Caetano

— Sim, mas ele entrar no bar para falar com você... O que ele disse?

— Nem perguntou pela música dele. Achei que queria falar disso, da música. Mas não. Disse que estava adorando e que os sonhos do Caniço (personagem da novela) eram Fellini puro!

— Mas como você se sentiu? Tinha saído há dez anos de Lins...

— Antonio, eu tinha saído de Lins há 10 anos e o Caetano tinha saído de Santo Amaro da Purificação também há dez anos... Normal, uai.

— Mas você nunca contou isso pra ninguém... Caetano, Fellini...

— Tem tanta coisa que eu nunca contei pra ninguém... Aliás, lembrei agora, na segunda novela, *Sem lenço, sem documento*, a música da abertura era dele: "Alegria, alegria". Aliás, essa música tem uma história incrível, não sei se você sabe. Se você observar a primeira parte da letra, vai ver que era o *jingle* para um jornal/revista a ser lançado no Rio, em cores. O jornal se chamava O SOL. Presta atenção:

Alegria, Alegria

Caminhando contra o vento
Sem lenço, sem documento
No Sol de quase dezembro
Eu vou

O Sol se reparte em crimes
Espaçonaves, guerrilhas
Em Cardinales bonitas
Eu vou

Em caras de presidentes
Em grandes beijos de amor
Em dentes, pernas, bandeiras
Bomba e Brigitte Bardot

O Sol nas bancas de revista
Me enche de alegria e preguiça
Quem lê tanta notícia
Eu vou

Depois, ele fez uma segunda parte, colocou no Festival de Música da Record de 1967 e a coisa explodiu.[24]

---

24. *WhatsApp do Editor*: Foi isso mesmo, Caetano, ou foi uma homenagem sua ao jornal que realmente existiu nos 1960-70?

O CORONEL DA GLOBO

A Globo tinha um coronel da reserva contratado para nos dar dicas de onde a Censura poderia intervir. O senhor, amigo de todos os autores (sem ironia nenhuma), tinha uma sala onde lia os capítulos dias antes de serem gravados e falava com o autor e o diretor:

— Melhor nem gravar isto aqui.

Porque a grande sacanagem que os censores faziam não era censurar o texto, o *script*. Eles assistiam ao capítulo pronto, gravado, musicado e mixado, pronto para ir ao ar. E avisavam o coronel. Ou seja, cortavam no dia de ir para o ar. E ia assim mesmo, meio sem pé nem cabeça.

Um dia, eu já morava em São Paulo — aliás, o coronel tinha uma empresa de transportes e havia feito a minha mudança do Rio para São Paulo, pela velha Dutra —, dizia, um dia o coronel me liga do Rio.

— Brasília quer falar com você amanhã às dez da manhã. Tua passagem já está na ponte-aérea para hoje de noite. Tu dorme aqui e amanhã pegamos o primeiro voo para Brasília.

— Assunto?

— Não tenho a menor ideia.

Isso significava, em primeiro lugar, que eu ia perder vinte e quatro horas de trabalho. Um capítulo a menos. E eu já estava atrasado...

Pontualmente, dez da manhã, estávamos na frente de uma porta em Brasília. Do outro lado um censor trabalhava. E devia ter muito trabalho mesmo. Porque ficamos nós dois ali até ao meio-dia. Um calor desgraçado, sem ar-condicionado.

Quando a porta se abriu, uma mocinha de uns vinte e cinco anos fez sinal para que entrássemos. Nos levantamos. Ela:

— Só o autor — cortando o coronel, esticando a mão espalmada.

Não era secretária. Era a Censora, com maiúscula. Fui me sentando. Ela:

— Não precisa se sentar. Vou ser curta e grossa. Essa sua novelinha tá ficando muito azeda. Coloca um pouco de açúcar nela. E arruma emprego para os maridos das empregadas domésticas![25] Pode se retirar.

Pode?

Podia! Fui para o aeroporto, peguei o avião e chorei.

---

25. *WhatsApp do Editor*: Depois, o Prata ficou sabendo que o ministro da Justiça do Brasil, Armando Falcão (o inventor, durante a ditadura, do "nada a declarar"), havia ligado para o dono da Globo, Roberto Marinho, alertando que, conforme o presidente de plantão General Ernesto Geisel havia dito naquele mês, não havia desemprego no Brasil. E disse mais o Falcão: que a mulher dele, a senhora Falcão (ou Maria Ilná Bezerra Falcão), pediu para ele reclamar também que era para o Prata colocar uniforme nas empregadinhas!

COISAS DA IGREJA CATÓLICA

Em 1978, fiz umas pesquisas para escrever, a pedido do Jorge Bodanzky e do Wolf Gauer, uma minissérie para a televisão alemã (ZDF) sobre Chico Rei. Do Congo, capturado na África, onde era rei de uma nação, e foi trazido como escravo. Mas isso é outra história.

Descobri picaretagens incríveis.

Uma das maiores frotas navais nos séculos posteriores à descoberta do Novo Mundo era inglesa. Servia — e muito — para o constante e intenso tráfico de escravos.

Aí, o Vaticano resolveu ser politicamente correto (logo ali, onde papas tinham filhos e netos) e encrencar com os bretões, dizendo que os negros capturados, por não serem católicos e poderem morrer na travessia — e muitos morriam —, iriam para o limbo. O limbo era um lugar mais ou menos entre o céu e o purgatório, para onde iam as almas não batizadas. Recém-nascidos, por exemplo. Devia ser muito chato lá, uma choradeira danada, cheiro do cocô, xixi pra escorregar. Enfim.

Mas acontece que a Inglaterra, que devia muito dinheiro para o Vaticano, alegava que precisava daquele dinheiro justamente para pagar os padres. Então chegaram a um "católico" acordo. Pra cada navio embarcado, ia um padre católico e batizava todos antes do embarque. E seguia junto na viagem, dando a extrema--unção[26] aos que iam partir direto para o céu, mesmo com todos os xingamentos durante a travessia.

É por isso que, desde então, nomes portugueses (e não africanos) invadiram o Brasil. No embarque (palavra originada de barco) colocavam-se os homens de um lado, o sacerdote borrifava água-benta e dizia: "Eu te batizo em nome de Deus, Francisco". Assim, todos aqueles africanos viraram Franciscos. Na outra viagem, Antonio, Pedro. E as mulheres, Maria, Ana...

---

26. *WhatsApp do Editor*: "Normalmente, devemos receber a extrema-unção já tendo recebido a absolvição dos pecados. Ao menos devemos ter o arrependimento de todos os nossos pecados. Ajudado pelo Padre, o doente se encherá de confiança ao pensar que Jesus Cristo, o vencedor da doença e da morte, lhe traz auxílio e faz com que a doença lhe sirva para sua salvação e a salvação de muitos outros. A extrema-unção deve ser dada a tempo para que o doente receba o Sacramento ainda plenamente consciente, para que possa acompanhar as orações do Padre e dos familiares".

(Que ridículo! Que texto ridículo!!!)

UM TORTURANTE BAND-AID

Ele tinha um fiapo de cabelos brancos que saía da testa e adentrava nos pretos, desde jovem. Os velhos jornalistas se lembram dele: o Octávio Ribeiro! Mais do que competente. O grande repórter policial: o Pena Branca!

Para vocês terem uma ideia, um dia propôs ao diretor de redação da *Veja* entrar no Paraguai e, depois de uma semana, chegar ao prédio, lá na marginal, com uma mala cheia de drogas. Todas as drogas. Matéria grande, de capa!

Cumpriu a promessa. Entrou na redação e abriu a mala. Tinha de tudo. Até drogas ainda não conhecidas aqui. O Pena Branca era mesmo marginal. E que texto bem-feito!

A matéria saiu num número da revista, e na edição seguinte depois das drogas, no "Veja errou", tinha quase sessenta notificações...

Mas o que eu queria contar é outra história. O João Bosco veio para São Paulo para dar um *show* no magnífico Teatro Municipal de Santo André. Tipo banquinho & violão. Um dia antes, ligou para convidar eu a Marta para assistirmos. Ele pegaria o seu amigo Pena com a noiva no Hotel Cineasta, no centro, e passaria em casa. Tudo numa Kombi.

E assim foi feito. Chegaram à vilinha, na nossa casa, já com o Pena e a noiva, e uns técnicos de som. Quando é bom, o *show* cabe numa Kombi. Não sei de quem é a frase. Eu já conhecia o Pena havia muito tempo.

No caminho, já dentro do ABC, o Pena e a noiva começaram a discutir num nível baixo, marginal mesmo. Chegamos, o teatro estava superlotado. Não tinha lugar nem nos corredores, nem no chão. Mas a produção, a pedido do João, providenciou quatro cadeiras para nós num canto do largo palco.

E a luz era apenas no João, no violão e no banquinho. Nós quatro ali, na penumbra. Pena, a noiva, Marta e eu. E a discussão — briga, na verdade — foi subindo de tom. Marta suava.

E chegou a um ponto em que as dez primeiras fileiras haviam se virado para o nosso canto. E daí a pouco a plateia toda. Achei que ia sair porrada no nosso canto.

E o João cantando "a ponta de um torturante band-aid no calcanhar".

Não me lembro de como terminou a torturante noite. Telefonei para a Marta, que só lembra que voltamos para casa com a mesma Kombi. Todos nós.

O PRÍNCIPE CHARLES
E O PETER SELLERS

Eu e Marta indo para um restaurante tailandês em Londres, procurando comer algo com tempero, longe das gosmas dos restaurantes ingleses. Final dos anos 70.

De repente uma aglomeração em frente a um cinema. Umas duzentas pessoas, cercadas por uma corda cheia de lero-leros. Marta pergunta a uma inglesa desocupada o que é aquilo.

— O príncipe Charles está assistindo à estreia. Vai acabar daqui a uns dez minutos.

A vingança da pantera cor-de-rosa.

Postamo-nos como postes também.

Chegam, em total silêncio, três Rolls-Royce dourados. Uma porta se abre, surge uma aia como se saísse de um jogo de palavras cruzadas, desenrola um tapete bordô que vinha de dentro do carro e ia até uma das portas do cinema. Atrás da aia vinha uma sub-aia com um aspirador sem fio, aspirando o rubro carpete. Uma inglesa grita:

— Tem uma sujeirinha ali — todos riram do humor inglês.

— Olha o cisco!

Não pela porta onde estava o tapete, mas por uma lateral, saem os dois. O príncipe e o ator, abraçados, rindo muito.

Aias recolhem o tapete intacto.

Os dois entraram num dos carros, que partiu. Não se ouvia o barulho do motor.

Charles tinha trinta anos, e Peter, cinquenta e três.

Eu e Marta quase morremos com o tempero tailandês.

Queimamos a língua.

O SENHOR NÃO É ALGUÉM?

Quando assinei o meu primeiro contrato com a Globo, ainda não havia completado vinte e oito anos. Meados dos anos 1970. Os outros autores de telenovela eram bem mais velhos. O Borjalo, o querido Borjalo, veio me dizer que a emissora queria me "lançar". Eu não tinha muita noção — ainda — do poder da rede, onde as novelas davam 70 pontos de Ibope. Começou com a assinatura do contrato que me rendeu aparição no Fantástico ou coisa parecida. Um dia cheguei até a ser júri no programa do Moacyr Franco. Eles queriam que o Brasil soubesse que estavam contratando um garoto para "renovar" o horário das sete. Virei uma celebridade...

Me lembro que, quando o Elvis Presley morreu, em 1977, dei uma longa entrevista para o *Jornal Nacional*.

Dois anos depois, fui fazer a segunda novela e pedi ao mesmo Borjalo para me afastar dos holofotes. A esquerda estava dizendo que eu havia me vendido para o esquema Time-Life americano. Eu só queria andar na rua com o meu filho, ir ao supermercado. Sumir da mídia. E assim foi feito.

Mais de um ano depois, fui a uma farmácia em Lins com o meu pai. A atendente me olhou, foi para o fundo cochichar com uma colega. Meu pai, orgulhoso:

— Olha lá, te reconheceu.

— Não, pai, ando meio escondido.

A mocinha voltou.

— Posso fazer uma pergunta?

— Claro.

— O senhor não era o Mario Prata?

Uns trinta ou mais anos depois, entro num avião, sento-me ao lado da janela, chega uma senhora muito da bem-vestida, acomoda-se ao meu lado e fica me observando quase acintosamente. Continuei com o meu livro, o avião foi decolar, ela fez o sinal da cruz e fechou os olhos. Quando a aeronave se estabilizou lá em cima, ela não resistiu e atacou:

— O senhor é alguém, não é?

Olhei bem para aquela cara inquisitiva, curiosa, enrugada.

— A senhora também é alguém...

Ela abriu um sorrisinho:

— Não, eu digo alguém assim... — E girava as mãos na minha frente. — Assim, sabe?

Sorri e voltei para o meu livro. E ela a me observar. Aquela mulher ia dar trabalho... Depois de uns dez minutos de voo, o contra-ataque:

— Meu marido era militar. Sou viúva.

"Porra! Aonde vai dar isso?", pensei.

— A gente mudava muito de cidade. — E foi direto ao ponto: — O senhor é da reserva?

Fechei o livro, enfrentei.

— Não, minha senhora, sou titular. Nunca fui da reserva.

— Sei... Pensei que...

Pela aflição da mulher, senti que ela iria passar algumas noites sem dormir tentando se lembrar que alguém eu era. Aí me lembrei de que muita gente se encontra comigo e vem dizendo que é fã número um, e aí estico o papo e vejo que a pessoa nunca leu nada que escrevi. Me viu na televisão, principalmente no Jô.[27]

Resolvi dar a dica para a mulher.

— Acho que a senhora pode ter me visto no Jô...

Ia continuar, explicar que era escritor, mas ela se assanhou mais. O Jô entrara na história. Ela nunca devia nem ter visto na rua alguém que tivesse sido entrevistado por ele. Isso, eu era alguém que havia ido ao programa do Jô. Ela deixou de se interessar por mim. Não perguntou nem meu nome, nem o que eu fazia no Jô. E perguntou.

— Me diz, me diz, o que ele tem na caneca?

Eu não tinha ideia, queria encerrar a conversa:

— Coca-Cola!

Era tudo o que ela queria de mim. Ela tinha viajado com alguém que sabia o que tinha na caneca do Jô.

Meses depois, volto ao programa do Jô, que morreu de rir com a história, olhou para a câmera e disse:

— Minha senhora, não é Coca-Cola.

E não dissemos o que era.

---

27. *WhatsApp do Editor*: Onde ele teve a honra e orgulho de ir treze vezes.

PIRANDELLO NA CASA DE OSWALD DE ANDRADE?

Localizado na Rua Augusta, número 311, o restaurante Spazio Pirandello foi instalado em um casarão de 1935 que possuía cinco salas e um jardim. Foi inaugurado em sete de janeiro de 1980, funcionando de terça a domingo, a partir das 19 horas. Os frequentadores eram em sua maioria intelectuais, jornalistas, artistas e políticos. A casa foi fundada pelo ator de teatro e artista plástico Antonio Maschio e por Wladimir Soares, um jornalista e crítico musical. Pouco tempo depois da inauguração da casa, os proprietários criaram a Calçada da Glória, onde personalidades imprimiam suas mãos e assinaturas no cimento. Foram feitos os registros de Paulo Autran, Lélia Abramo, Lygia Fagundes Telles, Emilinha Borba, Flávio Rangel, Adoniran Barbosa e Paulo Goulart, entre outros; mas que não resistiu às obras das companhias de luz e água.

O local se notabilizou pela diversidade artística de seus frequentadores, tornando-se um ponto de encontro habitual da noite paulistana, onde se reuniam os boêmios ligados à esquerda. Em suas mesas aconteceu a ideia inicial do movimento das Diretas Já, de 1984, um movimento da sociedade civil que exigia a redemocratização do país, ainda em ditadura militar. O fim da casa se deu quando os proprietários decidiram passar o local para outros donos, o que foi determinante para o encerramento das atividades. Antes de seu fim, a casa recebeu a homenagem de ter um livro onde escritores frequentadores do local escreveram contos sobre o espaço, Contos pirandellianos — 7 autores à procura de um bar, *de autoria de Mario Prata, Caio Fernando Abreu, Ignácio de Loyola Brandão, Reinaldo Moraes, José Márcio Penido, Luiz Roncari e Joyce Cavalcante. (Wikipédia total)*

Foi "o" lugar durante cinco intensos anos, onde o sexo virou orgia. No dia da sua inauguração eu estava na casa de parentes em São Sebastião com a Marta. Estava me coçando de vontade, bar dos meus amigos, ia estar todo mundo lá. A Marta percebeu:

— Vai!

Peguei o carro e subi a serra. Lá na praia estava lendo *Um homem sem profissão: Memórias e confissões – Sob as ordens de mamãe*, primeiro e único livro da autobiografia de Oswald de Andrade. E, enquanto subia a serra, a minha preocupação era contar para os dois sócios que Oswald escrevera que havia morado naquele quarteirão da Augusta, entre a Marquês de Paranaguá e a Caio Prado, nos anos 1920. Será?

Contei, mas o Maschio logo cortou dizendo que o casarão era de 1935.

Mas...

Resolvi ficar mais uma noite, de tão bom que foi. Ao entrar, no dia seguinte, vejo o Maschio mostrando uma das salas para a Fernanda Montenegro e o Fernando Torres:

— Ali ficava o piano.

Só ouvi isso. Bastava.

Logo depois, meses apenas, dentro do bar já havia uma placa enorme contando da vida do Oswald de Andrade por aquelas salas. Calei-me. A vida é assim e segue.

QUEM ENTENDE DE TEATRO É O PIPOQUEIRO

Foi-se o tempo de Anatol Rosenfeld, Alberto Guzik, Décio de Almeida Prado, Sábato Magaldi, Yan Michalski, Bárbara Heliodora, Paulo Francis, Jefferson Del Rios, que, com uma canetada, podiam levar ao fracasso meses de ensaio. Ou a grandes sucessos teatrais.

Não existem mais críticos de teatro no Brasil. Aliás, menos ainda de cinema. De literatura, então... Duvida? Me cite um, um só.

Hoje o teatro não se mede por estrelas, cinco estrelas. Um sucesso ou fracasso é medido em menos de uma semana pelo número de pipoqueiros na porta dos teatros.

Pesquisando sobre o assunto e devido à morte por Covid de um dos mais famosos pipoqueiros do país, encontrei uma matéria da jornalista Valéria França, publicada no *Estadão* em 11 de abril de 2010. Vou copiar trechos, depois continuamos. O pipoqueiro abaixo, Severino, como disse, morreu em abril de 2021. De Covid.

Nos últimos 35 anos, o pernambucano Severino João de Lima, de 56, tem levado seu carrinho de pipoca para frente do Teatro Sérgio Cardoso, na Bela Vista, região central de São Paulo, trans-

formando-se numa das figuras mais conhecidas do público. E não é só uma questão de fidelidade ao ponto. Quem frequenta a casa sabe que sua pipoca quentinha vem com pitadas de críticas sobre o espetáculo. Tem até quem o consulte antes de comprar o ingresso para saber se a peça vale mesmo o investimento.

Pois é, morreu de Covid, como tantos. Conheci o Severino quando a Ruth Escobar montou minha peça *Fábrica de chocolate*, em 1980, com direção do Ruy Guerra. No terceiro dia, ele me chamou. Perguntou se eu era o autor da peça:

— Peça pra mais de um ano. Estamos com cinco carrinhos de pipoca. Mas fica de olho na portuguesa, porque de repente ela tira a peça de cartaz. Ela gosta de montar. Mas gosta mais é de desmontar. Vai por mim. A portuguesa é foda, com todo o respeito.

Dedico este texto ao Sábato Magaldi, um grande crítico teatral, e a Jefferson Del Rios, o que melhor entendeu a minha geração.

E ao Severino, é claro. E à minha querida portuguesa Ruth Escobar, que tirou a minha peça de cartaz depois de quatro meses de casa lotada, dando prejuízo ao Severino, seu principal crítico. E a mim!

RELÓGIO PARADO

Na descrição do cenário da peça *Fábrica de chocolate* estava escrito:

> *Na parede ao fundo, em cima da porta, há um enorme relógio que deve ser visto por todos da plateia. O relógio está marcando oito horas da noite e ficará funcionando durante todo o espetáculo.*

O que significava que o tempo da peça era o tempo real.

Na mudança para a estreia no Rio de Janeiro, o relógio quebrou e ficou parado. E a Ruth Escobar (produtora e atriz):

— Não vai dar tempo para consertar. Vamos deixar ele parado mesmo. Algum crítico vai fazer referência "ao tempo parado", ou coisa parecida.

Não deu outra. Yan Michalski, o grande crítico do *Jornal do Brasil*, um dos maiores jornais do país na época (1980), reparou no relógio parado, achando que era uma sacada minha ou do Ruy Guerra, o diretor.

E la nave va!

Em tempo: a crítica do Michalski era maravilhosa!

O LAMBE-PINTO

A história do lambe-pinto já foi contada três vezes no *Programa do Jô*, e em seis palestras — no mínimo — por algumas capitais do Brasil. Antonio já escreveu em algum lugar. Mas eu nunca publiquei por escrito. Aqui vai.

Foi mais ou menos em 1983. Há mais de quarenta anos, portanto. Separado, no "meu fim de semana", resolvi levar Antonio (seis anos), Júlia (cinco anos) e Maria (quatro anos) para conhecerem o Pico do Jaraguá, o lugar mais alto de São Paulo, de onde a rapaziada pulava de asa-delta. Lá em cima, do cume do morro. Para subir, uma estradinha de uma pista. Do outro lado do morro outra pista descia. Estávamos na pista da subida, num engarrafamento dominical. A coisa não rendia. Ao lado esquerdo da minha Brasília marrom, carros estacionados. Um calor desgraçado. Repito: a caminhada era lenta, muito lenta.

Foi quando uma das meninas gritou, do banco de trás (estavam os três no banco de trás, sem cinto, como era o normal):

— Gente, tem uma mulher lambendo o pinto de um homem ali naquele carro.

O suor que escorria pelas minhas costas voltou a subir para o meu pescoço. Sem demonstrar nenhum escândalo, virei os olhos levemente para a minha esquerda. Não havia nenhuma dúvida! Era um boquete clássico, a pleno vapor. A essa altura, os três pequenos rostos estavam colados no vidro traseiro da esquerda, bem atrás de mim, disputando lugar para o melhor camarote. *"Não empurra, Antonio!"*

E eu, pai de dois deles, tinha que dizer alguma coisa. Elas esperando algum comentário do adulto, do pai e mestre, do protetor. Tive menos de meio segundo para tomar uma decisão. O que eu dissesse poderia causar um transtorno sexual nas pobres crianças no futuro. Que situação: já ia completar um segundo. E eu disse:

— Normal! — Com toda a segurança. E exclamação, com certo desdém.

Os três, em uníssimo:

— NORMAL???

— Sim. Normal...

E o carro não mexia nem um centímetro pra frente. Nem para trás. Tudo isso em frações de segundo.

Uma festa para as crianças. Alguém repetiu:

— Normal?

— Normal.

— Vai dizer que a Luciana lambe o seu pinto?

— Lambe.

— Vixe...

— A mamãe lambe?

Antes que ela pronunciasse o nome do meu comborço:

— Lambe!

— A vovó?

— Também.

— A mulher do Othon (Bastos, era nosso vizinho)?

Uma das meninas disse, de novo:

— Vixe...

Anos depois, o Antonio me confessaria que, ao chegar lá em cima do Pico do Jaraguá, olhando para as centenas de milhares de janelas da cidade lá embaixo, imaginava uma lambeção de pinto atrás de cada uma delas. Naquele exato momento. A coisa era diurna.

Pelo futuro das três crianças, vendo agora, assim do alto, acho que usei a palavra certa: normal.

Voltamos para casa, os três saíram correndo para entrar na casa deles, numa vilinha. Tinha uns três casais, eles entram apontando o dedo na cara das mulheres:

— Você lambe o pinto dele, você lambe o pinto dele!

Uma a uma.

Clima de funeral. Marta faz sinal para eu ir até a cozinha. Entra atrás de mim, fecha a porta.

— Prata, pode me explicar? São crianças...

Contei tudo. Ela ficou me olhando sem saber o que dizer. Eu:

— Ou não é normal?

É a vida, minha gente.

A NAMORADA QUE TINHA ORGASMO EM ALEMÃO

Eram os anos 1980, foi no Paraná, durante o melhor festival de teatro do Brasil, o Festival Internacional de Londrina (Filo), que o fato se deu.

Monica Schubert é uma atriz alemã que trabalhava com um grupo de vanguarda do Peru. Jamais me esqueci do nome dela. Schubert, apesar de o compositor ser austríaco.

Namoramos.

Monica tinha orgasmo em alemão. Na hora de pico dizia longas frases que sempre me deixavam curioso. Porque não era um simples "estou gozando" ou "gozei". Não, ela dizia coisas. Umas duas linhas em alemão... E eu, claro, queria saber o que era aquilo tudo. Ela sorria. Jamais soube e nunca mais tive notícias dela desde que a levei para o aeroporto, há quase quarenta anos.

Outro dia, me desfazendo de um passado eletrônico, achei uns CDs de Schubert. Me lembrei da querida e bela Monica.

Acreditem: entrei nas redes e em dez minutos estava falando com ela, com imagem e tudo. Continua linda, simpática, esperta, com um espanhol perfeito. Está com 65 anos. E eu, claro, perguntei o que é que ela falava no orgasmo.

Ela deu uma gargalhada e não disse...

Não faz mal, o som do seu orgasmo em alemão era lindo e profundo. Cheios de rrrrrrr. Fico com isso.

E que atriz maravilhosa!!!

AMARELO NO
SPAZIO PIRANDELLO

Voltando ao Pirandello.

Quatro anos depois de sua inauguração.

O lançamento do Diretas Já, um dos movimentos mais democráticos que vi na minha vida, aconteceu lá, com o povo na rua, todos de amarelo, e nas quatro janelas que davam para as calçadas, eles:

Tancredo Neves, Leonel Brizola, Miguel Arraes, Ulysses Guimarães, Franco Montoro, Dante de Oliveira, Mário Covas, Orestes Quércia, Luiz Inácio Lula da Silva, Eduardo Suplicy, Roberto Freire, Luís Carlos Prestes, Fernando Henrique Cardoso, Sobral Pinto, Sócrates, Mário Lago, Gianfrancesco Guarnieri, Fafá de Belém, Taiguara, Beth Carvalho, Martinho da Vila, Osmar Santos, Juca Kfouri.

Eu, na calçada oposta, olhando, comovido, vibrando. O primeiro a falar foi Ulysses Guimarães, que, como eu, tinha vivido parte da vida em Lins:

— Aqui, desta janela, onde Oswald de Andrade curtia a sua pauliceia desvairada a caminho da Semana de Arte Moderna de 1922, aqui, desta mesma janela, hoje iniciamos o movimento Diretas Já! — (Ovacionado)

Eu, só olhando.

No fim dos anos 1980, fui apresentado ao Ulysses — em plena campanha para presidente — pelo Fernando Morais. Contei duas coisas para ele.

Uma:

— Tenho uma foto de quando tinha dez anos, desfilando com o grupo escolar, segurando uma faixa junto com um japonesinho!

A faixa:

"Ulysses Guimarães estudou neste grupo".

E ele:

— Grupo Escolar D. Henrique Mourão... Quero essa foto!

Duas:

Contei a história verdadeira do Oswald de Andrade no Spazio Pirandello. Morremos de rir.

Aproveito o espaço para registrar os mais votados para presidente da República em 1989, cinco anos depois daquele fundamental movimento Diretas Já. Concorreram vinte e dois ambiciosíssimos políticos. Primeiro turno, os dez primeiros colocados:

- Fernando Collor – PRN: 32,47% – direita
- Luiz I. Lula da Silva – PT: 16,69% – esquerda
- Leonel Brizola – PDT: 16,04% – extrema-esquerda
- Mário Covas – PSDB: 11,19% – centro
- Paulo Maluf – PDS: 8,60% – direita
- Guilherme Afif – PL: 4,70% – direita
- Ulysses Guimarães – PMDB: 4,60% – centro
- Roberto Freire – PC: 1,10% – esquerda
- Aureliano Chaves – PFL: 0,86% – direita
- Ronaldo Caiado – PSD: 0,70% – extrema-direita

ESPELHOS E CREMAÇÕES

Otávio Frias pai, dono da *Folha*, sugeriu ao Samuel Wainer, em 1980, que convidasse o Rubem Braga para escrever crônicas no seu jornal. Samuel, sabendo minha paixão pelo velho Braga, me convidou para um jantar dos três juntos. No Pirandello, em São Paulo.

A conversa estava girando em torno da morte do Vinicius de Moraes, ocorrida naquele ano. Braga contou para nós que descobriram, nos papéis do poeta, a informação de que ele queria ser cremado. Isso, depois de meses de estar enterrado. Ali, naquele momento nós três fizemos um pacto de cremar quem morresse primeiro.[28]

Logo depois entraram duas mulheres muito feias. Reparamos, mas ninguém comentou nada. No restaurante havia uma parede cheia de espelhos antigos.[29] Elas se olharam no espelho,

---

28. *WhatsApp do Editor*: Me disse o Prata que sentiu-se honradíssimo com aquele Pacto da Morte com os imortais Braga e Wainer.

29. Um deles está, hoje, na casa de Antonio Prata.

ajeitaram os cabelos e foram para os fundos. No que Rubem Braga vaticinou:

— Os espelhos deveriam refletir melhor, antes de refletirem certas imagens.

O guardanapo era de papel, peguei uma caneta de um garçom, pedi para o cronista escrever a frase e assinar embaixo. E assim foi feito.

Depois do jantar fomos levar o Braga ao Othon Hotel, debaixo de chuva. Eu o acompanhei até a porta com um guarda-chuva. No que ouvi:

— Aquela frase talvez não seja minha. Pode ser de algum poeta francês que eu traduzi...

E fui levar o Samuel até seu apartamento nos Jardins. E perguntei ao chefe:

— Samuel, o jantar não era para convidar o Rubem Braga para escrever na *Folha*?

Samuel ficou olhando para mim e deu uma gargalhada:

— Rapaz, sabe que eu me esqueci? Mas ele deve ter entendido.

Poucos meses depois, no dia 2 de setembro, Samuel faleceu. E conforme havia pedido, foi cremado em São Paulo, na Vila Alpina. Não foi fácil. As suas duas irmãs judias (como ele), não queriam admitir. Eu e o Samuca, filho do Samuel, cremamos meio na marra, depois de ameaçar ligar para o Rubem Braga. Que, dez anos depois foi cremado no Rio. Mas desta cerimônia eu não participei.

O BRASIL TÁ MAUS!

Em 1985, o Lauro César Muniz me convidou (e eu levei o Dago-mir Marquesi) para escrever com ele a novela *Um sonho a mais*, na Globo. Tipo pra levantar o Ibope que estava caindo vertigino-samente nas mãos do Daniel Más. Fizemos o possível e o impos-sível e levantamos a audiência para os 65% que a emissora estava acostumada.

Entre as traquinagens, mágicas e estripulias[30] que a gen-te fazia trancado numa suíte do Hotel Eldorado em Higienópolis, estava uma que marcou época e viralizou pelo Brasil todo, numa época em que não existia nem *e-mail*. O Brasil inteiro começou a usar a expressão *tá maus*!

Aliás, diga-se de passagem, expressão inventada pela Lu-ciana De Francesco, minha segunda mulher. Luciana dizia sempre que *tava maus*. Qualquer coisa. E foi o Dagomir quem sugeriu co-

---

30. *WhatsApp do Editor*: A novela sofreu com a censura do governo federal (Sarney), porque envolvia a personagem Anabela, um dos disfarces de Volpone (Ney Latorraca). O governo não permitiu que fosse exibido o casamento da personagem com Pedro Ernesto (Carlos Kroeber). Porém, os personagens deram um selinho discreto, considerado o primeiro beijo entre dois homens na televisão brasileira.

locar a frase na boca do personagem vivido pelo Anselmo Vasconcelos. No dia seguinte o Brasil inteiro *tava maus*. Noventa milhões de brasileiros dizendo *tá maus*!

Grande Lucianinha!

O Brasil *tava maus*, mas muito, muito melhor. A gente brincava e não brigava.

INVENÇÕES DE HELENA MACHADO DE ASSIS

José Wilker me convidou para adaptar *Helena* (do Machado) para telenovela na Manchete. Direção de Denise Saraceni e Luiz Fernando Carvalho. Um elenco maravilhoso. Sessenta capítulos. Quando estávamos (eu, Dagô Marquesi e Reinaldo Moraes) escrevendo o capítulo 40, encaminhando para o fim, o Wilker pediu para escrever mais trinta, até o 90. Depois passou para 120, e acabou mesmo com 160 capítulos.

Quem já leu *Helena* sabe que tem nove personagens, é curta e deliciosa. Pois a novela tinha vinte e nove atores e atrizes. Então, cada vez que pediam mais capítulos, a gente tinha que inventar mais loucuras. E o Wilker dizendo: "Voltem para o Machado".

A primeira grande novidade que a gente fez — em 1859, quando se passava a história — foi criar o telefone. Novela sem telefone é um horror. Fica lenta. Se uma pessoa queria falar com a outra — por exemplo —, tinha que mandar um capataz de uma fazenda para a outra pra saber se teria alguém em casa etc.

A história do telefone foi mais ou menos assim: a Mayara Magri fazia um dos principais papéis — e fazia bem —, mas a gente, não sei por que, tinha muita dificuldade com a persona-

eu vi um baile de debutantes

gem. Não sabia o que fazer com a Eugênia (nome do personagem). Conversamos com a Mayara, expliquei a nossa dificuldade e disse que a personagem ia fazer uma viagem para os Estados Unidos (onde ia começar a Guerra de Secessão) e, depois de um mês do tempo real, ela voltava. A gente precisava de um tempo para dar um jeito no imbróglio (com o perdão da palavra, mas veio-me).

E ela foi. Continuamos os trinta capítulos e, desculpe, Mayara, não pensamos no assunto. Aí, em cima da hora, tivemos a ideia de a personagem trazer um namoradinho ianque que estava fugindo da convocação para a guerra. O nome do rapazinho era Alex. Seria bom para fazer ciúmes ao Thales Pan Chacon, seu par romântico na novela.

Enquanto Eugênia esteve na América, um primo dela estava desenvolvendo um aparelho, aqui no Brasil, para se falar a distância. Era um jovem inventor. Queria ligar, através de fios, a comunicação entre as duas principais fazendas e namoros da história.

Em resumo, o americano Alex achou tudo um saco aqui no Brasil e um dia fugiu da fazenda levando todos os projetos do jovem inventor. E voltou para o seu país.

O nome inteiro dele era Alexander Graham Bell, que patenteou o invento em Whashington D.C. em 1876.

Começamos também a usar expressões e gírias de hoje em dia. Um exemplo:

Havia uma personagem chamada Dorzinha (Yara Amaral, magistral) que estava visivelmente enlouquecendo. O padre (Ivan de Albuquerque) foi fazer uma visita. Na volta, conversando com o sacristão Lirinha (José Fernandes de Lira), o jovem pergunta:

— Como está a dona Dorzinha, padre Melchior?

— Mal, Lirinha. Muito mal. Não está falando coisa com coisa.

Lirinha pensa.

— Lá na minha terra, padre Melchior, no Recife, eles dizem que a lucidez é uma vela, uma pira acesa. E quando a pessoa vai ficando louca, é como se a pira estivesse se apagando. Com todo o respeito, acho que a dona Dorzinha tá pirando...

— Coitada, cada dia mais pirada!

A coisa chegou ao ponto de o diretor Luiz Fernando colocar — repito, em 1859 — uma caminhonete Chevrolet numa estrada de terra, a 100 por hora, cheia de *gângsteres* de óculos *ray-ban*!

— VOLTEM PARA O MACHADO! VOLTEM PARA O MACHADO!

SEU ADOLPHO

Eu tenho orgulho de ter trabalhado com o seu Adolpho Bloch, em 1986-87, na Manchete. O seu Adolpho tinha chamado o Carlos Heitor Cony, que havia chamado o José Wilker, que me chamou para se juntar a Denise Saraceni e Luiz Fernando Carvalho (em sua primeira novela). A meta era adaptar *Helena*, do Machado de Assis. E quero falar aqui de um particular que eu tive com seu Adolpho Bloch, dono de toda a engrenagem.

Estava eu numa sala imensa, toda de vidro, diante do aterro do Flamengo, o mar e a Urca, olhando para aquela belezura toda. Seu Adolpho me cutuca e diz que precisa falar comigo. Mas, antes, indica o imenso aterro.

— Lindo, imenso! Uma obra magnífica! Burle Marx!

Me conduz para uma mesa comprida, senta-se numa ponta e indica que eu me sente do outro lado, na mesma ponta. Ou seja, num ângulo da mesma ponta, os dois bem próximos.

— Mario, vi no seu contrato que você nasceu em Uberaba e tem Campos no sobrenome. É da família Cunha Campos?

— Sim. Mamãe é Cunha Campos.

— Sei... Interessante! Por acaso já ouviu falar em Alexandre Cunha Campos?

— Sim, não cheguei a conhecer, mas era irmão do meu bisavô, o Pai Tunico. Sou, portanto, sobrinho-bisneto dele, do tio Alexandre. Não conheci, e tudo que sei é que, aos quinze anos, ele já tinha quatro filhos.

— *Nebesa*!!!

— Como, seu Adolpho?

— *Nebesa*! Céus!, em ucraniano. Quinze anos, quatro filhos? *Bozhevil'nyy!*

— Hein?

— Alguma coisa como "tarado"!

Levantou-se, fez sinal para ir com ele até ao vidro imenso, de volta àquela visão maravilhosa do Rio de Janeiro.

— Pois seu parente me pediu um dinheiro para um projeto que tinha tudo para dar certo. Estavam começando a avançar com a construção da Estrada de Ferro Mogiana. Seria a primeira estrada de ferro a atravessar o Rio Grande e tentar chegar a Goiás.

Ele falava tudo bem didaticamente, como se lembrando de cada dado.

— Pois o seu tio-bisavô, *Zbochenets'*, o tarado, teve uma ideia brilhante: construir uma farmácia em cada estação. Mais de cem estações. Um projeto interessantíssimo. Me mostrou os croquis todos. Estávamos animadíssimos. Me pediu um dinheiro. Um dinheiro, Mario, que dava para comprar desde aquela ponta lá longe, na direita, até aquela outra depois do Hotel Glória. Dava pra comprar tudo isso aqui. Dei para ele em libras esterlinas.

Colocou a mão no meu ombro e me levou para a ponta da mesa. E, para espanto meu, começou a chorar no meu ombro. De soluçar (eu fiquei sabendo que ele chorava muito, era muito emotivo).

— Nunca mais vi seu tio-bisavô. Nunca! Sabe se ele teve alguma farmácia? *Zbochenets'! Zbochenets'!*

Tirou um lenço do bolso, recompôs-se, colocou a mão no ombro do seu autor e pediu:

— E por falar em tarado, faça mais cenas com a Yara com aqueles seios estourando para fora da roupa, faça! Belos seios, belos seios. Que linda mulher! Uma fruta madura. *Styhli frukty*! Fruta madura!

E foi saindo, saindo, parou e voltou:

E o rapazinho, vai comer a irmã?[31]

---

31. *WhatsApp do Editor*: O dono da Manchete se referia aos principais personagens do Machado de Assis, em Helena: Estácio e Helena, a princípio, irmãos, que se apaixonam. Thales Pan Chacon e Luciana Braga eram os atores.

PRISÃO NA PRIVADA
DO FILHO DA PUTA

Ainda sobre a *Helena,* do Machado, para a Manchete. Uma professora da UFRJ veio a São Paulo especialmente para assistir comigo aos três primeiros capítulos já gravados, mas não idos ao ar ainda.

Foi em casa, assistimos, saímos para jantar e conversar sobre o trabalho todo. Foi uma conversa boa, sem ser acadêmica. Literária, sem ser didática.

Tomamos uns vinhos e, ao levá-la para o hotel, passamos no Longchamps, então um dos melhores bares depois das duas da manhã, na Baixa Augusta. Ponto dos jovens intelectuais daquela época. Queria mostrar para ela o cavalo inglês Filho da Puta, um dos mais famosos vencedores dos *derbies* ingleses do começo do século XIX. O cavalo era inglês, o bar tinha o nome do hipódromo francês, e o Filho da Puta estava na parede com nome brasileiro. Ela não acreditava. Era muito para uma doutora em literatura brasileira especializada em Machado de Assis.

A porta estava fechada, e tinha um loirão bonito na porta.

— Fechado!

— Como, fechado, se são só duas horas?

— Fechado!

Tentei uma carteirada:

— Diga que é o Mario Prata, só queria mostrar o Filho da Puta.

— Então entra rápido. — Abriu a porta, e o que vimos em primeiro lugar era outro sujeito — do lado de dentro — com um saco de pano e um revólver enorme:

— Carteira e relógio aqui dentro e direto para o banheiro.

A professora entrelaçou seus dedos nos meus, deixamos tudo no saco. No balcão em forma de ferradura tinha apenas uma garota com o pé quebrado apoiado numa cadeira. Ao lado, outro elemento com uma pistola enfiada no ouvido do gerente gritava:

— O cofre, puta *quel paril*!

— Não tem cofre, juro! Tudo que tenho é isto aqui — e mostrava o dinheiro.

— Tem umas trinta pessoas dentro banheiro e só tem isso?

Apontei com o olho o Filho da Puta na parede, mas tudo que ela queria era suar na minha mão.

Chegamos ao banheiro, o ladrão abriu, quase que voaram pessoas lá de dentro. Vários conhecidos. Homens e mulheres. Choradeira.

— Tem gente! — disse um engraçadinho.

O cara abriu a porta do feminino. Ninguém. Empurrou a gente com a arma. E a gritaria do cofre continuava. Eu disse que não tinha ninguém mais. Mas um enorme cocô flutuava colossalmente numa água amarela, sem papel higiênico. Boiava como o rei do cagaço. Fiquei olhando e imaginando como aquilo podia ter saído de uma menina. A professora, com a mão livre, apontou o teto, tinha ali uma possível saída. Mas, antes, eu preferi dar uma descarga. Péssima ideia. Em meio segundo percebi que a privada estava entupida; a bacia ia se enchendo, e o cocô se aproximava dos nossos joelhos. Quando estava pra transbordar a cocozada toda, a do pé quebrado gritou:

— Podem sair! Já foram embora!

Gente, tinha mais de trinta pessoas no banheiro dos homens. Não parava de sair gente. O gerente gritou para os garçons:

— Chope pra todo mundo.

E a mestra não soltava a minha mão. Ficou olhando para o Filho da Puta. Começou a chorar.

— Ele é lindo!

— Quem?

— O Filho da Puta!

— Dá pra soltar a minha mão?

Ela teve um ataque de riso e dizia, olhando para as nossas mãos:

— Algo contra?

E aí chegou a polícia. E toda aquela aventura filha da puta virou uma burocracia de merda. Que devia estar boiando solitária lá dentro.

E a mulher não soltava a minha mão.

MAIS MANCHETE, COM CAIO E LÚCIA

Eu, Caio Fernando Abreu e Lúcia Villares (os dois amigos queridos, já falecidos) ficamos quase um ano trancados num apartamento de hotel em São Paulo fazendo uma sinopse e primeiros capítulos de uma telenovela para a Manchete. A adaptação de *Rosaura, a Enjeitada*, do mesmo autor de *A Escrava Isaura*, o mineiro Bernardo Guimarães. Quem nos indicou foi o professor e meu vizinho de vila, Antonio Candido, sem nenhum acento. Era uma delícia a convivência com Caio e Lúcia.

Mas surgiu a AIDS, e o Caio resolveu morrer junto com a família em Porto Alegre. Trocamos algumas cartas. Além de ser um dos maiores escritores da minha geração, foi, com certeza, o mais elegante. Tinha uma postura inesquecível.

Aqui, uma carta dele. Escrita três ou quatro meses antes de morrer, em fevereiro de 1996. Já a publiquei no livro *Minhas mulheres e meus homens*. Republico, porque ele cita o vírus daquela época, que levou tantos e tantos amigos e amigas nossos. Em termos de amigos próximos, foram bem mais que a Covid. A carta:

Pratinha querido,

Obrigado pela carta que você me escreveu. Pensei em responder pelo jornal mesmo — para dizer principalmente que acho você muito mais Ouro do que Prata —, mas ia ser muita veadagem toda essa jogação pública de confetes, não?

Hoje gostei mais ainda ao ler que choveram anjos na sua horta depois da crônica. Adorei aquela história do diário da gestação. Anjo-da-guarda (tiraram os hífens dos anjos da guarda também) é papo quente. Se bem que alguns são meio vadios e nem sempre cumprem horário integral. Ando bem, mas um pouco aos trancos. Como costumo dizer, um dia de salto sete, outro de sandália havaiana. E preciso ter muita paciência com esse vírus do cão. E fé em Deus. E falanges de anjos-da-guarda fazendo hora extra. E principalmente amigos como você e muitos outros, graças a Deus, que são melhores que AZT. Precisamos nos encontrar uma hora dessas só para falar mal de Portugal. A propósito, não posso deixar de te contar esta que me aconteceu. Estava eu troteando ali pela Rua Augusta, Rua do Ouro, aquela jequeira braba, quando se aproxima um portuga de bastos bigodes.

Puro papo, ah, és brasileiro, aquelas coisas. E de repente suspira e diz, gostava tanto de ir-te à peida! Com dificuldade traduzi: queria era me enrabar, pode?

Que esteja tudo em paz com você. Dá um abraço no Reinaldo e em quem perguntar por mim.

Um beijo do seu velho Caio F.

CURIÓS E DELÍRIOS

Meus pais ainda moravam em Lins, e fui visitá-los. Papai tinha uma casa oficial e muito boa dentro de uma larga região onde se situava um hospital psiquiátrico. Do Estado. Meu pai era diretor e tinha essa merecida regalia, pois o hospital ficava fora da cidade.

Era um apaixonado por fauna e flora, pois sempre morou em fazenda até sair de Uberaba para estudar medicina no Rio de Janeiro. Tinha fixação em bicudos e curiós. Dizia ser um dos poucos no Brasil a conseguir a procriação dos bicudos em cativeiro. Mas geralmente ia para o Mato Grosso caçar os passarinhos. E tinha outros com *pedigree* e bem valiosos. Quando a gente era pequeno e aprontava alguma, o castigo era limpar as gaiolas. Todas. Dava trabalho.

Fui visitá-los. De noite, na mesa da cozinha, jogando conversa fora, vi, numa prateleira atrás dele, um vidro cheio de alguma substância que eu conhecia. E quis confirmar.

— Pai, o que tem naquele pote?

Ele, com a maior calma do mundo:

— Maconha.

Abriu o pote, pegou um punhadinho, colocou em cima da *Veja* e começou a deschavar, esfarelar, separando sementes. Me perguntou:

— Já usou isso?

— De vez em quando. Não vai me dizer que com oitenta anos o senhor virou maconheiro.

Sorriu. Meu pai não ria, sorria.

— Onde foi que o senhor arrumou isso?

— De vez em quando damos uma batida aí no hospital. Louco quando fuma isso fica muito louco. Você deve saber disso.

— Mas o senhor está fumando maconha? A mamãe também?

— Não, meu filho. Não dou mais alpiste para os passarinhos. Só sementes de maconha.

— O senhor está dando maconha para os bicudos?!

— Sim, senhor.

— E eles?

— Deliram!

Minha mãe, que ia passando e tinha ouvido parte da conversa, complementou.

— Você vai ouvir, a partir das cinco da manhã. Um inferno!

De fato, os passarinhos me acordaram às cinco da manhã, completamente loucos, cantando como nunca.

Alto e afinadíssimos! Uma sinfonia aprisionada e doida!

O PARDAL DO TÚNEL VELHO

Rua Alaor Prata, 34, era o endereço da minha avó em Uberaba, onde costumava passar as férias quando criança. Lembro até do telefone: 1303. E a coincidência é que a filha dela — minha mãe — se casou com o meu pai, que por sua vez era sobrinho do tal do Alaor Prata. Então, meu tio-avô, ou algo parecido. E, para ser rua, alguma coisa deve ter aprontado.

Foi presidente do Fluminense, governador do Distrito Federal — que era no Rio — nos anos 1930-40. E mais, construiu aquele túnel que até hoje liga Botafogo a Copacabana. É o túnel, hoje conhecido como Túnel Velho. Mas ainda tem uma placa lá, toda corroída pela maresia, com o nome do velho tio.

Além disso tudo, fez mais uma coisa quase inacreditável: importou os pardais para o Brasil. Aquela praga que existe em todas — todas — as cidades do Brasil e que o Garrincha costumava matar com seu estilingue (isso ninguém me contou, eu vi!).

E o João Ubaldo Ribeiro, o grande escritor e amigo maior ainda, em umas de suas obras-primas, *O sorriso do lagarto*, usa mais de duas páginas com os pardais. Odiava os pardais. Chega a escrever:

Pardais!!! Não havia pardais — repetiu Lúcio Nemésio, no mesmo tom de voz — no Brasil nem aqui na ilha de Itaparica. Havia tico-ticos, que se assemelhavam um pouquinho a eles, mas estão longe de ser a mesma praga. Um debiloide colonizado, certamente com inveja das praças da Europa, onde todos os dias chovem toneladas de bosta de pombos e pardais, resolveu importar essa peste para o Rio de Janeiro, e aí ela se espalhou pelo Brasil todo. E mesmo depois disso, não havia pardais aqui na ilha, eles não têm autonomia de voo para atravessar a baía nem os pontos mais próximos do continente, são umas verdadeiras moscas. Mas outro delinquente cretino achou de trazer uns casais para cá. E agora, depois que eles predaram e expulsaram a maior parte dos outros pássaros, aqui só há pardais, pardais em toda parte, um inferno de pardais!

É, realmente. Um bicho feio, que não canta, só faz piar, e expulsa mesmo os outros passarinhos. Eu me lembro que antigamente aqui era cheio de canários, cardeais, papa-capins e uma porção de outros, mas agora quase todos sumiram.

Eles têm duas posturas por ano, os outros só têm uma. E são dos animais mais agressivos da Natureza. Se fossem maiorzinhos, atacariam a gente. Eles só vivem perto do homem, são incapazes de sobreviver pelos próprios recursos, numa floresta, por exemplo. Até os ninhos eles gostam de fazer dentro das casas, tendo o mínimo de trabalho possível, pulando do lixo para a comida das pessoas e as plantações. Nem insetos eles gostam de comer, só em último caso. Uma praga, um animal comportamentalmente inaceitável, que devia ser extinto, não se pode consentir que a evolução premie o mau--caratismo.

Pois é, Jubaldo, foi o Túnel Velho, ou melhor, o tio Alaor Prata quem os trouxe. Para combater outra praga, uma espécie de *lacerdinha* dos anos 1930. Trouxe um navio com o porão cheio. Da África. Desculpa lá!

DOIS DEDOS DE UM GÊNIO

A história que se segue, ouvi — embevecido — contada pelo protagonista dela, Jean-Claude Carrière, numa mesa do Hotel Nacional, em Havana, no Festival de Cinema de Cuba, de 1988 ou 89. Eu estava sentado ali por ser amigo do Ruy Guerra. Não vou dizer as outras pessoas que estavam lá por pura modéstia. Mas era o roteirista Carrière quem estava com a palavra.[32]

E era um grande conversador, contador de casos. Vou tentar repetir o relato dele, em Havana:

— Quando eu entreguei o primeiro tratamento do roteiro do Discreto charme da burguesia *para o Buñuel, depois de alguns dias, me chamou para discutirmos o texto. Ele me mostrou dois dedos assim na horizontal e disse:*

"Meu querido, a minha loucura é um dedo acima da realidade. A sua cena do jantar no palco está dois dedos acima", e balançava os dois dedos. "Tira aquilo, por favor". Carrière continua:

---

32. *WhatsApp do Editor*: Carrière foi um dos maiores nomes do surrealismo francês, e começou sua colaboração com o cineasta Luis Buñuel como roteirista de *O diário de uma camareira*, em 1964, adaptação de um romance de 1900 de Octave Mirbeau, com Jeanne Moreau no papel principal.

— Fiz uma segunda versão, uma terceira etc. E não tirava. E ele, a cada leitura, me mostrava os dois dedos na horizontal. E eu mantinha a cena. Resumindo, ele filmou a tal loucura, sempre balançando os dedos, sem falar nada. O filme foi um sucesso, ganhou o Oscar de melhor filme estrangeiro de 1972 em Los Angeles e o Prêmio Bafta, inglês, de melhor roteiro. E ele balançando os dois dedos. Agora, sorrindo.

Depois de uma talagada no morritos.

— Em 1983, pouco tempo antes de ele morrer, fui visitá-lo no hospital na Cidade do México, sabendo que seria nosso último encontro. Ele estava com um câncer no fígado e quase surdo. Muito triste. Quando eu estava já de saída, na porta, ele levantou o braço e balançou aqueles dois dedos na horizontal. Pouco a pouco ele foi girando a mão até os dedos ficarem na vertical, levou aos lábios e me mandou um sapeca beijo. Saí, fechei a porta e chorei. E aquela cena do jantar no palco do teatro, com a cortina se abrindo e o público aplaudindo os atores, voltou à minha cabeça. Um mês depois, em julho, ele morreria.

O ARQUITETO E O URDIMENTO

Quando o escritor Fernando Morais foi convidado pelo Orestes Quércia para assumir a Secretaria de Estado da Cultura de São Paulo, resolveu convidar uns amigos metidos a entender de determinados assuntos: Cláudio Kahns (cinema), Celsinho Curi (comunicação e balé), Pedro Paulo de Senna Madureira (literatura), Tadeu Jungle (vídeo), Glauco Pinto de Moraes (artes plásticas), Arrigo Barnabé (música) e eu (teatro).

Logo de cara, me pediu para ir dar uma olhada nas obras do Memorial da América Latina, quase pronto. Fui e não gostei do que vi no teatro. O resto, uma maravilha que só mesmo o gênio de Oscar Ribeiro de Almeida Niemeyer Soares Filho poderia conceber.

— Fernando, tudo correto, mas o teatro não tem urdimento.

— Não tem urdimento, é?

— Não.

— E que porra é essa? Urdimento?

— É o espaço que tem que ter, livre, acima do palco, para colocar as gambiarras com os *spots* e, principalmente para descer e subir cenários entre uma cena e outra. Quando o produtor procura um teatro, logo pergunta: tem urdimento e coxia?

— É grave?

— Limita, né?

— Liga pru veio!

— Que veio?

— O Niemeyer, uai!

— Liga você, vocês são comunistas, se entendem. Além do mais, quem sou eu pra ensinar pru Niemeyer o que é um urdimento? O cara tá com oitenta e cacetada...

Se eu soubesse que ia viver mais vinte anos e morrer com 103...

Volto para a minha sala, um assessor do arquiteto logo me liga. Fico sem jeito, mas explico com a maior delicadeza:

— Fica tranquilo... O de Lins também não tem!

— Linz, na Áustria, onde nasceu o Hitler?

Expliquei direitinho para que servia. Sobe e desce. Luzes. E ainda acrescentei:

— Mas acho que o local vai ser usado mais para palestras... Tudo bem, tudo bem!

E o assunto morreu aí.

Meses depois o Fernando me chama:

— O Quércia quer que o Estado construa um teatro em Araras.

— Araras?

— É, a sogra dele é de lá. Quer inaugurar com a Fernanda Montenegro.

— Outro projeto do Niemeyer?

— Sim. Quer ver o projeto?

— Nem morta! Porra! E as pessoas acham que a gente tá aqui comendo todas as atrizes do mundo.

E saí.

Uns dois anos depois, viajando de carro para Uberaba pela Via Anhanguera, para visitar meus pais, passo pelo lado, bem próximo de Araras. Olho para a cidade casualmente e vejo um prédio branco, da altura de um edifício de uns quatro-cinco andares, novo, reluzente. Sem nenhuma janela. Um tubo vertical.

Não acredito.

Peguei o primeiro retorno, voltei, entrei na cidade, perguntei para um ararense de bicicleta como fazia para chegar ao teatro.

— O Teatro da Sogra? Terceira à direita. Não tem erro...

Estava escrito: Teatro Estadual de Araras.

Deveria se chamar Urdimento Estadual de Araras.

Sim, aquela obra ERA um urdimento. O maior urdimento do mundo. A Comédie Française era pinto perto daquilo.

O DIA EM QUE FIDEL VEIO AO BRASIL

Fidel Castro viria pela primeira e única vez ao Brasil, em São Paulo, para a inauguração do Memorial da América Latina. O governador pediu ao secretário da Cultura para cuidar de tudo, e o secretário encarregou a mim... Mais ou menos ser babá dos homens, seus 150 seguranças, e garantir o *diesel* para um tanque de guerra que viria num primeiro avião com tropas, espiões, metralhadoras e granadas. E dois ou três cavalos. Fora aquelas motocicletas que iam na frente.

— Por que eu, Fernando?

— Porque o comandante quer fazer uma palestra para duzentos empresários brasileiros. Cem que ele vai indicar e cem nossos. Pode ir pensando em gente rica aí.

— Ainda não entendi a minha função.

— Você vai ter que arrumar uma casa grande, casa de família, entende? Ele não quer falar em local público. Quer uma reunião íntima, bebidas, coxinha, pastel, entendeu agora? Rum!

— Charutos...

Pensei logo na casa da Rita, irmã, onde tinha mais de duzentas pessoas no casamento da minha sobrinha.

eu vi um baile de debutantes

— Nem morta! Aqui não!

Gritaram ela e o marido, o Zé Eduardo. Eles haviam passado dois anos no Alabama e fizeram muitos amigos fugidos de Cuba junto com o Fulgêncio.[33]

— O que eles vão pensar se souberem que o Fidel esteve na minha casa? Hein? Pode tirar o cavalinho da chuva.

Foi a expressão definitiva.

Lembrei-me do Tavo, tio da minha ex-mulher. Octavio Lacombe era dono da Paranapanema, empresa de gente grande, com ações na Bovespa e general na folha de pagamento, como convinha naqueles tempos. Dono também de uma belíssima e grande casa. Fui falar com ele. Éramos muito amigos. Era educado, culto, generoso. Muitos filhos.

Nos almoços de domingo, reunia-se ali, na extensa mesa, três gerações. Quando chegava a hora da sobremesa, ele se levantava, e o silêncio se tornava um momento quase cinza de tão quieto. Entrava a empregada com uma bandeja e um enorme mil-folhas, que devia ter mais ou menos isso de folhas. Depositava no centro na mesa, na frente do patriarca.

Não se ouvia um pio. Ia começar a cerimônia. Tavo, com uma faca enorme, do tamanho exato do raio do redondo doce, com a mão esquerda colocava o dedo indicador do silêncio nos lábios. E, com a direita, ia cortando as mil-folhas lentamente, e ouvíamos estupefatos o ruído mágico e saboroso das folhas se rompendo, uma a uma. Crac, crac, crac... Ele tirava a primeira fatia e servia a Stellinha, sua esposa. Aplausos.

---

33. *WhatsApp do Editor*: Fulgêncio Batista y Zaldívar foi um militar cubano que serviu como presidente eleito da ilha entre 1940 e 1944, e depois foi ditador entre 1952 e 1959, transformando Cuba num quintal dos Estados Unidos, até Fidel, Che e centenas de cubanos descerem a serra e acabarem com a mordomia.

O empresário Octavio Cavalcanti Lacombe topou receber o comunista.

— Vou recebê-lo com todas as honras possíveis e imaginárias. Obrigado por se lembrar de mim.

Uma semana antes da chegada do comandante, Tavo me liga:

— Não vai dar. Desculpe. Queria servir um rum inigualável pra ele...

Não perguntei o motivo. Alguns meses depois nos encontramos numa ponte aérea. E aí eu perguntei. Ele:

— Foi o Collor! Me pediu.

Acabamos fazendo a reunião com os empresários paulistas no teatro do Memorial no dia da sua inauguração: 18 de março de 1989. Trinta anos depois da Revolução Cubana. Fidel tinha sessenta e três anos. Eu e Fernando, quarenta e três.

E o Tavo morreria enquanto eu morava em Portugal, três anos depois, num acidente na Dutra, ao tentar se desviar de um cachorro.

Após milhares de mil-folhas.

PORRA, É A JOANA!

Desculpem a falta de modéstia, mas corria o ano (que frase péssima!) de 2000, e meu livro *Minhas mulheres e meus homens* liderava as listas dos mais vendidos no Brasil havia algumas semanas.

Eis que de repente surge lá embaixo da lista um tal de J. K. Rowling, com um livro *Harry Potter* e não sei mais o quê. Na semana seguinte estava em terceiro lugar, e na outra me nocauteou. Quem era esse cara, de quem eu nunca ouvira falar?

Fui atrás. O cara tinha até *site*, coisa ainda rara, começando o século. E era uma mulher. Com foto e tudo. Olhei, olhei de novo, me aproximei.

— Porra, é a Joana! A Joana do Arantes!

Não podia acreditar. E era verdade. O Arantes era (ou ainda é?) um jornalista copidesque do jornal *Diário de Notícias* de Lisboa. A Joana? Estava lá na foto, ela mesma, com seus vinte e cinco anos, um pouco mais, toda sardentinha e com uma filhinha portuguesa no colo: Isabel Rowling Arantes. É, era verdade.

Eu explico, e acredite quem quiser.

Peguei uma pequena biografia da professora Dilva Frazão, também biblioteconomista, a quem agradeço, na internet:

Joane Rowling nasceu em Yate, South Gloucestershire, Reino Unido, no dia 31 de julho de 1965. Filha de Peter James Rowling e de Anne Volant, passou sua infância na cidade de Chepstow.

Seus pais gostavam de ler, e sua casa era repleta de livros. Desde criança queria ser escritora. Escreveu seu primeiro livro de ficção com seis anos de idade: A história de um coelho chamado Coelho.

Joane Rowling estudou Línguas Clássicas e Literatura Francesa na Universidade de Exeter. Passou um ano na França fazendo curso de especialização.

De volta à Inglaterra, trabalhou como pesquisadora da Anistia Internacional em Londres.

Em 1991, deixou o cargo de pesquisadora e foi morar no Porto, em Portugal, para lecionar inglês, mas não parou de escrever.

Depois de dezoito meses, ela conheceu o português Jorge Arantes. Eles se casaram em 16 de outubro de 1992. Em julho de 1993, nasceu Jessica. Em novembro, o casal se separou.

Em dezembro, Rowling e sua filha se mudam para Edimburgo, na Escócia, onde morava sua irmã. Nessa época, sem trabalho, recorreu à ajuda social.

Joanne Rowling, seu nome de nascença, recebeu um "K" de Kathleen, nome de sua avó paterna, assinando suas histórias como J. K. Rowling.

Tudo isso está na rede.

Pois bem, durante o namoro, ou o Arantes ia para o Porto ou ela para Lisboa, sede do *Diário de Notícias*. E lá frequentavam regularmente o bar Pavilhão Chinez (com z mesmo), ao lado da minha casa, no Bairro Alto. Eu ia lá todos os dias. Era meio um antro de jornalistas, artistas. Um bar lindíssimo!

Conhecia o casal, de cumprimentar. Os dois falavam português, entre si e com os outros.

Volto sempre ao bar quando vou a Portugal. E soube, por terceiros, do fim do relacionamento dela com o português. O casal, que já não vinha se entendendo bem antes do nascimento da menina, separou-se quatro meses depois do parto.

E Joana resolveu ir morar com uma irmã na Escócia porque o português ameaçou — segundo o meu amigo garçom — não dar nenhum tostão de mesada caso ela levasse a menina para o Reino Unido.

Ela levou a menina e começou a trabalhar como garçonete, rabiscando os rascunhos do personagem Harry Porter em guarda-napos. Hoje, dizem, é mais rica do que a rainha Isabel (como era chamada em Portugal a Elizabeth).

Quanto ao Jorge... admitiu que chegou a dar uns tapas na escritora durante o casamento de dois anos.

Segundo o *site The Sun,*

Arantes afirmou que não se importou em ler as acusações feitas por ela, que disse ter sofrido abuso doméstico em seu primeiro casamento.

"Consegui escapar do meu primeiro casamento violento com alguma dificuldade", disse a escritora em *post* no Twitter.

CARA A CARA COM O FIDEL, AGORA EM HAVANA

No Festival de Cinema e Vídeo de Havana de 1989, depois do último dia, o presidente Fidel Castro ofereceu no seu palácio um banquete para todos os vencedores e membros dos júris. Por ter ganhado um prêmio como melhor roteirista, recebi o convite logo cedo com a assinatura do homem. Fui.

Um palácio, um banquete, tudo normal. A não ser o garfo. Como Fidel já havia recebido, até então, 638 atentados (só da CIA), não havia faca. E o garfo, acreditem, tinha as quatro pontas cortadas quase até a base. Dava apenas para prender uma batata frita. Ou menos. E havia uns dois leitões rolando na brasa com uma cara ótima. Como comer aquilo?

Enquanto o leitão rolava, o Fidel, com várias medalhas no peito, caminhava entre os convidados. Ao passar por mim, sorriu e me disse:

— Parabéns. Está levando quatro Corais.

Ele havia assistido à entrega dos prêmios no Teatro Karl Marx no dia anterior. E eu, no palco, de pilequinho, agradecendo os Corais:

— Cuba! Cuba Libre! Cuba acá e Lula lá![34]

Coral é o prêmio. Foram quatro: o meu, de roteirista, o do ator Gianfrancesco Guarnieri, o da atriz Giulia Gam e os dos diretores Hugo Prata (que depois iria dirigir o filme *Elis*) e Adriano Goldman (que no momento é diretor de fotografia da série *The Crown*). Turma da pesada. O filme se chamava *E o Zé Reinaldo, continua nadando? (Y Zé Reinaldo, sigue nadando?)* É um curta difícil de achar.

Ele deu mais um passo na minha direção:

— Um abraço para Fernando Morais, o seu secretário da Cultura.

— Obrigado, comandante. Será dado. E obrigado pelos Corais.

Tomava-se o rum cubano Habana 7.

Muitos militares de verde-oliva, com muitas medalhas no peito, mas muitas mesmo. Tinha um, juro, que andava meio inclinado. Olhei tanto para ele que ele me encarou feio.

Anunciaram que iriam servir o leitão.

Como? Eles faziam um corte triangular — como se faz na melancia —, pegavam o garfo da gente, espetavam e nos davam. E a gente saía comendo leitão como se chupasse um picolé. Peguei a fila umas três vezes. Depois limpei o garfo e tive a brasileiríssima

---

34. *WhatsApp do Editor*: A entrega dos prêmios foi no dia do segundo turno da eleição presidencial de 1989, 17 de dezembro, domingo. Prata não sabia ainda o resultado. Depois das premiações, ele ligou, do telefone da bilheteria do teatro, para o embaixador brasileiro em Cuba e soube pelo seu novo amigo Italo Zappa:

—Ainda bem que ganhou quatro corais. Porque no Brasil perdemos por quatro por cento.

ideia de roubar o garfo. Só para mostrar aos amigos brasileiros. Ia colocando na jaqueta quando uma mão me segurou. Era o diretor de cinema argentino Campanella:

— No haga eso. Ya se llevaron unas diez ahí a la salida.

— Arrestado? Torturado?

— No, pero confiscaron los tenedores.

CAMÕES

Estava morando em Cascais, Portugal, quando fui convidado para adaptar para o cinema um romance do cabo-verdiano Germano Almeida: *O testamento do sr. Napumoceno da Silva Araújo*. O filme viria a ganhar vários prêmios e um quarto de página no *The New York Times* (tinha que contar), e o Germano agora ganhou o Prêmio Camões. Aquele mesmo que o Chico Buarque ganhou no ano seguinte, em 2018. Dalton Trevisan, Mia Couto... Raduan!

Eu e Germano ficamos amigos para o resto da vida. Um amigo de mais de dois metros, sempre vestido de branco total. Não aceitou ser primeiro-ministro de Cabo Verde porque não usaria terno em hipótese alguma. Mas era deputado. Com o jeitão do Lothar[35] (quem lembra?).

------

35. *WhatsApp do Editor*: "Apesar de suas habilidades, Mandrake não trabalhava sozinho: conta com a ajuda de Lothar, um africano de grande força física. Lothar possui o mérito de ser o primeiro personagem negro de destaque numa história em quadrinhos norte-americana. Antes dele, os poucos negros que apareciam nos quadrinhos eram personagens secundários ou não mais do que meros figurantes...." (Túlio Vilela)

Consegui que o livro fosse publicado aqui no Brasil, e ele ficou hospedado duas semanas na minha casa para o lançamento, entrevistas etc. Porque só de quinze em quinze dias tinha voo direto para Praia, capital de Cabo Verde.

Apaixonou-se por chá com limão, aqueles de latinha. Tomava aquilo o dia inteiro. Na véspera da viagem de volta, teve uma dor de barriga horrorosa. Privada de meia em meia hora. Ele estava branco, pálido e assustado.

— Pratinha, tu tens que resolver este meu problema. Se eu perco o voo de amanhã, tenho que ficar aqui mais duas semanas.

Um ano antes, eu tive um problema parecido na Califórnia — Copa de 1994 — por causa do excesso de comida mexicana. Ainda tinha meio vidrinho de um remédio americano.

— Germano, este remédio é muito forte. É pra tomar meio copinho (da tampa). Meio!

— Meio é pra você, que é um baitola magrelo branco. Olha para o meu tamanho. Vou tomar a tampinha inteira. Quer saber? Vou tomar duas tampinhas cheias!!!

— Germano...

E tomou. Duas! De noite ele já estava bom.

— Vou levar isso para Mindelo. Lá não tem dessas bobagens americanas.

No dia seguinte, embarquei-o num avião russo para Cabo Verde.

Três semanas depois me liga:

— Ó, Pratinha, diz-me cá, depois que tu tomaste aquele remedinho, alguma vez voltaste a cagar?

O SENHOR MATIAS, O PROTÉTICO PROFÉTICO

Enquanto isso, em Portugal e Cabo Verde.

Faltavam três dias para eu voltar para Lisboa quando bateu uma dor de dente daquelas horríveis. Fui à farmácia da doutora Isaura, que me deu um analgésico. Não conseguia dormir. Cedinho, ligo para o Germano. Eu estava em Mindelo, Cabo Verde, África, 1991.

— Dentista não temos aqui no Mindelo. Mas tem sim o senhor Matias, excelente protético, que resolve nossos problemas todos. Já te ligo.

Daí a cinco minutos:

— Está a te esperar às oito e meia da manhã:

A cadeira era igual à de barbeiro. Sentei-me todo hirto. O senhor Matias era realmente um senhor com seus setenta e tantos anos, cabelo branco todo enrolado. Um velho bonito. E simpático.

— Qual o dente?

Coloquei o dedo.

— O 27 — ele disse.

Senti firmeza. Ele, com algo parecido com um lápis, de aço, deu umas batidinhas. Pela minha cara — e quase grito —, ele não precisou perguntar nada. E foi peremptório:

— Vamos extraí-lo, e é já.

"Nem morta", pensei.

E ele continuou a bater nos demais dentes.

— E esse 24 ainda vai te dar trabalho. O pré-molar.

— Senhor Matias, tenho amigos dentistas brasileiros em Lisboa e posso...

— Eu, se fosse o senhor, extraía já! O 27 não tem tratamento. Com o 24, no futuro o senhor resolve.

Nem morta!

Cheguei ao Hotel Porto Grande, na bela Praça Amílcar Cabral, grande político que lutou pela independência da Guiné-Bissau e de Cabo Verde, e liguei para Lisboa.

Pedi à produção que, do aeroporto, o motorista me levasse direto para um dentista BRASILEIRO, dia tal, tal hora era a chegada do voo.

E assim foi.

Caí na cadeira do Marcelo von Zuben — de mala e cuia —, que se tornaria um dos meus melhores amigos em Portugal. Ele, sua mulher, também dentista, a Cristina, e os pequenos filhos Úrsula e Murilo. A "minha" famosa frase "filho é bom, mas dura muito" é dele. Pessoas finíssimas.

Marcelo olhou, radiografou e explicou que era canal. Me indicou um colega brasileiro. Fui lá, o cara tentou em três consultas e não conseguiu tratar o tal canal. Mas indicou um outro, de Setúbal, também brasileiro. Mais três semanas, e nada.

Estava para vir ver meus filhos no Brasil, fui no Gutão, em São Paulo, que examinou e me indicou um colega em Jundiaí. Era meio *hippie*. Nada.

Durante dois anos e três continentes, sofri com o 27. Até que um dia fui no Gutão de novo e também fui peremptório:

— Arranca o 27!

Gutão Beozzo é daqueles dentistas que não arrancam dentes de jeito nenhum. Sempre acha que dá para dar um jeito.

— Mas, Prata...

— Porra, Gutão, a gente é amigo desde o primeiro ano primário! Aliás, a nossa professora, a dona Gessy, era tua mãe! Arranca essa porra!

Arrancou. O dente estraçalhou no boticão. Ele ficou olhando, analisando, juntando as partes.

— É... Esse não tinha jeito. As raízes estão todas cruzadas entre si. Ninguém no mundo ia resolver isso.

Sr. Matias, o senhor é um gênio!

E devo adiantar que agora, em 2021, coloquei um implante no velho 24. Lembram dele?

Sr. Matias... Como a gente é preconceituoso... Desculpe, sr. Matias, desculpe, Germano, que me desculpe toda a África.

PRATATUR

Lima Duarte, Joana Fomm, Giulia Gam, Walter Avancini, Reinaldo Moraes, Chico Buarque, Reginaldo Leme, Yara Jamra, Hugo Prata, a Ruth e o Alemão, meu pai e minha mãe, Adriano Goldman, Sérgio D'Antino, Paulo José, Denise Fraga, Fernando Morais, Leão Serva, Ileana Kwasinski, Roberta Sudbrack, Chico Milan, Ticha, Maria Helena e o embaixador José Gregori.

Todas essas pessoas me procuraram em Lisboa e Cascais, enquanto morei ali. Meu PrataTur era famoso... Ia de Óbidos ao Pedro dos Leitões, logo depois da maravilhosa Universidade de Coimbra. De Sintra até as praias do sul da Espanha. Almoço no Fialho, em Évora! Noitadas no Pavilhão Chinez (com Z, no Bairro Alto).

Lima Duarte ia tanto para lá que acabou alugando um apartamento em cima do meu, em Cascais. Mensalmente, ele gravava um comercial para o Supermercado Continental. Isso nos aproximou bastante. Outro dia alguém me mandou uma gravação dele contando uma história em que, além dele, eu e o advogado Sérgio D'Antino éramos personagens. Engraçadíssima a narração do Lima. Um pouco diferente da realidade. Vai aqui a minha ver-

eu vi um baile de debutantes

são, meu queridíssimo Ariclenes Venâncio Martins,[36] como eu, também nascido no Triângulo Mineiro.

Levei os dois a uma praia para encontrar com um casal de amigos. Ele e o D'Antino. Chegamos, meu amigo já estava lá reservando espaço, sentamos. Daí a pouco chega a esposa do meu amigo. Apresentações, ela, ainda em pé, vai tirando a roupa e, por último, tira a blusa. Estava sem sutiã. E assim ficou. Era uma mulher de uns quarenta anos, linda, cabeça, tronco e membros. O Lima bateu os olhos naquilo e me olhou com o rabo do olho. Estava completamente inseguro com a situação. E o marido dela falava com ele sem parar. De repente ele se levanta e faz um sinal para o acompanhar. Fomos até a água gelada dos mares de Portugal.

— Deixa eu colocar os pés nessa água fria pra ver se a febre esfria — disse ele. E continuou.

— Rapaz, e o marido ali puxando papo comigo...

Foi quando ele deu uma geral na praia e percebeu que nenhuma mulher, fosse qual fosse a idade, usava a parte de cima do biquíni.

— A devassidão é geral...

— Vamos para lá. Mas procura se distrair, não fica com o olho em cima. Comporte-se.

Quando vamos chegando pertinho, está vindo a filha do casal, com uns vinte anos, estudante de psicologia. Fica só de calcinha. Ele sussurrou pra mim:

— Mãe e filha não vai dar. Não estou preparado. Me leve embora dessa perdição.

Chegamos, apresentei a menina, e ele:

— Pessoal, é uma bela tarde, mas a bacalhoada do almoço caiu mal. Fui até ali pedir para o Pratinha me levar para casa.

---

36. *WhatsApp do Editor*: Ou Lima Duarte.

E saiu, e eu atrás.

Ele:

— Rapaz, os da mãe conseguem ser melhores do que os da filha. Nó!

O MELHOR VENDEDOR AMBULANTE DO MUNDO[37]

Estava eu posto em sossego num barzinho em Troia (em Portugal, não na Turquia — achava que era na Grécia, né?) num festival de cinema, quando vejo chegar um negro alto, bonito, com uma espalhafatosa bata africana tão colorida como a bandeira do seu país. Cores fortes, como o seu sorriso branco. No "com licença" já vi pelo sotaque que era de alguma ex-colônia portuguesa.

— Mario Prata, pois não? — me disse.

E sentou-se.

— Meu nome é Flora Gomes, sou da Guiné-Bissau. Sou diretor de cinema e televisão. Tu escreves para televisão, estou a saber.

E pediu um chope.

Resumindo, queria me levar para o país dele para escrever uma novela local para a televisão. Ele não tinha a menor noção do que era escrever uma novela, produzir, atores, cenários, nada.

— Mas por que você quer fazer uma novela lá?

Ele foi rápido como a sua risada:

---

37. *WhatsApp do Editor*: Prefácio para o primeiro livro do José Roberto Filippelli.

— Porque a minha mulher está a me perguntar se eu a acho brega ou chique!

E rimos muito. Enquanto eu ria, pensava:

"Filippelli!". Coisas do Filippelli!

Trinta anos antes do meu encontro com Flora Gomes, estava eu, com dezesseis anos, lendo alguma coisa na minha casa, em Lins, interior de São Paulo, posto em sossego. Toca o telefone, atendo, perguntam quem fala, e era comigo mesmo.

Ele tinha vinte e quatro anos, sotaque de paulistano, de terno e gravata, atrás de uma mesa nas Lojas Arapuã, na "esquina do pecado", no centro da cidade.

— Vou fazer um jornal chamado *Jornal Dular*, com 250 mil exemplares, para ser distribuído de graça.

"É doido", pensei. Lins devia ter 50 mil habitantes...

— Para ser distribuído em Lins, Araçatuba e Bauru. A rede de lojas vai ser expandida.

Ele havia sido contratado em São Paulo para a tal expansão.

E expandiram abrindo mais de quinhentas lojas. Nem sei em quanto ficou a tiragem do nosso *Dular*. Alguns milhões?

Coisas do Filippelli!

Quinze anos depois, em 1976, estou eu na sala do Boni, na Globo, esperando ele acabar uma ligação. Conversava com um tal de Filippelli, e quando desligou ainda mandou um abraço para a Eunice.

— Desculpe a curiosidade, mas era o Zé Roberto?

— Conhece? Tá em Roma.

— Conheço. De Lins.

— Então somos quatro aqui na sala. Você, o Filippelli, que está vendendo nossos programas na Europa, e o Mabe.

Havia uma tapeçaria do Manabu Mabe atrás dele.

— Três — digo eu.

eu vi um baile de debutantes

— Quatro — diz ele. Estudei no IAL — Instituto Americano de Lins!

Ele apertou o botão do interfone.

— Dona Ruth, me liga de novo para o Filippelli.

Coisas do Filippelli!

Em 2012, ele veio me visitar em Florianópolis. Comemoramos cinquenta anos de amizade.

E agora ele me liga dizendo que tinha escrito um livro chamado *A melhor televisão do mundo*. Queria que eu lesse. Ele está com oitenta e cacetada. Confesso que o título me assustou.

Dois dias depois eu já estava no meio do livro ainda não publicado, estupefato, boquiaberto e feliz! Que bom que o livro é bom! Que ótimo que é tão maravilhoso! Elogiei tanto que ele me ligou uns dias depois, rodeou, rodeou e me pediu para escrever o prefácio. Mal sabia ele que era tudo que eu queria.

A ideia é a mais simples do mundo (do mundo, como o título dele): é ele, às vezes só, às vezes com a família, saracoteando pela Europa, Ásia, África e o resto do mundo com latas de fitas de novelas debaixo do braço como um vendedor ambulante. As peripécias, as personagens envolvidas, BBC, RAI, RTP, televisões, políticos.

Suas três filhas crescendo de viagem a viagem, assim como sua conta bancária. Dizem que chegou a morar num castelo na Villa Borghese, em Roma. Consta.

NO DIA QUE O COLLOR ME TIROU DA CADEIA

"Hoje é um dia que ficará marcado na história do Brasil e do mundo", me disse o policial militar.

29 de dezembro de 1992. Para quem não se lembra ou nem existia, foi o dia da cassação do então presidente Collor. Eu ainda morava em Cascais, Portugal.

A Casa do Brasil, no Bairro Alto, em Lisboa, conseguiu, não sei como, que a transmissão da sessão do Congresso que votava a cassação pudesse ser vista na televisão da sede. A Casa do Brasil era um lugar aonde sempre era bom ir. Lia-se jornais e revistas já meio defasados, sempre se encontrava uns amigos. E tinha imperial.

Imperial, *uma*. Notem que é no feminino. Não se pede um imperial, mas uma. Deve ser porque é uma cerveja. O que importa é que uma imperial é um chope muito bem tirado. Diga-se de passagem que a cerveja, em garrafa, lata ou na pressão, é sempre muito boa em Portugal.

Pois.

Outra informação antes da ação. Em Portugal, existem alguns crimes prejulgados, como eles dizem. Por exemplo, beber e dirigir veículos dá um ano de cadeia. Sem julgamento. Dá o bafômetro, se der positivo, vai direto para a cadeia. Um ano de prisão. E não tem conversa, nem pistolão, nem advogado. Muito menos *habeas corpus*.

Então, estávamos todos lá assistindo e tomando umas imperiais, e eu já preocupado com o fato da minha volta para Cascais. Tomei só três. Quatro, vá lá. Quando houve o voto definitivo, foi aquela gritaria, paguei minha conta e fui embora.

Me dirigia para Cascais, que fica a uns 30 quilômetros de Lisboa. Foi quando bateu uma vontade de urinar desesperadora. Já era madrugada na Europa. Na rua em que eu estava tinha algo aberto lá na frente; acelerei e, quando cheguei, era uma farmácia com as luzes acesas, mas fechada. Mas ao lado tinha uma árvore, grossa, junto a um muro, e foi ali mesmo. No que comecei, um carro da polícia estacionou, fazendo até barulho com os pneus. Fudeu! Não dava nem para parar, o jato estava ali, peremptório, tinha vindo para ficar. Um deles se aproxima.

— O que estás a fazer?

Urinando e olhando para trás, pelo ombro:

— É o seguinte, seu guarda.

— Brasileiro, bêbado e a urinar no muro da GNR! Soldado, bafômetro! E além de tudo, deixou a porta do carro aberta.

E eu, mictando:

— Por favor, eu não sabia que aqui era o muro da GNR.[38] Posso explicar.

— Vocês, brasileiros, sempre têm desculpas.

— Eu estava na Casa do Brasil e confesso que tomei três imperiais. Estava a ver (eu caprichando no português local) a cassação do presidente, pela televisão. Estava a passar por lá. Na televisão.

---

38. *WhatsApp do Editor*: Guarda Nacional Republicana, a Polícia Militar deles, Prata!

O guarda, ao mesmo tempo em que recebeu o bafômetro, deu um passo atrás e se entusiasmou:

— Cassaram o homem?

— De goleada!

— O Brasil está dando um exemplo ao mundo, meu amigo. Aquilo é um aldrabão de primeira.

Chacoalhei e fechei a braguilha.

— Parabéns, meu jovem!

Batendo o bafômetro na mão, como se fosse um cassetete.

— Está se dirigindo para onde?

— Moro em Cascais.

— Seguinte: se calhar, percebe-se que não está bebinho. Há um bloqueio lá no quilômetro 25, mas vou passar um rádio para que não interrompam a sua... a sua felicidade!!! Vá com Deus e Nossa Senhora de Fátima.

TIO MAURILO, PARTE II

Falido, tio Maurilo foi convidado para ser presidente da Associação Brasileira de Meteorologia. Uma merreca de salário. Mas ele descobriu que, com tal cargo, podia viajar de avião pelo Brasil todo. De graça. Lembre-se que, naquela época, comia-se muito bem nos aviões domésticos brasileiros. E o uísque era importado.

O que fazia o tio Maurilo? Com uma pequena maleta, pegava um voo no Rio para Porto Alegre, por exemplo. Tomava seus aperitivos e almoçava. Dava um rolê pela cidade, pegava outro voo no fim da tarde para São Paulo. Chegava jantado. Visitava um parente e pegava o último voo para Fortaleza, para dormir. E ainda pegava um belo café da manhã. Parece que ficou mais de dois anos pelos ares do Brasil.

Foi quando o meu avô passou o cartório para o nome dele, em Uberaba. Ganhou muito dinheiro. Adorava Paris, onde se hospedava no Ritz, aquele hotel onde Proust[39] oferecia café da manhã para duzentos convidados. Dizem.

---

39. *WhatsApp do Editor*: Proust, de novo, Prata?

E levava sempre duas mulheres. Pagas, segundo ele mesmo. Com o tempo, depois de certa idade, o tio Maurilo fez uma prótese de silicone no pênis. Um quebra-galho pré-viagra que mantinha o dito-cujo ereto perenemente. Para evitar escândalos, usava uma cinta de couro com uma proteção. Eu vi! Tirava para dormir também.

Mas o câncer já estava corroendo tudo por dentro. Não podia mais engolir. Andava em casa e pela rua com um copo no qual cuspia. Para se alimentar, tinha um dreno na barriga, onde injetava caldos, sopas, água e principalmente uísque. Tomar uísque com ele era maravilhoso e extremamente dolorido. Ele preparava a dose (Old Parr, preto). Colocava gelo, sentava na sua poltrona preferida, ficava balançando o copo com o uísque e o gelo.

— Esse barulhinho é fundamental.

Colocava o dedo na bebida e passava pelos lábios. Com uma seringa, extraía o líquido já gelado, levantava a camisa e injetava como se fosse uma injeção no dreno. Estalava a língua de satisfação.

Na última vez que estive com ele, leu para mim:

A História de Old Parr! Thomas Parr é o nome que inspira nossa história. Reconhecido pelo rei Charles I como o homem mais velho da Inglaterra, teve sua essência traduzida para o uísque: maturidade do malte, sabedoria, atenção com cada detalhe da produção e, principalmente, tradição. Old Parr é o uísque que representa o espírito da Vida Bem Vivida. Um blend *escocês que carrega muita história. Perfeito para quem procura, mais que uma bebida, a qualidade de vida.*

Sorriu, preparou de novo a seringa, molhou a boca e deu mais um golaço com a barriga.

Quando a minha irmã Ruth e eu contamos para o nosso médico Fábio Brant de Carvalho que ele estava vivendo daquela maneira, ele disse:

— Isso não é vida! Vai morrer de tristeza. Tragam ele aqui.

Levamos. E, junto com o Maurilo, ouvimos do nosso amigo Fabião:

— Vou fazer o seguinte: ligar o seu estômago diretamente à base da sua língua. O senhor vai poder beber e fumar.

— Mas existe esse tipo de operação? — perguntou o tio.

— Que eu saiba, não. Mas sempre tem uma primeira vez. E vamos beber e comer naquele restaurante francês que me disseram que o senhor adora.

Os olhos do meu tio cintilaram. Maurilo estava com sessenta e oito anos.

Fizeram a operação. Um mês depois o Fabião me liga:

— Eu e o Maurilo vamos jantar hoje no La Casserole. Topa?

Uma farra!

Em 1994, estava eu em San Francisco cobrindo a Copa dos Estados Unidos, me ligam. Tio Maurilo havia morrido com aquele câncer que brigava com ele havia anos. Precisavam saber onde se encontrava um documento autorizando a cremação, que estava na minha casa, em São Paulo.

Foi devidamente cremado.

Quando voltei, numa reunião de família, perguntei o que tinham feito com as cinzas dele. Uma de minhas irmãs disse que pegou uns dias depois no crematório, viu uma árvore muito bonita por lá e esparramou nosso tio. Achou que ele ficaria bem ali.

— E como é? Vira cinza mesmo?

— Sim, do tamanho de uma caixa de sapatos. Cinza, normal. Mas tinha uns negocinhos verdes, parecidos com chiclete, peguei, parecia chiclete mesmo...

Eu a interrompi. Eram os pedacinhos de silicone do membro honorário:

— Não acredito: aquilo era o pau dele! Você pegou no pau do tio Maurilo!

— AAAAAAAIIIIIIIIII!!!

E ficou sem ar...

OS PASSARINHOS DO NELSON RODRIGUES

A minha crônica abaixo tem uns trinta anos. Mas só agora achei o texto onde Nelson explicava a origem dos "passarinhos". Republico a minha crônica e depois o texto original do maior escritor da língua portuguesa de todos os tempos. Machado não tinha passarinho e era pinto perto dele, com o respeito aos colegas acadêmicos. Vamos lá.

Na minha crônica dos anos 1990:

Nelson Rodrigues, além de dramaturgo, romancista e contista, foi um craque da crônica. E mais, chegou a ser, durante uma época, diretor de redação do jornal do pai dele.

E lá um dia chega à redação a notícia de que um incêndio estava acontecendo na Lapa. Com vítimas! Nelson chama um jornalista e um fotógrafo e manda para o local do sinistro, como se dizia naquele tempo, anos 1940.

Reservou metade da primeira página para a matéria. Mas logo volta a dupla:

— Seu Nelson, foi um incêndio de nada. Apagado com um regador de plantas.

Nelson se desespera, desmancha os cabelos, xinga: cáspite!

— Ninguém ferido, nada?

— Nada...

E a metade da primeira página em branco.

Aí o repórter disse:

— Pra não dizer que não aconteceu nada, tinha um passarinho dentro de uma gaiola, apavorado, pulando dum lado pro outro. Desorientado.

Nelson foi instantâneo:

— Voltem imediatamente, assustem mais o diabo do passarinho, chacoalhem a gaiola e me fotografem o imbecil desesperado. Façam o diabo, cáspite!

No dia seguinte, metade da parte de cima da primeira página era o passarinho dentro da gaiola, desorientado, despenado e até uivando. Ao lado, a manchete:

"INCÊNDIO AMEAÇA FLORA E FAUNA NA LAPA"

Vendeu pra burro.

Uns quinze anos depois, Nelson dá uma entrevista e diz que no jornalismo atual — anos 1960 — estavam faltando passarinhos.

A partir daí, a expressão "passarinho" passou a significar — numa crônica — alguma parte, algum detalhe que foi inventado para dar mais veracidade ou mais humor. É comum um cronista ligar para outro e dizer: aquele negócio no final é passarinho, né?

Entendeu? Passarinho significa algo na crônica que poderia ser verdade, mas não é. É um passarinho. O verdadeiro cronista é aquele que assume o passarinho, nega que seja invenção.

A crônica do Nelson Rodrigues, dos anos 1960:

Não se falou em outra coisa (a matéria do jornalista Castelar sobre o passarinho). E o Castelar, fascinado pelo próprio êxito, não pensou duas vezes: a partir de então não fazia um incêndio sem lhe acrescentar um passarinho. Sim, um passarinho que morria cantando, e repito: que emudecia morrendo.

Hoje, a reportagem de polícia está mais árida do que uma paisagem lunar. Lemos jornais dominados pelos idiotas da objetividade. O repórter mente pouco, mente cada vez menos. A geração criadora de passarinhos acabou em Castelar. Eis o drama: o passarinho foi substituído pela veracidade, que, como se sabe, canta muito menos. Daí por que a maioria foge para a televisão. A novela dá de comer à nossa fome de passarinhos!

A GORETE

Gorete era diarista do professor Antonio Candido e dona Gilda de Mello e Souza, dos jornalistas e escritores Nirlando Beirão e Marta Góes e dos meus filhos mais velhos. E minha! Como podem ver, todos escritores e jornalistas.

Quando veio trabalhar conosco, já estava havia muitos anos com Antonio Candido e dona Gilda. Então sabia, como ninguém, tratar um livro. Limpava, mas não tirava do lugar. Jamais enfiava um livro numa estante aleatoriamente. Era tudo de que precisávamos. Tinha carinho pelos livros. Sabia da importância do objeto para nós.

E ela fazia uma certa ligação entre nós todos, às vezes levando e trazendo livros, já que em cada dia da semana estava na casa de um de nós. Pois ela foi responsável por conseguir um prefácio do grande mestre Antonio Candido no maravilhoso livro *Cabras*, do Antonio, Paulinho Werneck, Chico Mattoso e José Vicente da Veiga.

Por intermédio dela, Antonio mandou o livro para o professor. Encontrei com o mestre num lançamento, e ele rasgou elogios. Estava encantado. Contei para o Antonio, que ficou mais encantado ainda. Passou um tempo, iria sair a segunda edição.

Ainda por intermédio dela, Antonio mandou um bilhetinho pedindo, humildemente, um prefácio para a segunda edição. Na semana seguinte, Gorete traz um envelope para o meu filho.

Um prefácio estupendo. Que, infelizmente, Gorete não chegou a ler.

A Gorete era e é analfabeta...

Me deu uma saudade danada dela, agora.

HEBE

O texto abaixo foi publicado inicialmente no meu livro *Minhas mulheres e meus homens.*

Estávamos todos no mesmo hotel, lá em Lisboa. Era uma convenção internacional sobre cosméticos. Eu fui, cooptado pelo pessoal do SPA São Pedro, de Sorocaba.

O quarto da Hebe era ao lado do meu. Chego do Casino Estoril lá pela uma da manhã, e a porta do quarto dela está aberta, escancarada. Descuido dela? Resolvo conferir. Era uma suíte enorme. Vou entrando na base do ô de casa, ô de casa. Lá no fundo, homens cabisbaixos ceavam. Um clima horroroso no ar. Na cama, Hebe dependurada em vários aparelhos de telefone. Ligando para Deus e o mundo.

Um companheiro nosso, da convenção, dono da Rastro, havia recebido um telefonema do Brasil. Sua filha, de dezenove anos, tinha acabado de morrer afogada no litoral de São Paulo.

Não havia mais voos para o Brasil àquela hora da madrugada. Era por isso que a Hebe se descabelava nos telefones.

— Eu sei, minha senhora, eu sei que ele está ocupado! Diga ao presidente que é a Hebe Camargo, e o caso é grave.

Tenho quase certeza de que este último telefonema foi para o Fernando Henrique. Mas certeza mesmo eu tenho que a Hebe conseguiu que um avião da Lufthansa que passava por cima de Lisboa com destino ao Brasil aterrissasse só para pegar o amigo dela.

Às três e meia da manhã ele embarcou.

A Hebe deu um trato no cabelo e pediu comida pra todo mundo.

Comi, fechei a porta e fui dormir com a Hebe na minha cabeça.

E no coração.

O CARIMBO

Até nas palavras cruzadas você bate com ele. Tá lá: símbolo máximo da burocracia. Sete letras. É ele: o carimbo.

Não sei quando ele surgiu. Mas sei que nunca vai sumir da nossa vida. Ele é intemporal. O mundo gira, a Lusitana roda, e ele ali. Se ele não estiver na receita, você morre. Não basta você ter câncer. Tem que ter o carimbo do médico também. Não basta a dor de cabeça. Tem que ter mais dor de cabeça.

Sem ele você não é nada. Nada! Já escrevi aqui outro dia sobre uma ida ao cartório. Estão modernos, cheios de computadores. Mas depois que a mocinha faz tudo com o computador, ele surge, incólume, colosso, no papel. A funcionária quase tem um orgasmo quando dá aquela porrada. O carimbo é superior ao computador. Ignora os tempos modernos. Fica na dele. E nos nossos papéis.

Tudo aquilo que o médico te disse não vale nada se ele não carimbar, como já disse. Vale mais do que a assinatura dele. Vale mais do que os seis anos de faculdade e os trinta de experiência.

O objeto deveria, portanto, ser de difícil acesso e confecção. Para fazer um carimbo deveria haver mil burocracias, tal a sua importância. Mas não. Ali mesmo, na esquina, você faz um como quiser, com os dizeres que pretender. Pode mandar fazer um da Presidência da República e sair por aí carimbando, baixando medidas provisórias e dizendo que está tudo bem. Pode fazer carimbos dizendo que o dólar vai baixar. Pode fazer carimbos de médicos, até mesmo de cartórios.

Se existe algum lugar no Brasil onde não existe nenhuma burocracia, é nas lojinhas que fazem carimbo. Ou seja, pra fazer um carimbo você não precisa carimbar nada.

Outro dia, eu fiz um trabalho para uma agência de publicidade. Uma das mais criativas do país. Só tem gênio lá dentro. Isso, aliás, é uma redundância, pois é sabido que todo publicitário é gênio. Não tem publicitário mais ou menos. Todos, sem exceção, são gênios. Figurinhas carimbadas.

Mas o problema é que o meu cachê não saiu no dia que tinha que sair. Depois de uma semana, nada. Ligo para a diretora da agência.

— Sabe o que foi? Você esqueceu de colocar o carimbo da sua empresa no recibo.

Isso significava que eu tinha que fazer outro recibo, mandar levar lá, etc., etc., esperar cinco dias úteis, o meu papel passar por vários departamentos, receber vários carimbos e eu receber a grana. Como não tinha outro jeito, fiz o novo recibo, carimbadíssimo:

Declaro que recebi a quantia de X (Xis) reais da agência Z (Zê), após mandar a minha secretária confeccionar um carimbo fajuto na esquina aqui de casa, de uma firma fajuta, de um endereço fajuto, na cidade de Vargem Grande Paulista, onde nunca estive e nunca carimbei. Carimbo ao custo de três reais e cinquenta centa-vos, feito em sete minutos, pois, sem ele, não poderia, em hipótese alguma, receber a supramencionada quantia.

Carimbo este símbolo máximo da honestidade burocrática ibérica, herança de nossos ancestrais portugueses, introduzido nes-tas bandas por meio do nosso primeiro documento, a carta de Cami-nha. Sim, teve carimbo! Tem um carimbo lá, sim, senhora.

Carimbo esse que vale muito mais que os X (xis) reais, mui-to mais que os 38 anos do meu ofício, muito mais que o meu talento para beber e vender cerveja, que foi o que eu fiz para a agência. Ca-rimbo esse, carimbado com carinho para ser admirado pelos amigos e amigas da agência, a quem agradeço a oportunidade do trabalho e para quem coloco (eu e meu carimbo) à disposição para novas ca-rimbadas em futuro a ser fixado e devidamente carimbado.

Com carinho, carimbo e afeto, modestamente carimbo.

Mario Prata (Tarimbado e carimbado diretor da Ponto e Vírgula Produções Artísticas Ltda.)

QUATRO DE JULHO DE 1994: USA'S INDEPENDENCE DAY

E a seleção brasileira enfrentava os americanos em São Francisco, Califórnia, pelas oitavas de final da Copa do Mundo de Futebol. 1994.

A caminho do estádio, numa calçada, os brasileiros calados e temerosos. Na calçada do outro lado, americanos e americanas iam felizes, gritando:

— *U.S.A! U.S.A! U.S.A!* (iú-és-ei)

E a gente ali, cabisbaixos, humildes, respeitando o dia da independência lá deles...

Até que um brasileiro, de repente, depois do refrão deles, emendou:

— Bye-bye today!!!

De repente, nossa turma estava toda retrucando o *baibai-tudei*!

Calaram. Ganhamos de um a zero. E o estádio todo gritava *baibai-tudei*.

Soltei toda a raiva que tinha deles, reprimida desde o golpe militar, desde meus tempos de universitário...

Lincoln Gordon, embaixador americano no Brasil entre 1961 e 1967, devia estar assistindo em algum sítio em Mitchellville, Maryland, com oitenta e um anos, esperando a morte passar. Era para ele que eu gritava.

No dia 31 de março de 1964 ele ligou, de Brasília, cinquenta e cinco vezes para a Casa Branca, sabia?

FECHARAM A ZONA DE LINS

Mas quem esse tal de delegado Flávio de Abreu, com cara de Visconde de Sabugosa, pensa que é? Como é que ele sai lá de Pirajuí pra ir lá pra Lins acabar com a nossa Vila São João? Nossa sim, seu Flávio, "caçador de prostitutas"! A zona é nossa, a gente viu primeiro e ninguém tasca!

Esse cara não deve saber que em 1968, quando começaram a aparecer discos voadores lá em Lins, foi justamente na Vila São João que eles decidiram fazer o discoporto deles. Até os extraterrestres, seu Abreu, vinham visitar a nossa zona. E agora o senhor chega assim sem mais nem menos e vai acabando com o nosso passado? Onde estamos?

Qual foi o garoto de Lins que não subia para lá, de tarde, de bicicleta, e ficava escondido atrás das mangueiras vendo os mais velhos entrarem nas casas? Só de ver entrando, já dava tesão. Qual foi o linense que não perdeu o cabaço na Vila São João? De tarde, porque elas faziam abatimento.

Quem é que não sonhava um dia em fechar uma casa? Só os mais ricos podiam fazer isso. Fechavam a janelinha, apagavam a luzinha vermelha, e a mulherada ficava toda por conta deles. Ninguém entrava, ninguém saía. E dá-lhe Nelson Gonçalves! E dá-lhe "Meu mundo caiu"!

Tenho quase certeza que o doutor Ulysses Guimarães, quando estudava na Escola Normal, deve ter feito algumas visitinhas por lá. Manabu Mabe era da turma dos japoneses: *pau duro, coraçon mole; pau mole, coraçon duro*. O Leivinha, aquele da seleção. O Armando Marques até dizia que ele tinha feito com a mão, mas ele jurava que tinha sido com a cabeça. E tinha a Gaúcha, que ostentava uma enorme cicatriz de uma mordida no imenso seio e jurava que tinha sido um futuro famoso costureiro, o Clodovil. Que dizia: Clo para os íntimos, Do pra quem eu quiser e Vil para os inimigos. Walter Abrão, Fiori Giglioti, tudo gente nossa, seu Abreu.

E quem é que não se lembra da Véia Isabé? A Véia Isabé, quando eu a conheci, já devia ter uns oitenta anos. Tinha filha, neta e bisneta na zona, doutor Abreu. No ramo desde 1914! Diz a lenda que chegou com os primeiros bandeirantes à região. A gente era moleque, chegava e gritava: Véia Isabé!!! e ela levantava a saia e mostrava tudo pra garotada. Foi a primeira que eu vi, assim ao vivo, uma xereca toda escancarada. Jamais esqueci.

E aqueles velhos coronéis que tiravam as mulheres da zona, davam casa e tudo? Toda a cidade comentava: doutor fulano tirou a Creuza da zona. E os estudantes de odontologia, que iam de branco, se passavam por médicos e diziam que eram da inspeção estadual só pra ver a pererca das moças?

A luzinha vermelha acesa na porta, a portinhola aberta, a sala com dois sofás: "Paga uma cuba, tesão?". Era emocionante. A penteadeira, o rolo de papel higiênico cor-de-rosa, o criado-mudo (e surdo) e, no fundo da casa, a indefectível bacia cheia de água. A gente ouvia o *chot-chot-chot* delas se lavando.

Naquela época, delegado que era delegado não fechava a zona, abria a zona. Quantas e quantas vezes a gente não cruzava lá na zona com o Arcidão, com o Coqueiro? Tudo gente de Lins, dando proteção.

Pois é, seu Abreu, o senhor ainda tem a cara de pau de dizer que prefere "sair de Lins de cabeça erguida a ficar de cabeça baixa". Resta explicar, seu delegado, qual cabeça.

(Isso foi em 1999)

O ASCENSORISTA QUE ENLOUQUECEU

Eu me lembro de quando a dona Nenê, minha diarista, me contou que estava processando o Banco do Estado pela morte do seu marido, pai dos seus filhos. Lembrava-me que ele estivera internado uns tempos num hospício, ou o nome que queiram. Ele havia enlouquecido.

Mas foi há muitos anos. Ela me contou agora. Ganhou o processo, vai conhecer a Europa com uma filha que fala espanhol.

Ela merecia. Foram anos de luta na Justiça de São Paulo. O mais interessante no caso foi o fato que deixou o seu Machado enlouquecer. O banco foi responsabilizado. Confesso que eu não acreditava que o advogado dela fosse conseguir.

Eu vou contar como, ano a ano, ele foi piorando enquanto trabalhava seis dias por semana durante oito horas. Sobe! Desce!

Ele foi ficando louco, pouco a pouco, porque não ouvia dos passageiros que levava para cima e para baixo nem o começo, nem o meio e nem o fim das conversas.

Exemplos.

Entram dois sujeitos e um deles acabava uma piada que ele não sabia o começo:

— Aí o papagaio disse: com o anzol, até eu!

E os dois caíam na gargalhada.

Ou então um casal entrava já no meio de uma briga, ela dizendo:

— Repete o que ela disse, repete.

Seu Machado queria que ela repetisse, mas ela não repetia.

Ou aqueles dois sem-vergonhas do 18º andar que começaram uma conversa sobre uma aventura sexual, a porta se abriu e eles saíram. Seu Machado ia pirando.

Imagine o dia inteiro, a semana inteira ouvindo pedaços de conversas. Anos! Vinte e três, pra ser exato. De noite sonhava com aqueles pedaços de conversa e acordava gritando:

— Quem foi que tocou a campainha?

Ou:

— Afinal, de quem era o enterro?

Ou ainda:

— Sim, era virgem!

Morreu louco no hospital psiquiátrico, não falando coisa com coisa, tudo sem sentido, como ele passou a vida toda ouvindo. Vivendo pedaços de vidas.

A justiça foi feita.

Dona Nenê me trouxe um galo de Portugal. De gesso, é claro. Mudou para um bairro melhor, aprendeu a guiar com mais de sessenta anos.

E continua guardando livros em qualquer lugar da estante, talvez para me enlouquecer totalmente.

NOSMO KING

De 2001 a 2010 li 809 livros policiais.[40] Coloquei na cabeça que tinha que ser um escritor de policiais. Aprendi muito, inclusive que eu não poderia ser um autor de policial. Principalmente depois do surgimento dos nórdicos e do Andrea Camilleri, na Itália. Dando esta introdução para chegar num personagem que eu não sei em que livro está e nem tenho mais ideia do nome do autor. Mas o nome do personagem é inesquecível: Nosmo King.

Num dos livros, depois da página cinquenta, surge um bandido assim chamado. Já dá pra tremer só pelo nome. Mas ele não aprontou nada de excepcional, para minha decepção. Com um nome desse, tinha que ter história, passado, presente e futuro.

Mas depois da página 200 ele volta. Acho que o autor se tocou que o personagem podia crescer. E volta cheio de ações.

---

40. *WhatsApp do Editor*: E é verdade. Vi a biblioteca policial dele, com vasta literatura *noir* nórdica. Incluindo o primeiro romance policial escrito (o Edgar Allan Poe, havia escrito três contos...) por Émile Gaboriau, considerado por muitos como o pai de toda a ficção policial atual: *Monsieur Lecoq e o caso Lerouge* é um romance dele. A obra trata do primeiro caso de Monsieur Lecoq, um jovem policial enérgico que depois irá aparecer em outras obras de Gaboriau. O Prata tem *O Caso Lerouge*!

Ganha tanto destaque que o autor resolveu explicar o nome dele. O King, por exemplo, não era um apelido. Era de registro.

Conta que a mãe, ao dar entrada no hospital para dar à luz, já na maca, vendo mais teto do que frente, meio anestesiada, meio grogue, quando o carrinho bateu na porta dupla, que se abria em duas para a sala de parto, ela leu de um lado e do outro: NOS-MO – KING. Ou seja: *no smoking...*

Ela dormiu, e nasceu o personagem Nosmo King!!!

11 DE SETEMBRO DE 2001 NA NOVA ZELÂNDIA

Deviam ser nove e pouco da manhã, e alguém batia na porta e tocava a campainha estridentemente. Abro, era a Rose, minha vizinha de porta, chorando.

— O que foi, o que foi? Entra!

Com dificuldade, contou que o filho Maicon, que estava fazendo um intercâmbio cultural na Nova Zelândia, tinha acabado de ligar. Seu "pai" neozelandês tinha batido nele. Sentou chorando, a Rose.

E me implorou para ligar para o ministro da Justiça do Brasil, na época, meu amigo José Gregori. Ela havia visto uma foto dele aqui na minha casa. Abraçados!

Liguei imediatamente para o celular dele; atendeu a Maria Helena, sua esposa. Rapidamente expliquei a história, e ela me ouviu, calada.

— Dá para fazer alguma coisa pelo garoto?

— Pratinha, o Zé está com o Fernando Henrique no palácio, e vai ser meio difícil falar com ele hoje. Estão discutindo se cercam todas as embaixadas ou não.

Achei esquisito o tema da reunião.

— Mas vou falar com a chefe de gabinete dele. Me passa todos os dados.

Passei o telefone para a Rose, que deu todas as informações. Depois a Maria Helena pediu para falar de novo comigo.

— Pratinha, fiquem tranquilos, que vamos tentar resolver tudo por aqui.

— Você é um anjo!

— Você está acordando agora?

— Sim.

— Ligue a televisão.

— Que canal?

— Qualquer um! Beijo, querido.

— Muitíssimo obrigado.

Desliguei e liguei a televisão. Achei que era filme de guerra. Mudei de canal. Todos estavam passando filme de guerra.

De noite, o Maicon foi resgatado pela Embaixada do Brasil em Wellington, NZ.

E o mundo nunca mais foi o mesmo!

E as embaixadas estavam cercadas em Brasília, por segurança.

"A VELHA CALÇA, OU COISA ASSIM, IMEDIATAMENTE VOCÊ VAI LEMBRAR DE MIM"

Quanto mais você usa uma roupa nova, mais ela vai se adequando ao seu corpo. Vai pegando sua forma, vai se colando e/ou folgando em você.

Noventa por cento das minhas roupas têm mais de quinze anos. Eu tenho uma relação de amor mútuo com elas. Às vezes vejo um casaco que não uso há tempo quase me implorando, baixinho: *me usa*. Usa, e é um prazer.

Dizem que a roupa faz o homem. Mas, mais importante, o homem faz a sua roupa.

Quando chega o inverno e resolvo me desfazer de algumas, é um sofrimento muito triste. Mas elas vão "aquecer neste inverno" outra pessoa. Vou colocando no saco com uma certa melancolia, jogando fora pessoas que se encostaram nelas, cadeiras onde se sentaram, chuvas que tomaram, brigas. Essas dúvidas vêm à minha cabeça.

Tudo isso pra dizer que eu não entendo as pessoas que compram *jeans* desbotados e, pior, rasgados! Qual é a reação de amor ou ódio com aquele desbotamento todo e aqueles rasgos que você não sabe quando foram dados, nem onde? Nem por quem?

Surrar uma roupa é um dos prazeres do ser humano.

Eu ando tão esculhambado, que um dia cruzei com o Peninha (vulgo Eduardo Bueno) num hotel chique. Nos beijamos e o Peninha apresentou sua filha de seis anos. Ela me olhou de cima a baixo e disse:

— Nossa, como você tem cara de pobre!

As incríveis aventuras do Doutor Prata

2001, COM PAULO MALUF

Meu pai morreu no dia 16 de abril de 2001, em Uberaba, três semanas antes de completar noventa anos. Como era uma morte previsível, toda a família já estava em Minas: filhos e netos. Mais a mamãe, dezessete pessoas. No momento, estávamos quase todos no hospital. Quando se deu o último suspiro (isso não é modo de dizer, acontece mesmo), começaram as providências. A primeira foi pedir para a minha filha Maria, que, na época com vinte e dois anos, trabalhava com moda na São Paulo Fashion Week, para ir até a casa do papai e da mamãe escolher a roupa do papai para o velório e enterro. Depois, tínhamos que organizar velório, escolher caixão, atestado de óbito, aquilo tudo. Salgadinhos e cachaça, que não podem faltar num velório mineiro que se preze.

Do hospital, fomos todos para o velório. O corpo ainda não havia chegado da funerária. Mas a família Prata é grande em Uberaba. O povo foi chegando. Depois de uma hora, naqueles papinhos absurdos de velório, chega o caixão — fechado — e é colocado naqueles tripés.

Ficamos os três filhos de um lado e as duas filhas do outro, na nossa frente. Pedimos para tirar a tampa. Ao tirarem, as

eu vi um baile de debutantes ◀●▶

261

duas irmãs se olharam, levaram a mão à boca para segurar um riso, mas não resistiram. Foram retiradas imediatamente do local pelo parente mais próximo, gargalhando. O filho caçula, o Zé Maria, foi atrás. Podia ser nervosismo, exaustão depois de tantos dias aguardando a morte, aquele sofrimento... Podia ser tudo, menos desrespeito. O Zé foi lá fora, voltou logo.

— Nada, não. É que o papai está com um terno do Maluf.

— Que Maluf? —, perguntamos, pensando que fosse algum alfaiate de Uberaba.

— Como, que Maluf! O Paulo, porra!

E saímos os três lá para fora também. Meu pai enterrado com um terno do Paulo Maluf era demais da conta, como diria meu próprio pai, que, diga-se de passagem, detestava o político.

Agora a explicação da insólita ocorrência:

Minha irmã mais velha, a Rita, tem uma sobrinha e afilhada, a Cíntia, pelo lado do seu marido. Pois a Cíntia veio a se casar com o Otavinho, filho do Paulo Maluf e de dona Sílvia. Cíntia e Tavinho costumavam passar os natais na casa da Rita, junto aos Prata. Um bom menino, diga-se.

A Rita tem um filho, o Rony, que era muito próximo da Cíntia, sua prima e, portanto, também amigo do Otavinho. Não sei com que periodicidade, mas o Maluf costumava fazer distribuição de seus ternos ingleses e italianos para filhos, sobrinhos etc., depois de usar algumas vezes. Numa dessas, o Rony ficou com um Giorgio Armani novíssimo. Ponto.

Meses depois, meus pais estavam hospedados lá com os Prata-Barbosa e surgiu uma festa inesperada. Meu pai não tinha terno em São Paulo. Minha irmã sugeriu que ele pegasse um do neto. Não disse que era do Maluf, porque o meu pai poderia ter um chilique. Ficou perfeito no papai. Tanto, que o Rony disse:

— Vovô, o senhor está tão bonito com esse terno, que vou dar ele para o senhor.

— Isso é que é presente do meu neto mais velho!

Depois do enterro, a Maria:

— Gente, quando eu abri o guarda-roupa eu não acreditei! Uns três ternos surrados... E um Giorgio Armani italiano, novinho! Não tive dúvida! Vovô vai ficar lindo! Jamais poderia imaginar que o terno era do Maluf...

MICROTRIATOMA PRATAE

Lá no começo, falei da turma que morava com o meu pai numa república no Rio, incluindo Joubert de Carvalho. Faltou falar do Aluízio Rosa Prata, do Mario Palmério e do tio Lolô.

Tio Aluízio formou-se em Medicina e é considerado até hoje um dos principais infectologistas do Brasil. Todo médico da especialidade que me trata, ou amigos, ao verem meu sobrenome, perguntam se sou parente dele. É idolatrado! Tem até um bichinho que ele descobriu com o nome dele — vou pesquisar. Morreu há pouco tempo em Uberaba. Seu filho, o Álvaro Prata, meu primo, foi reitor da Universidade Federal de Santa Catarina.

Pesquisei.

Achei o bicho: *Microtriatoma pratae*. "Espécie de barbeiro que transmite a doença de Chagas, é um dos vetores naturais na biocenose do T. Cruzi." Entendeu?

Já o Mário Palmério, também de Uberaba, com quem eu convivi nos seus últimos dez anos (morreu em 1996, aos oitenta), escreveu dois livros monumentais: *Vila dos Confins* (1956) e *Chapadão do Bugre* (1965), que o levaram para a Academia Brasileira de Letras — na época em que a ABL só recebia escritores — em

1968, na vaga de Guimarães Rosa. Foi ainda embaixador do Brasil no Paraguai no governo João Goulart e duas vezes deputado federal pelo PTB (partido do Getúlio Vargas).[41] Criou a Universidade de Uberaba.

Já o tio Lolô morreu de AIDS em Uberaba. Era muito amigo da Norma Bengell, e mais não conto por causa do politicamente correto.

---

41. *WhatsApp do Editor*: O presidente de honra do PTB hoje é o pistoleiro Roberto Jefferson e teve um candidato a presidente da República: Kelmon Luís da Silva Souza (nome de urna: Padre Kelmon). Getúlio Vargas dá piruetas no túmulo.

2001: A PARTEIRA E O PORTEIRO

— O Pedro chegou!

Não foi a parteira quem disse, mas sim o porteiro do prédio da Alameda Franca, onde eu morava.

Demorou exatamente dezoito anos para o filho que eu não conhecia subir aqueles dez andares.

Quando abri a porta, havia um rapaz do outro lado, parado na mesma posição que eu, na sala. Com as pernas meio abertas, uma das mãos na cintura. Quase um reflexo meu!

Quase o vi no colo da enfermeira:

— A cara do pai!

Cabeludo, como eu. Alto, como meu avô Mario. Suado, vindo de um jogo de futebol. O primeiro a falar foi ele:

— Não me abrace. Estou muito sujo. Posso tomar um banho?

Dei uma camiseta para ele se trocar. Pegou, olhou, tinha um U.S.A. enorme bordado.

— U.S.A.? — disse com ironia.

"Comunista", pensei. Ele fechou a porta do banheiro. Eu fui fingir que lia um jornal.

Limpo, caminhou comigo pelo apartamento, eu apontando fotos nas paredes e dizendo: seu avô, sua avó, seus irmãos, eu na sua idade, meus irmãos. Antonio e Maria, seus irmãos!!!

Chegamos ao meu escritório, ele cheirou o ar.

— Maconha?

— Você fuma?

— Minha mãe liberou sábado e domingo.

— E você fuma só sábado e domingo?

— Fumo todo dia. Me deixa ver esse teu fumo aí.

Mostrei, ele pegou um pouco com o indicador e o polegar, deschavou, cheirou.

— Isso é palha... Vou te arrumar um fumo bom.

É... Não precisou de teste de DNA. Conversamos umas quatro horas. Ficamos quase íntimos. Na hora de ir embora:

— Posso pegar um pouquinho do fumo?

— Claro.

Foi lá e pegou metade da minha maconha. Metade.

— Depois eu devolvo. A camiseta!

Entrou para a família.

Uns anos depois de muita convivência com todos, me liga, meio encabulado:

— Sabe aquele negócio que outro dia você estava falando com o Antonio e a Maria que você quer ser avô e eles não providenciam? Pois é.

Gelei. O danado tinha feito a mesma coisa que eu? Engravidado alguém? Ainda na faculdade? Fiquei em silêncio. Ele:

— Pois é... Fiquei pensando... Se eu tiver um filho antes deles...

Gaguejou.

— Fala de uma vez, Pedro!

— Então, não vai ter o teu sobrenome. Vamos fazer o DNA para eu colocar o Prata.

Eu ainda estava em dúvida. Ele:

— Fica tranquilo. Não engravidei ninguém.

Desliguei e chorei. Olha a preocupação do menino...

Me deu, uns anos depois, dois netos: Manuel Prata, como meu tataravô, e Tomás Prata, como meu tio padre.

O BAILE DE DEBUTANTES QUE EU VI PELO BURACO DA FECHADURA

Estava em Uberaba visitando minha mãe, que já estava num estado avançado de demência. Saí um dia e, ao voltar, havia um bilhete dela, com sua incrível letra de colégios franceses:

Estou na casa da Mãe Cota e da Madrinha, fica na Segismundo Mendes, depois da Igreja. Lado esquerdo. Volto logo. Deus te abençoe.

Tudo estaria correto não fosse o fato de Mãe Cota (avó dela) e a Madrinha (tia) estarem mortas havia pelos menos trinta anos.

Muito triste.

Mas mamãe tinha uma excelente memória de fatos distantes, antigos, fabulosos. Um dia, ela me contou de um baile caipira (onde teria conhecido o meu pai) com detalhes maravilhosos, incluindo descrição da roupa que usava. Sempre gostou muito de ler e escrever. Pedi então que ela me escrevesse sobre o seu baile de debutantes. E pedi para o meu pai colocar no correio.

O texto está abaixo. Não corrigi dois errinhos de ortografia. Não mexi nem em vírgulas. Está aqui na minha frente, sua letra firme e linda em quatro folhas de papel amareladas.

Faça isso com as pessoas que têm demência. Peça para contarem e/ou escreverem sobre o seu passado. É uma experiência maravilhosa. Para quem escreve e para quem ouve/lê.

O baile de debutantes
Por Dídia Campos de Morais Prata

O dia do baile de debutantes na nossa cidade, é a data do maior acontecimento social do club. Para esse baile, falado desde que termina o do ano anterior, é contratada uma das melhores orquestras da capital. A decoração é sempre algo deslumbrante.

Artísticas costureiras se movimentam tempos antes. Na última semana, lá estão sobre as camas, dentro de caixas penduradas em cabides, as dezenas de cruzeiros transformados em brancos tules, alvos organdis, tafetás, cetins, bordados rosas e azuis, pintados, drapeados, plissados, quantos modelos, quantos vestidos em tantos lares, e nenhum igual... capricho feminino.

O princípio de semana foi quente, choveu, enfim e no sábado está frio. Ás quatro horas da manhã, sim é verdade, ás 4 horas da "madrugada", já haviam senhoras às portas dos salões iniciando a fila para penteados, e ás 7 horas era intenso o movimento dentro daqueles institutos de beleza.

Na cidade respira-se o ar da festa. Os senhores também procurando seus salões de barbeiros preparando-se para a grande noite. Elas se enfeitando para eles e eles se preparando para elas... uma das regras humanas, sociais, com as exceções dos que se enfeitam apenas pelas regras de higiene e bom-tom.

Á noite todos penteados, lustrados, enfeitados, vestem-se: eles, seu rigor, sapato e meias pretas, a calça de smoking, a camisa peito duro, a gravata... – "esse aperto", procura o paletó: "ainda bem que está agradável a temperatura"... (eles nunca sentem frio!) e soltam o grito da vitória; – "já estou pronto". Vai ler o jornal, enquanto por toda a casa a senhora afobada e a filha nervosa se preparam.

E aquela menina que há um ano usa saltos e pintura, frequenta festas dançando todas as músicas, veste-se só, agora choraminga inocente: – "Mamãe, venha me pintar, abotoe meu vestido, ponha um colar... e si eu hoje, Mamãe, justo hoje, eu tomar um chá de cadeira",[42] *já pensou?... A mãe pensa: – no seu baile de debutantes, no de sua filha mais velha o ano passado e já noiva, agora aquela noite é apenas a noite daquela outra filha e que ela seja feliz, que dance, danse todas, do começo ao fim, que termine as preocupações e inicie as doces ilusões com o seu primeiro vestido de baile com os seus primaveris 15 anos!*

— O baile – Mãos frias, olhos brilhando de quantas emoções, as luvas atrapalhando, os vestidos se abraçando, cada qual se dizia: "sou a mais linda! este é o meu primeiro baile com "vestido de baile". E já uma voz anuncia seu nome, ela dansa, sorri, dansa, ainda sorri, dansa, dansa, dansa e sorri; e dansa dansa!

— "Minha filha, são quatro horas, vamos dormir".
— "Já, Mamãe?"

Em casa, no silêncio de seu quarto, os pés doendo, o calor sufocando-a, a mãe despindo-a, vê o pijama, sente o travesseiro. – "Esteve tudo tão maravilhoso!" – "o que"? A decoração do club, como era mesmo? Não tive tempo de reparar. E a orquestra? Que músicas

---

42. *WhatsApp do Editor*: Chá de cadeira significava não ser tirada para dançar por ninguém.

lindas, aplaudiam, onde estavam os músicos? Seriam mesmo 180? Seriam? Quantos violinos... E os vestidos? O meu era o mais lindo. Todos olhavam; aquele rapaz me falou que eu estava tão bonita!...

O club repleto, os pares de debutantes em volta do salão de dansa eu com ele sós, no centro, meu vestido voava, voava, os violinos lindos... ele me apertou a mão, agora passou a carinhos pelo meu ombro, me beija na face...

— "Filhinha, você não quer almoçar?"

— "Já, Mamãe?"

Abriu os olhos, viu o sol, sua mãe sorridente. Sobre a poltrona todo disforme seu longo e vaporoso vestido, no chão seus cansados sapatos...

Terminara seu doce sonho de debutante, iniciava sua dura vida social...

As incríveis aventuras do Doutor Prata

FLASHBACK – 1941, COM ASSIS VALENTE

No dia 13 de maio de 1941, o Rio de Janeiro foi sacudido com a notícia de que, no apogeu de sua carreira de compositor, Assis Valente havia se atirado do Corcovado. Milagrosamente preso a um galho de árvore, foi libertado por uma equipe do Corpo de Bombeiros e por um médico-residente da Faculdade de Medicina Nacional. O médico era meu pai.

— Passei a noite com ele na enfermaria, conversando, acalmando o rapaz.

— Conversaram sobre o que, pai?

— Dei uns conselhos para ele. Estava precisando...

Na época, ele e Assis Valente tinham exatamente a mesma idade: trinta anos.

É a cara do meu pai, dar conselhos. Nem sempre o melhor como você viu na história do Dondinho, treze anos depois.

São do Assis as músicas "Cai, cai, balão" (1933) e "Camisa listrada" (1937). Depois do resgate com a ambulância, em 1941, compôs muito. Como "Brasil pandeiro" (1942), que não existiria se não fosse o doutor Prata. Deveria ter dado parceria, Valente poeta... (risos). Nos anos setenta, foi regravada mais uma vez e fez um tremendo sucesso com os Novos Baianos.

Brasil Pandeiro

Chegou a hora dessa gente bronzeada mostrar seu valor.
Eu fui à Penha, fui pedir à padroeira para me ajudar
Salve o Morro do Vintém, pendura a saia. Eu quero ver
Eu quero ver o Tio Sam tocar pandeiro para o mundo sambar
O Tio Sam está querendo conhecer a nossa batucada
Anda dizendo que o molho da baiana melhorou seu prato
Vai entrar no cuscuz, acarajé e abará
Na Casa Branca já dançou a batucada de ioiô, iaiá
Brasil, esquentai vossos pandeiros
Iluminai os terreiros que nós queremos sambar

No dia 10 de março de 1958, desesperado com sua situação financeira, resolveu suicidar-se, já pela terceira vez. E conseguiu. Foi quando meu pai me contou da primeira tentativa de suicídio. Papai lembrava até do nome do motorista da ambulância que o levou para o resgate.

Saiu em todos os jornais e revistas, com destaque.

Revista *O Cruzeiro*:

Deixou a casa em que morava, na Rua Santo Amaro, 112, seguiu para o seu consultório na Cinelândia, onde permaneceu até cerca das 13h30. Às 15 h foi à Sbacem, sociedade arrecadadora de direitos autorais à qual estava filiado, para se informar de seus rendimentos. Estava tão nervoso que o tesoureiro da Sbacem, Joubert de Carvalho (nota minha: olha a coincidência, o Joubert, da turma de Uberaba) *deu-lhe um sedativo. Às 16h30 telefonou para seu laboratório dando instruções a seus empregados do que deveria ser feito após sua morte. Às 17h30 telefonava para seu editor, Vicente*

Vitale, e para o embaixador Pascoal Carlos Magno comunicando--lhes que iria se matar. Vitale ainda tentou ligar para a Polícia: era tarde. Exatamente às 17h55, portanto, oito dias antes de seu 47º aniversário, em um banco da Praia do Russel, junto de um play-ground onde brincavam crianças, tomou formicida com guaraná. Vestia calça azul-marinho e blusão amarelo. Em seus bolsos foram encontrados um par de óculos, uma carteira de identidade com o retrato rasgado, uma carta para a polícia e duas notas velhas de cinco cruzeiros. Na carta, entre outras coisas, esclarecia que morria por sua vontade, estando seriamente endividado, e fazia um apelo ao público para que comprasse seu novo disco "Lamento". Pedia ainda a Ary Barroso que pagasse o aluguel atrasado de duas residências. E acrescentava: "Vou parar de escrever, pois estou chorando de saudade de todos, e de tudo".

CONHECE ALGUMA PALAVRA PARA A GENITÁLIA FEMININA QUE NÃO TENHA A LETRA "A"?

Pode pensar. O dia inteiro.

Descobri isso ao "traduzir" do português de Portugal para o português do Brasil o sucesso lusitano *O meu pipi,* que estava, na época, 2003, havia um ano, em primeiro lugar dos *best-sellers* na pátria mãe. Muitíssimo bem escrito. Autor: Anônimo. Traduzi o livro sem saber quem era o escritor.[43] Tinha muitas sacanagens, libertinagens. O Anônimo era um craque.

Como eu havia morado recentemente em Portugal, a Ediouro me encomendou o serviço. Eu sabia que boquete, lá, era broche, por exemplo. Foi muito divertido.

Mas o Anônimo resolveu escrever um capítulo inteiro dissertando sobre a xoxota, sem usar nenhuma vez, em todo o texto, a letra A. Foi quando eu descobri o problema. Buceta, xoxota, periquita, vagina, tudo com pelo menos um A. Empaquei. Estava naquele momento no SPA Med Campus, em Sorocaba. Fiquei caminhando por aquelas alamedas cheias de carvalho, pensando no problema profissional. Devo ter me lembrado de uns vinte nomes. Nada!

---

43. *WhatsApp do Editor*: O Prata tem quase certeza de que se trata do estupendo Miguel Esteves Cardoso, um dos melhores escritores vivos de Portugal.

De noite, meu pai me liga, não me recordo por qual motivo. Ao desligar, me lembrei dos bicudos e curiós dele. Tinha uns vinte. Todos tinham uma tabuletinha com os nomes: Canastra, Três Lagoas, Sant'Anna (escrito assim mesmo), Campeão etc.

E tinha um com um nome esquisito. Eu não sabia o que era: Xibiu. Perguntei. E o meu pai, mineiríssimo:

— Buceta! Mas não conta pra sua mãe.

Resolveu meu problema lá no spa. E na literatura. Vamos ao dicionário:

Significado de xibiu:
[Pejorativo] Designação popular de vulva.
[Gramática] Forma preferencial: xibio.
Etimologia (origem da palavra xibiu). A palavra xibiu tem origem questionável; não é possível confirmar com toda a certeza a origem desta palavra.

UM PROJETO PARA ZÉ PERRY
(reclame)

Logo que eu me mudei para Florianópolis, em 2001, descobri uma feijoada no restaurante Zé Perry, em um hotel perto daqui. Depois de alguns anos, perguntei ao garçom quem era o Zé Perry. O dono:

"Foi um aviador que quase todo mês descia de avião lá na praia do Campeche. Chamava Zé Perry. Era francês, acho. Lá pelos anos antigos".

Pois. Antoine de Saint-Exupéry frequentou a ilha por mais de uma década. Anos 1930, comecinho de 40. Nem tinha escrito *O Pequeno Príncipe*. Começo da guerra na Europa. Floripa e Santa Catarina cheios de alemães. E pousa um francês. *O Aviador* é um livro contando as aventuras do rapaz em Floripa.

Esse livro foi escrito por um professor de engenharia da Universidade Federal de Santa Catarina (UFSC). Amigo de um primo meu que, na época, era o Reitor. Convidou-o para ir ao lançamento.

Você sabia que Santa Catarina foi o maior centro nazista — proporcionalmente — do Brasil, durante a guerra? Faziam desfiles, tinham banda, clubes. Hoje existem 45 mil neonazistas no Estado.[44]

O livro não é uma obra-prima, mas é muito bom. A história é sensacional, estrelando o Zé Perry, uma filha de um alemão milionário e escroto, e um filho de manezinho pescador. Um triângulo.

Quando foi lançado, em 2006, fui atrás e cheguei a falar com Monsieur D'Gay, sobrinho-neto do escritor, quando veio inaugurar o Museu Exupéry, na Avenida Pequeno Príncipe, no Campeche, em 2007. Ainda não havia caído no domínio público, nem obra, nem autor.

"Não podemos ligar Antoine a sexo! No imaginário popular, ele é tão virgem quanto seu personagem."

Proibiu o projeto.

Agora caiu no domínio público.[45]

---

44. *WhatsApp do Editor*: São considerados neonazistas todos que entram mais de cem vezes (cem!) em *sites* nazistas ou de simpatizantes de Hitler, por ano. Se entrar só noventa e nove vezes num ano ainda não recebe o título.

45. *WhatsApp do Editor*: O autor Antonio Galvão Novaes cedeu ao Prata os direitos para escrever o roteiro para cinema. Desde que algum produtor compre os direitos dele. Será preciso de um ator francês, um alemão e uma alemã (pai e filha). Fala-se alemão na casa dos alemães. Ela e o aviador falam em francês e um pouco de português. Sim, isso é um anúncio publicitário, segundo o próprio Mario Prata, querendo vender o peixe dele.

A NET AGRADECE

Obras em casa. Cinco ou seis operários trocando todo o piso. Acabado e pago, me sentei para ver televisão e não achei o controle e nem o cartão de memória (aquele que a gente sempre enfia pelo lado errado) da NET. Dei uma geralzona, a empregada outra. Nada.

Constrangido, ligo para o chefe da parafernália. Situação delicada. Me disse que não havia nem visto o controle. Ficou chateado, foi sincero.

Tudo bem. Ligo para a NET, comunico que roubaram o carregador e o cartão. Explico da obra.

Ela:

— O senhor precisa fazer um B.O.

— B.O.? Aí na NET? Posso fazer por telefone?

— Não, o senhor está dizendo que pode ter havido um furto. Tem que ir na delegacia mais próxima, faça o B.O., tire uma cópia e me manda para o endereço tal. Vou estar providenciando. O senhor tem o nome dos funcionários?

— Completo, não. Mas precisa?

— Claro, eles vão ter que depor.

Me deu um branco. Imagina convocar aquela rapaziada toda para depor, depois de quase um mês de convivência? Já imaginei o Júlio Cesar sendo torturado. O pai dele, coitado, sendo o seguinte.

— Mas foi só um controle...

— O senhor disse que foi furto. Furto é com a delegacia.

— Mas não tem outro jeito?

— Claro. Vários. Por que o senhor não diz que o cachorro comeu? É o mais usado...

— Claro, o cachorro comeu!!!

— Um funcionário nosso vai levar outro aí e o cartão. São 55 reais. Vem na próxima conta. Mais alguma coisa, senhor?

— Não.

— A NET agradece.

BEIJANDO COM CAPRICHO
(beijado em 2003)

Não tenho certeza, mas acho que a revista *Capricho* existe desde a década de 1950. Surgiu num momento em que o Civita resolveu investir no feminino, e as revistas se chamavam *Capricho*, *Ilusão* e outras perfídias. Nas páginas finais, fotonovelas italianas em preto e branco. Eu tinha duas irmãs e fui me acostumando com os seus caprichos.

Anos depois, começa a chegar a *Capricho* na minha casa, assinada pela Maria, minha filha, então adolescente, sem ao menos consultar os pais. Era a bíblia da geração dela. Passa mais uma década e eu continuo a ler a *Capricho*. Hoje, meu filho Antonio ocupa a última página da revista, logo ali, onde terminavam as fotonovelas.

Comprei o último número (Yasmin Brunet, catorze anos, na capa) pela última página. Uma homenagem do Antonio à nossa amiga Joana, vinte e três anos, que morreu num acidente. E resolvi ler a revista toda. É uma delícia. A *Capricho* é hoje uma mistura de *Veja* com *Caras*, voltada para a meninada. E não tem papas na língua. Fala abertamente de tudo que o público quer saber. E por falar em língua e abertamente, a revista dedica algumas páginas ao beijo. Cinco.

Já na capa, a pergunta instigante: "Dá para ver se o cara beija bem só de olhar para ele? Fomos testar". E testaram. Cinco páginas de teste.

Veja que maravilha. Pegaram sete gatinhos (a expressão não é minha, é da revista) entre dezesseis e vinte e um anos. Olha os sobrenomes: Pardini, Praz, Fletes, Pirozzi, Krobbe, Saad, Di Sarno e Falsarella. Pelos nomes, não foram testados os beijos lusitanos. Mas isso é de somenos importância.

Para testar os meninos, convocaram três gatinhas de currículo invejável. A Camila (vinte anos), que já ficou com cinquenta meninos; a Fernanda (dezessete anos), recordista: já ficou com oitenta! "A gente encarou a situação com seriedade, não como uma farra na balada", explicou a Fernandinha.

Os critérios. Sim, os critérios. Onze itens: abertura dos lábios, gosto da boca, o quanto ele é rápido para encaixar (este eu não entendi), flexibilidade dos lábios, inovação, sensação provocada, textura da língua, maleabilidade da língua, velocidade, ritmo e quantidade de saliva. Sem ironia nenhuma, coisa de gênio.

O tempo dos beijos variou de dois minutos e dois segundos a cinco minutos e vinte segundos. O que ganhou primeiro lugar teve como ponto forte ser rápido para encaixar. O segundo lugar, como ponto fraco a quantidade de saliva. Teve um que "engolia a boca das meninas, às vezes". Ficou em quinto lugar. O primeiro lugar ainda deu uma desculpa: "Entrei em desvantagem porque estou com o braço quebrado, e fui o último. Tentei me garantir". Outra incrível: um menino e uma menina tinham *piercing* na língua. Dizem que levaram vantagem. Já um deles tinha aparelho nos dentes. Consta que atrapalhou.

E a farra rolou num clima absolutamente higiênico. As meninas escovaram os dentes oito vezes. Os meninos, três. E entre um teste e outro todos chupavam uvas para neutralizar o gosto da pasta de dentes. Genial!

Pois eu, que ando por aí beijando há mais de quarenta anos, confesso que aprendi um pouco com a meninada. Só o negócio do encaixe que eu ainda não entendi muito bem. Até então, sempre achei que todos os beijos se encaixavam normalmente. Vou começar a prestar mais atenção nesse item. Eu, que sempre achei que o negócio de encaixe era mais embaixo.

MAURO SILVA E DI STÉFANO[46], QUEM DIRIA, EM ITU, COMIGO!

Ao cobrir para o *Estadão* e a *IstoÉ* a Copa de 94 nos Estados Unidos, onde fomos tetra, em minha última crônica afirmei categoricamente que o melhor jogador da nossa seleção havia sido o Mauro Silva. Uma barreira no meio de campo, lançamentos incríveis. Um craque. Todos falavam de Romário e Bebeto. Cravei no Mauro Silva.

Em 2015, vinte e um anos depois, estava eu no Estádio Novelli Junior, em Itu, para ver Ituano x Linense pela final da Copa São Paulo.

No intervalo vi o Mauro Silva com a turma da Federação Paulista. Muito acanhadamente, fui me chegando. E rolou o seguinte diálogo:

---

46. *WhatsApp do Editor*: Di Stefano, argentino que jogou quase sua carreira toda no Real Madrid, era considerado por todos como o melhor jogador de futebol do mundo até surgir o Pelé. Jogou pela seleção da Argentina, da Colômbia e da Espanha. Naquele tempo podia. Morava na Espanha, ficou amigo do Mauro Silva, que jogou muitos anos lá.

— Com licença, meu nome é Mario Prata.

— Eu sei.

— Só queria te dizer que te achei o melhor jogador brasileiro da Copa de 94. Até escrevi.

— Eu sei. Eu li.

Fiquei até comovido. E ele continuou:

— Duas pessoas disseram isso.

— Quem foi o outro?

- O Di Stéfano.

Eu quase morri. Me disse um amigo que eu fiquei branco.

— Puxa... — eu disse. — Está vivo?

— Morreu no ano passado. Você chegou a ver ele jogar?

— Infelizmente, não. Mas vi você.

— Olha lá, vai começar o segundo tempo. Sorte aí para o seu Linense.

— Posso fazer uma foto?

Em tempo: o Linense empatou com o Ituano e foi campeão da Copa São Paulo.

O 13 DE NOVEMBRO DE 2015 E O DOUTOR QUARESMA

No dia datado acima, eu estava em Olinda, participando de uma feira literária. O homenageado do ano era Fernando Pessoa. Pois estava eu a conversar com a sobrinha-neta dele, Manuela Nogueira, na época com oitenta e nove anos (ela, não ele), simpática e viva senhora. Ao saber que eu gostava de literatura policial, começou a me contar sobre textos policiais do seu tio-avô Fernando Pessoa e o personagem policial doutor Quaresma. Fiquei encantado com aquela revelação e, quando comecei a assuntar, chegou meu amigo e também escritor português Miguel Soares Tavares, esbaforido, enxugando o suor do rosto, narrando o que estava acontecendo naquele momento em Paris: os terríveis atentados! E a minha palestra ia ser justamente em parceira com MST (como o chamava o Eric Nepomuceno). O assunto doutor Quaresma sumiu.

Pois agora, alguns anos depois, eu fui atrás. Veja como começa um dos contos policiais do Fernando Pessoa, com o detetive doutor Quaresma:

eu vi um baile de debutantes

O CASO VARGAS [47]

A maneira de investigar um caso destes é, começou Quaresma, por três estádios de raciocínio. O primeiro é determinar se de fato houve crime. O segundo é, determinado isso positivamente, determinar como, quando e por que o crime foi praticado. O terceiro é, por meio de elementos colhidos no decurso desses dois estádios de investigação, e sobretudo do segundo, determinar quem praticou o crime.

Pus de parte a hipótese da combinação entre os três. Com os três combinados, não era preciso arranjar-se uma trapalhada tão misteriosa e tão incompreensível; em pouco tempo se arranja qualquer coisa com mais jeito, qualquer coisa que desorientando a polícia (se era intenção consultá-la, como foi), em todo o caso tornasse possível recaírem as suspeitas sobre as pessoas estranhas à casa, não as fazendo recair só sobre as pessoas do plano.

---

47. *WhatsApp do Editor: Livro do Desassossego e a obra em prosa: Obra Completa IV (Edição Definitiva)* de Fernando Pessoa.

MULHER PELADA, COMIDA A QUILO

Umas duas mesas depois da minha, no calmo almoço num por quilo, um casal e o filho do casal. Já haviam acabado de comer. O marido e mulher estavam de frente para ele. O filho, um garoto-rapaz de uns treze anos, de costas. O que os uniam, mais do que os laços familiares, é que os três agora, depois de comerem, mexiam em seus celulares como se um não conhecesse o outro.

Da minha posição, eu não podia ver o que o casal fazia. Mas liam e digitavam. Já o garoto, com fone de ouvido, via um filme, talvez. Tinha imagem e se movia. A distância não me deixava descobrir o que era. Se eu fosse ao banheiro veria, curioso que sou.

No meio do caminho, já percebia que tinha uma enorme bunda de mulher ocupando quase toda a telinha. Mais próximo — e o garoto não dava bola para quem passasse por trás, tão envolvido estava — vi que, além da bunda da mulher, tinha um enorme falo. Enfim, estava rolando um boquete daqueles.

Juro que a minha primeira ideia foi passar bem perto e desconectar o fiozinho dos alto-falantes (ainda se usa essa palavra?). Aquela gemeção invadiria o restaurante. Mas a tentação durou apenas uma fração de segundo. A troco de que iria cortar o prazer de um garoto como aquele, que não estava incomodando ninguém? Segui meu destino, embora nem estivesse com vontade de fazer xixi. Mas tive que fazer uma horinha lá dentro. Ninguém abre a porta do banheiro, entra, abre e sai de volta. Lavei as mãos. A porta se abriu pelo lado de fora e o garoto entrou, com o celular no bolso, mas com a luz do boquete acesa. Se trancou lá dentro.

Lá fora, tudo normal. Os pais continuavam digitando conversas com terceiros. Nada havia mudado. Apenas cabeça do escritor, dei uma viajada quando pedi o café e me lembrei de mim mesmo quando tinha a idade do garoto.

Morava em Lins, interior de São Paulo, como já disse ene vezes. Nenhuma revista e muito menos jornal publicava mulher pelada. Além do mais, nunca, aos treze-catorze anos, eu tinha visto uma mulher nua. Nem de biquíni, naquela época. A vida era dura, companheiro.

A revista *Manchete*, todo número, publicava numa das páginas finais a foto de uma mulher lá das europas, de biquíni. Uma foto grande. Levava a revista para o banheiro, colocava no chão, pegava dois pequenos pedaços de papel higiênico e colocava nos lugares da parte de cima e de baixo do biquíni. Pronto, tinha ali a minha mulher completamente nua, pelada, em pelo. O que os papeizinhos tapavam, eu imaginava. E como imaginava! Até o meu irmão gritar lá de fora: pai, o Mario Alberto tá batendo bronha no banheiro. E todos da casa batiam na porta. Eu saía com cara de intelectual com a revista aberta na crônica do Rubem Braga (muitos anos depois contaria a história para ele), mas meio abatido e olhando com ódio para o irmão.

O café chegou e o garoto saiu do banheiro, agora sem os fones no ouvido. Ouvia uma música. Estava com a cara boa, feliz. Fiquei com inveja dele. Pensei até em dar uns endereços de uns *sites* geniais que eu conhecia. Mas achei que os pais podiam pensar que eu era um pedófilo. Tudo que eu queria dizer para o garoto é que tinha boquetes bem melhores que aquele. Uns *sites* suecos. Deixa pra lá. Ele iria descobrir sozinho. Eu levei cinquenta anos para descobrir. Em cinco meses ele chega lá.

O cafezinho tinha esfriado.

SIMENON, ZIRALDO, SUASSUNA, RUBEM FONSECA

Dos quatro acima, estávamos Ziraldo, Suassuna e eu, num canto do bar do Hilton, em Belém do Pará, jogando — literalmente — conversa fora. Foi quando contei aos outros dois que finalmente havia lido a famosa entrevista que o Simenon deu à *Paris Review*, aquela revista de Nova Iorque. Como eu percebi que os dois não conheciam — a entrevista, é claro —, comecei a contar uns casos, até que cheguei num ponto onde o Georges Simenon disse que passava três dias só para tirar palavras que ele achava inconcebíveis num livro.

— Deu exemplos? — perguntou o Suassuna.

— Foi o que o repórter perguntou. E o Simenon citou a palavra *crepúsculo*. Achava um absurdo você estar lendo um livro e dar de cara com *crepúsculo*!

Ziraldo:

— Tá certo, palavra assaz esdrúxula.

— Aliás, *assaz esdrúxula* também é de matar — acrescentou Suassuna.

Ziraldo, de novo:

— Está certo o Simenon. Imaginem vocês que outro dia eu estava lendo o último livro do Zé Rubem (Fonseca) e topei com uma *guloseima! Guloseima!* É pior que crepúsculo e esdrúxula. Liguei para ele no ato. Expliquei a situação, ele não entendeu meu problema, desligou o telefone. Agora, quando a gente se encontra, vira a cara. Porra, *guloseima* é demais! Juro, quase tive um ataque do coração. Pratinha, pensa bem. *Guloseima* é gelatinosa, gosmenta.

— E fora de moda — arrematei.

Aí o Suassuna, que estava ouvindo o nosso diálogo, foi com o dedo indicador balançando para o nariz do Ziraldo:

— Ziraldo, quero te dizer que eu sou absolutamente a favor de falar mal das pessoas pelas costas. Totalmente a favor! Sou a favor e adoro! *Guloseima* é terrível!

JOÃO UBALDO MORREU[48]

O primeiro telefonema foi hoje (sexta, 18) às dez pras sete da manhã, de uma rádio. Evidentemente que eu estava dormindo e fui quase nocauteado com a notícia da morte do nosso sapeca baiano. Não consegui dizer nada, pedi desculpa e fui tentar dormir de novo. E, quanto mais eu pensava na morte do João Ubaldo Ribeiro, mais eu ria.

Dei alguns depoimentos durante a manhã e não conseguia dizer nada do tipo "uma perda irreparável". E me sentia feliz por ser da mesma geração dele, ter lido praticamente tudo que ele escreveu, trabalhado com ele, viajado com ele, e sido "correspondente estrangeiro" em duas Copas do Mundo (94 e 98) com ele. Mas, o melhor, a gente sempre ria muito. Sempre. Acho que nunca falamos sobre literatura. Sempre falávamos sobre o nada. Falávamos merda, pra ser mais claro.

Depois de muita luta, ele deixou de beber. Já havia vários anos não bebia. Mas nunca perdeu a voz de quem estava de pilequinho. Gostava de deixar seus recados de e-mails gravados. Eu

---

48. *WhatsApp do Editor*: Texto escrito por Mario Prata no dia 18 de julho de 2014, dia da morte do amigo. E publicado no dia seguinte na *Folha de S. Paulo*.

ouvia, ela, a voz de pileque. E ele não havia bebido. Dizia que "continuava com o sotaque de bêbado". E de bêbado baiano, o que é irresistivelmente gostoso.

Deixando de beber, passou a estar sempre com um copo de guaraná com gelo nas mãos. Foi aí que surgiram os narizes. Nos encontramos um dia numa feira de livros e ele:

— O problema agora são os narizes. O indivíduo me vê com aquele guaraná com gelo, não acredita, tira o copo da minha mão e mete o nariz lá dentro. Acho isso muito deselegante. São muitos os narizes! Narizes de todas as cores, formatos e tamanhos. Dentro do meu copo! E tem uns filhos da puta que não confiam na primeira cheirada e cheiram de novo.

No seu mais célebre livro — *Viva o Povo Brasileiro* — colocou a epígrafe:

O segredo da Verdade é o seguinte: não existem fatos, só existem histórias.

A frase resume não apenas TODA a obra do João Ubaldo, como é a cara dele. Melhor contador de casos do que ele vai ser difícil encontrar. Ele sempre já chegava rindo, abraçando, beijando, com caso engatilhado.

No ano passado, foi entrevistado pelo *Roda Viva* e pediram que eu fizesse uma pergunta pelo Skype. Tive a péssima ideia de falar nas nossas idades.

— Jubaldo, onde está doendo?

Ele, cinco anos mais velho do que eu, ficou olhando para a tela com a minha imagem fixa. Riu.

— Eu acho que está doendo mais em você do que em mim.

E voltou a rir. Estranho isso. Estou contando a história porque foi nosso último encontro. A última vez que nos vimos, não foi ao vivo, não teve abraços, beijos. Foi totalmente através de satélites. Satélites artificiais. Isso ainda assusta baianos e mineiros como eu. Acho que é aí que estão as nossas dores.

Ontem, vendo um documentário no SporTV sobre a Copa de 94, me lembrei muito dele. Um dia estávamos numa festa em Palo Alto, num enorme quintal, e ele me pediu um cigarro. Estava proibido de fumar, jurou que seria só aquele na Copa toda. Dei um, ele pegou o meu isqueiro e foi lá para o fundo. Ficou fumando atrás de uma árvore.

— Tava fumando escondido de quem?

— De mim, ué!

Rimos.

E já que comecei com a epígrafe, termino com a última frase do mesmo livro:

Ninguém olhou para cima e assim ninguém viu, no meio do temporal, o Espírito do Homem, erradio, mas cheio de esperança, vagando sobre as águas sem luz da grande baía.

JOÃO UBALDO NÃO MORREU

Mexendo em velhos arquivos, eu achei o que se segue. Coisa de 2016, mais ou menos.

Antes, explico. Eu participei, em 2000, de uma coletânea bolada pela Isa Pessoa chamada *Cinco Dedos de Prosa* e editada pela Objetiva, sua editora, na época. O dedão era do Verissimo, o indicador do Cony, o mindinho era meu. Tinha que escrever um romance com pano de fundo o dedo mindinho.

Consultei então vários amigos e cronistas que respeito e admiro, perguntando se tinham alguma crônica sobre o dedo mindinho. Acredita que só o João Ubaldo Ribeiro me respondeu? E aconteceu uma mediúnica troca de alguns *mails*. Veja você:

DE: JUBALDO RIBEIRO

Tive vários amigos que usavam unha comprida no mindinho para limpar as orelhas, notadamente o pranteado finado Zé de Honorina, meu amigo. Dizem-me também que é útil para tirar sujo de umbigo afundado e meter o dedo no cu para cheirar. Trata-se de respostas absolutamente sérias, eis que não sou homem de leviandades. J.U.

Eu respondi rindo e agradecido. Mas achei que ele ficou lá no Leblon pensando na coisa e, no mesmo dia, chegou mais um. Parece que ele gostou de pensar a respeito.

DE: JUBALDO RIBEIRO

Devo fazer algumas observações sobre o e-mail anterior. Em primeiro lugar, as estatísticas sobre tirar sujeira do umbigo e meter o mindinho no cu para cheirar são vastamente subestimadas. É incrível o número de pessoas que, se tiverem confiança, admitirão a prática desses delitos. Não recomendo. Um cotonete embebido em álcool é muito melhor para tirar sujo de umbigo do que uma agressiva unha crescida. Por outro lado, me garantem que, deixada em acumulação por várias semanas, a cera de ouvido sai da unha comprida do mindinho com um prazer só acessível aos bem iniciados. Quanto a dedo no cu, prefiro um indicador de unha aparada (cu sensível e delicado). Já os comedores de meleca (muitíssimo mais numerosos do que eu supunha antes de fazer uma melindrosa pesquisa) dizem, em alta porcentagem, que só uma unha comprida no dedo mindinho é capaz de convencer o melecófago de que ele já comeu tudo ao que tinha direito. Eu mesmo jamais fui comedor de meleca, mas, mediante um pequeno suborno, sou capaz de dedar vários. Trinta dólares, por favor. J.U.

Aí eu retruquei que era uma pesquisa para um livro que estava fazendo e agradecia muito. Aliás, nem sei se eu coloquei esses e-mails dele no livro. Infelizmente não tenho aqui nenhum *Mindinho*, para confirmar.

E ele mandou outro:

DE: JUBALDO RIBEIRO

Que livro? Por mim, pode, mas eu não como meleca e só botei o dedo no cu para cheirar ainda muito menino, só para saber como era. Não gostei muito. Solicito maiores detalhes sobre o que você vai fazer. Abraços. J.U.

Mandei o projeto do livro para ele saber onde estava metendo o mindinho dele. Ele respondeu:

DE: JUBALDO RIBEIRO
Querido Macprata,
I love you e, portanto, não lhe posso negar nada. Use meu texto como quiser. Aceito sua sugestão de mo (pardon*) mandar, porque pode haver alguma coisa que por acaso não vá dar certo, embora eu duvide. Enfim, se usar, use com caridade: se me mostrar, aceite também com caridade a minha opinião. Beijos do velho J.U.*

Não era um amor esse cara? Tinha que morrer? Ainda tinha muita meleca pra tirar da cabeça, confesso.

CAPACETES E CASSETETES, LEMBRANDO MEIA OITO

A Rua da Consolação tinha só u'a mão (gostou?). Estamos em março de 1968. Mais precisamente no dia 15 de março. Eu tinha vinte e dois anos.

A ideia era subir a Consolação, virar na Paulista e, diante do Conjunto Nacional, apedrejar o Consulado dos Estados Unidos. Uma pequena passeada de estudantes com livros debaixo do braço. Todo mundo ali lia Marcuse.

Naquele tempo, esse tipo de manifestação era mais organizado. Nosso *WhatsApp* era o boca a boca entre os estudantes da USP ali da região. Maria Antônia com Rua Dr. Vilanova: Economia e Administração, Filosofia, Medicina da Santa Casa, FAU e Ciências Sociais. A gente conseguia armar o esquema em menos de meia hora.

Ia chegando a garotada tudo com cara de quem não quer nada, na Consolação com a Maria Antônia. Nos bolsos, rolhas e bolinhas de gude para jogar no asfalto para os cavalos da PM escorregarem e derrubarem os bravos soldados da pátria.

Noutro bolso, algumas barras de chocolate, para o caso de ser detido.

Da passeata do dia 15 de março de 1968, eu me lembro bem por dois motivos: comemorava-se o primeiro ano do governo Costa e Silva e, de madrugada, havia nascido minha primeira sobrinha, a Didiana.

Chegamos à frente do consulado americano. Mais ou menos na mesma hora que a cavalaria. Jogamos as pedras, quebramos vidros e saímos correndo deixando rolhas e bolinhas de gude pelo caminho. Os cavalos escorregavam, era verdade. O policial perdia o capacete e a gente saía chutando o capacete como se fosse uma bola. Não há nada mais histérico do que um policial rodando seu cassetete nos ares, procurando o capacete.

E eu segui em frente, comendo meu chocolate, em direção à Maternidade Pro Mater para conhecer a primeira sobrinha, a Didiana. E fui convidado para padrinho, o que muito me honra até hoje.

Treze dias depois, um protesto de estudantes secundaristas no Rio de Janeiro terminava com o assassinato do estudante Edson Luís de Lima Souto pela Polícia Militar.

Naquele tempo era assim.

Significado de Cassetete:
S.M. Pequeno cacete de madeira, de borracha ou de couro endurecido com alça numa das extremidades, usado por policiais.

Etimologia (origem da palavra cassetete). Do francês casse-tête, *quebra-cabeça.*

FUI ENCONTRADO NUMA VALA POR VACAS PERDIDAS

O que você vai ler a seguir são frases colhidas de formulários de companhias de seguros, nas quais motoristas tentam descrever os detalhes de seus acidentes com os comentários mais breves possíveis. O português não foi nem corrigido para garantir a veracidade das declarações.

• *O pedestre não tinha idéia para onde ir, então eu o atropelei.*

• *Eu vi um velho mole, de cara triste, quando ele caiu do teto do meu carro.*

• *A causa indireta do acidente foi um rapazinho num carrinho pequeno com uma boca enorme.*

• *Eu tinha certeza que o velho não conseguiria chegar ao outro lado da estrada, então eu o atropelei.*

• *Eu disse à polícia que não estava machucado, mas quando tirei o chapéu, percebi que havia fraturado o crânio.*

• *Eu fui atirado para fora do meu carro quando ele saiu da estrada. Mais tarde, fui encontrado numa vala por vacas perdidas.*

• *Eu pensei que a minha janela estava aberta, mas descobri que estava fechada quando botei a cabeça para fora.*

• *Eu bati contra um carro parado que vinha em direção contrária.*

• *Um caminhão deu ré pelo meu pára-brisa, direto na cabeça da minha mulher.*

• *Eu saí do acostamento, olhei para a cara da minha sogra e caí pela montanha abaixo.*

• *O cara estava por tudo quanto era lado da estrada. Eu tive que desviar uma porção de vezes antes de atropelá-lo.*

• *Eu vinha dirigindo já há 40 anos quando dormi no volante e sofri o acidente.*

• *Um carro invisível veio de não sei onde, bateu no meu carro e desapareceu.*

• *Meu carro estava estacionado legalmente, quando ele foi de ré no outro carro.*

• *Eu estava a caminho do médico com um problema na traseira, quando a minha junta universal caiu, causando o acidente.*

• *De volta para casa eu entrei com o meu carro na casa errada e bati numa árvore que não é minha.*

A INTELIGÊNCIA ARTIFICIAL IMITANDO FERNANDO SABINO E MARIO PRATA

Meu amigo e escritor Joca Reiners Terron resolveu entrevistar o chato robô ChatGPT. Pesquisa rápida sobre cronistas brasileiros. Fiquei muito honrado. Vejam as perguntas e respostas:

TERRON: — Você conseguiria redigir uma crônica com o coloquialismo típico de um Fernando Sabino, por exemplo?

CHAT GPT: — Sim, é possível escrever uma crônica com o estilo coloquial de Fernando Sabino. Aqui vai um exemplo: "Vocês já notaram como a vida está cada vez mais louca? Parece que todo mundo está correndo atrás de alguma coisa, sem tempo para apreciar as pequenas coisas. Eu, por exemplo, adoro ficar sentado no parque, vendo as pessoas passarem e imaginando suas histórias. Mas, infelizmente, parece que não tenho muita companhia nesse hobby. Mas, de vez em quando, a vida me surpreende. Hoje, por exemplo, eu estava sentado no parque, quando vi uma velhinha sentada na minha frente. Ela estava observando as pessoas com um sorriso no rosto e, de repente, começou a cantar uma música. Foi uma das coisas mais lindas que já vi. Eu fiquei lá, sentado, ouvindo aquela velhinha cantar com todo o coração, e percebi que a vida ain-

da tem coisas maravilhosas para nos oferecer. Basta a gente parar e prestar atenção."

TERRON: — Foi o melhor que conseguiu? Não parece Fernando Sabino...

CHAT GPT: — Peço desculpas se a crônica não atendeu às suas expectativas. Como modelo treinado por dados, sempre há margem para erro ao imitar um estilo literário específico. Gostaria de tentar novamente ou pedir uma outra crônica em outro estilo?

TERRON: — Sim, vamos fazer uma outra tentativa. Escreva um parágrafo simulando o estilo de Mario Prata. Basta um parágrafo, por favor.

CHAT GPT: — "A vida é uma série de escolhas, e às vezes escolhemos o caminho errado. Mas isso não significa que não possamos mudar de rota e encontrar a felicidade. O importante é não se desesperar, mas sim ter coragem e força de vontade para continuar procurando, sempre com um sorriso no rosto e um olhar esperançoso para o futuro."

TERRON: — Isso foi uma crônica ou um texto de autoajuda?

CHAT GPT: — Peço desculpas se a resposta não atendeu às suas expectativas. Tentarei melhorar em futuras interações. Por favor, deixe-me saber como posso melhorar para que eu possa ajudá-lo da próxima vez.

TERRON: — Você já pensou em se matricular, digamos, em um curso de escrita criativa?

Meu Deus, nem nas minhas crônicas com quinze anos, quando a maior preocupação era a existência de Deus, escrevi uma merda como aquela do Chato GPT!!! Horror!!!

Fiquei aliviado, pessoal.

SINCE 1808

Pedro, meu caçula, da parceria com a contadora de histórias e também escritora (é uma sina!) Regina Machado, teve seu primeiro filho há pouco tempo, junto com a Bel. Deram o nome de Manuel Nabuco de Araújo Machado Prata.

Minha prima Mariana Prata, que é neta daquele Aluízio Prata, nosso primo, com quem meu pai morou no Rio de Janeiro (lembram?), teve um filho com o Pablo Garcia. Puseram o nome de Joaquim Prata Garcia.

Tenho certeza que nem a Mariana e nem o Pedro sabiam que os dois primeiros Prata a chegarem ao Brasil, entre aqueles 16 mil portugueses que fugiram do Napoleão no começo do século XIX, junto com dom João VI, pois, dizia eu, os dois primeiros Prata, lá em 1808, se chamavam — e não é piada — Manuel Prata e Joaquim Prata.

Ciclo fechado!

acas⊙s

ENQUANTO EU escrevia este livro (2021-23), li muito, ouvi músicas, assisti filmes, vi tevê, séries, fui ao teatro, andei por redes sociais. Principalmente li. Lembrei de fatos, de pedaços de livros, cantarolei sucessos de Chico & Lennon e bebi muita Cuba Libre, com o legítimo Havana Club 3.

E fumei uns baseados com a santa Caroline. Tinha então, entre setenta e cinco e setenta e sete anos.

E fazia algumas anotações enquanto a COVID não chegava. E, depois, não passava. E depois, a DENGUE.

A seguir, algumas delas. Umas bobageiras. Como diria meu pai.

O NARRADOR

Nunca pensei que realmente fosse morrer. Durante os segundos de queda do carro, esperei até o fim que alguma coisa acontecesse para evitar o pior. Porque a vida é um romance. E nenhum autor mataria seu narrador a oitenta páginas do fim do livro. O momento não tem gosto de morte, nem de medo. Não vejo o filme de minha vida em ritmo acelerado, e a cena não se desenrola em câmera lenta, como no acidente de carro de Michel Piccoli em As coisas da vida.

Acreditem em mim: o prepotente narrador acima morreu! Em *A vida secreta de um escritor*, do autor francês Guillaume Musso. A oitenta páginas do final.
Que eu saiba, é o primeiro narrador de um livro a morrer.
A não ser, me informa o ministro Marcelo Dantas, do STJ, o Maurice Druon, que foi obrigado a matar seu personagem favorito em *Os reis malditos* (afinal, era um romance histórico), quebrando a quarta parede e lamentando com o leitor.

UMA CASA INESQUECÍVEL

Estou relendo *Cuentos completos 1: (1945-1966) (Caballo de fuego) – spanish edition*, de Júlio Cortázar, e quis compartilhar esta citação com você.

Como me quedaba el reloj pulsera, vi que eran las once de la noche. Rodeé con mi brazo la cintura de Irene (yo creo que ella estaba llorando) y salimos así a la calle. Antes de alejarnos tuve lástima, cerré bien la puerta de entrada y tiré a la alcantarilla. No fuese que a algún pobre diablo se le ocurriera robar y se metiera en la casa, a esa hora y com la casa tomada.

Sim, *A casa tomada.*
Trata-se do último parágrafo. Um dos melhores contos do Cortázar.

O VELHO NELSON

De vez em quando você vai tropeçar nalguma frase do Nelson Rodrigues por aqui. Samuel Wainer me contou que o Nelson chegava à redação (anos 1950, *Ultima Hora*), terno-gravata-cigarro no beiço, e ficava sentado diante da máquina de escrever olhando para o nada. De repente dava um grito, tipo:
— Todo canalha é magro!
E desandava a escrever *A vida como ela é.*
Sempre que houver uma frase solta com um (NR) no final, não é nota da redação. É Nelson Rodrigues puro.

SEXO NO ÉDEN, ANTES DA EVA

O texto abaixo foi retirado do último escrito do Andrea Camilleri (Itália 1925-2019), *A autodefesa de Caim*. Um monólogo que ele iria representar nas Termas de Caracalla, no dia 15 de julho de 2019. Texto, direção e interpretação dele. Sentiu-se mal uns dias antes, cancelou. Morreu dois dias depois do quase evento, em 17 de julho, aos 94 anos.

Vamos lá. Minha homenagem a ele, que me deu trinta e dois livros com o inspetor Calvo Montalbano:

Meu pai, todos os seres vivos que vivem aqui têm uma companheira: eu sou o único que não tem. Deus reconheceu que a reclamação de Adão era justa.

Então, com a mesma argila com que ele tinha moldado Adão, ele criou uma linda mulher.

Eva, você vai dizer. Não, você está errado. Eva foi a segunda companheira de Adão, não a primeira. A primeira era uma mulher de extraordinária beleza, e Deus a chamou de Lilit. E ele disse-lhes:

— Unem-se e procriem.

Mas não foi assim tão fácil. Verdade, Adão sabia como era feito porque tinha visto os animais fazerem isso, mas ele achou desagradável fazê-lo como as bestas faziam. Depois de dar voltas e voltas, ele inventou uma posição que foi um grande sucesso nos séculos seguintes. Ele disse a Lilit:

— Estique as costas contra o chão e abra as pernas.

Lilit, que não sabia aonde Adão queria ir, obedeceu. Mas, quando ele ficou em cima dela e se colocou entre as pernas, ela conseguiu se livrar dele muito habilmente e com um salto ficar em cima de Adão.

— Por que isso? — perguntou Adão.

Ela respondeu:

— Porque eu não posso suportar o peso do homem no meu corpo.

Dito isso, começou a se mover ritmicamente. Adão, apesar do prazer que sentiu, pegou-a pela cintura e levantou-a.

— Nem eu — disse Adão — posso suportar o peso de outro ser humano em meu corpo.

Lilit tinha o que agora é chamado de personalidade forte e, acima de tudo, era uma protofeminista. Ele acrescentou:

— Não há razão subordinada entre nós, que viemos da mesma argila. Somos iguais. Eu ordeno que você fique por baixo.

Em resposta, Lilit mostrou a língua, abriu a porta do Éden e foi para a Terra.

Não demorou muito para Adão ficar melancólico de novo.

A FOGUETEIRA E A JUÍZA[49]

O que todo mundo lembra: no dia 3 de setembro de 1989, o Brasil jogava com o Chile no Maracanã, valendo uma vaga para a Copa de 90. Ao Chile só interessava a vitória, e o Brasil vencia por um a zero quando, aos vinte e quatro do segundo tempo, um foguete-sinalizador foi disparado da arquibancada. Para sorte do goleiro chileno Rojas, o negócio explodiu perto dele, que caiu no chão com um corte feio na testa (depois se descobriria que ele mesmo se cortara com um estilete que trazia preso ao seu calção). O jogo foi suspenso e ninguém sabia se o Brasil estava classificado ou não.

---

49. *WhatsApp do Editor*: Extraído do livro *Almanaque Pinheiro Neto*, 2012, de Mario Prata.

Depois, já garantido na Copa, soube-se o nome da, como ficou conhecida. "Fogueteira do Maracanã": Rosenery (*sic*) Mello do Nascimento, então com vinte e quatro anos. Teve suas semanas de glória ao posar nua para a *Playboy* de novembro daquele ano. Morreu no dia 4 de julho de 2011, de um aneurisma cerebral, aos quarenta e cinco anos. Exatos vinte e dois anos depois da confusão que causou.

O que poucos sabem: na hora, na confusão, várias pessoas foram presas, além da Fogueteira. Quem comandou as prisões foi um tal de tenente Oliveira. Entre os presos estava uma defensora pública chamada Patrícia, que acabou processando o tenente por "desacato à autoridade e abuso de poder". Patrícia perdeu o processo, mas o tenente nunca a perdoou.

Exatos vinte e dois anos depois, em 2011, a então já juíza Patrícia Acioli foi brutalmente assassinada (executada) em Niterói. E quem foi preso como mandante do crime? Aquele tenente, agora coronel e ex-comandante da PM do Rio de Janeiro, Cláudio Luís de Oliveira.

OS TRÊS REIS MAGOS: A GRANDE CAGADA

Cada um dos três reis Magos levava um presente a Jesus com um significado específico. Belchior ofereceu Ouro para representar a nobreza de Jesus. Gaspar deu Incenso, representando a divindade de Jesus. Baltazar deixou-lhe a Mirra, uma erva amarga, para simbolizar o sofrimento que Jesus viria a enfrentar (precisava?).

Belchior, Gaspar e Baltazar eram tão pouco "mágicos" que ficaram seguindo a tal estrela e se perderam. Chegariam só doze dias depois, quando a catástrofe já havia acontecido: dia 6 de janeiro.

Ao se perderem, um deles deu uma ideia brilhante:

— Se ele vai ser rei, vamos ao palácio de Herodes. Deve ter nascido lá.

Deu na Bíblia:

E, tendo nascido Jesus em Belém de Judeia, no tempo do rei Herodes, eis que uns magos vieram do Oriente a Jerusalém. Dizendo: Onde está aquele que é nascido rei dos judeus?; porque vimos a sua estrela no Oriente, e viemos a adorá-lo. E o rei Herodes, ouvindo isto, perturbou-se, e toda Jerusalém com ele. E, congregados todos os príncipes dos sacerdotes e os escribas do povo, perguntou-lhes onde havia de nascer o Cristo. E eles lhe disseram: Em Belém de Judeia; porque assim está escrito pelo profeta: E tu, Belém, terra de Judá, de modo nenhum és a menor entre as capitais de Judá; porque de ti sairá o Guia que há de apascentar o meu povo Israel. Então Herodes, chamando secretamente os magos, inquiriu exatamente deles acerca do tempo em que a estrela lhes aparecera. E, enviando-os a Belém, disse: Ide, e perguntai diligentemente pelo menino e, quando o achardes, participai-mo, para que também eu vá e o adore. E, tendo eles ouvido o rei, partiram; e eis que a estrela, que tinham visto no Oriente, ia adiante deles, até que, chegando, se deteve sobre o lugar onde estava o menino. E, vendo eles a estrela, regozijaram-se muito com grande alegria. E, entrando na casa, acharam o menino com Maria, sua mãe, e, prostrando-se, o adoraram; e abrindo os seus tesouros, ofertaram-lhe dádivas: ouro, incenso e mirra. E, sendo por divina revelação avisados num sonho para que não voltassem para junto de Herodes, partiram para a sua terra por outro caminho. E, tendo eles se retirado, eis que o anjo do Senhor apareceu a José num sonho, dizendo: Levanta-te, e toma o menino e sua mãe e foge para o Egito, e demora-te lá até que eu te diga; porque Herodes há de procurar o menino para o matar. E, levantando-se ele, tomou o menino e sua mãe, de noite, e foi para o Egito. E esteve lá até a morte de Herodes, para que se cumprisse o que foi dito da parte do Senhor pelo profeta, que diz: Do Egito chamei o meu Filho. Então Herodes, vendo que tinha sido iludido pelos magos, irritou-se muito e mandou matar todos os meninos que havia em Belém, e em todos os seus contornos, de dois anos para baixo, segundo o tempo que diligentemente inquirira dos magos. Então se cumpriu o que foi dito pelo profeta Jeremias, que diz: Em Ramá se ouviu uma voz, lamentação, choro e grande pranto: Raquel chorando os seus filhos, E não quer ser consolada, porque já não existem. Morto, porém, Herodes, eis que o anjo do Senhor apareceu num sonho a José no Egito, dizendo: Levanta-te, e toma o menino e sua mãe, e vai para a terra de Israel; porque já estão mortos os que procuravam a morte do menino. Então ele se levantou, e tomou o menino e sua mãe, e foi para a terra de Israel.

E nunca mais se ouviu falar nos Reis Magos, cujas vidas são comemoradas no Dia de Reis...
E nem em quantas criancinhas com menos de dois anos foram decepadas pelos soldados romanos.

UMA PIADA CENTENÁRIA

Quem inventa as piadas? Difícil saber. Alguns, como Jerry Seinfeld, norte-americano nascido em 1954, diz que inventava quase todas as que nos faziam rir nos anos 1990, numa série que durou mais de duzentos episódios: *Seinfeld*. Geniais. Mas eram anedotas para serem interpretadas, dirigidas por outro, com figurino e cenários de terceiros. E tem mais: não eram tão populares assim.

Žižek, um pouco mais velho que Seinfeld, é um filósofo esloveno, vivo, nascido na antiga Iugoslávia, em Liubliana. Professor do Instituto de Sociologia e Filosofia da Universidade de Ljubljana (em esloveno) e diretor internacional da Birkbeck, Universidade de Londres. E tem um livro chamado *As anedotas de Žižek*. Ou seja, é também estudioso do assunto *anedota*.

Pois tem lá uma que eu adoro, e que vou contar aqui. E não é que o esloveno descobriu que ela tem alguns séculos?

Primeiro conto a minha versão — a atual — e depois a versão secular, segundo ele.

A minha:

Era um sujeito já passado dos cinquenta, bem de vida, mas cada vez — como se dizia no século passado — mais na fossa. Irritado, intransigente, tenso, nervoso, capaz de sair num tapa por nada. De quebrar bar! Enfim, um chato. Os poucos amigos que lhe restavam indicavam uma terapia, psicanálise, ou algo parecido. Queria irritar o cara? Era vir com essa conversa de médico de cabeça! "Coisa de viado", como se dizia — ainda — em plenos anos 1990. Mas um dia, uma amiga:

— Conheço uma terapeuta que é o máximo. Nada de querer saber se teve tesão na mãe, se não mamava direito, lado feminino, essas coisinhas.

Ficou fazendo a cabeça do Cara. Como era mulher, podia ser até interessante etc.

E a profissional indicada, depois de muito ouvir, finalizou assim:

— É simples. O senhor tem que relaxar. E como relaxar? Por exemplo. São quase seis da tarde. Aqui no térreo tem um piano-bar genial. Tem um velhinho tocando música que garanto ser da sua época. O senhor faz o seguinte: entra, vai para o balcão, senta no banquinho, relaxa. Ouça a musiquinha. Peça um Dry Martini. Mas, quando o garçom chegar, não vire de uma vez. Primeiro olhe, depois cheire. Com o palitinho vai girando a azeitona. Não tire, ainda. Dá uma lambidinha leve. Na azeitona. Vai ver que já está relaxando. O pianista lá. Agora vá com a mão, sem pressa, até a taça.

Quando ele ia aproximando a mão do copo, viu, à sua direita, no balcão, um macaquinho. Não de pelúcia. O bicho mesmo. Respirou fundo. "Tenho que relaxar." Olhou para o macaquinho quase com um sorriso. O macaquinho começou a andar na direção do copo. Parou. Abriu as pernas sobre o copo. Abaixou-se e colocou o saco dentro do Dry Martini, recolheu-se e continuou a caminhar para o outro lado, dando uma requebradinha antes de uma cínica olhadela para o Cara.

O Cara respirou fundo, muito fundo, pensou em quebrar o balcão, dar porrada no garçom, pôr fogo no piano, estrangular o canalha do macaquinho. Mas tinha que relaxar! Caceta, relaxa! O bar ainda estava vazio. Relaxa, relaxa. Só tinha o velhinho tocando Summertime. Foi até ele e, com os dentes trincados, sussurrou:

— Um macaquinho colocou o saco dentro do meu Dry Martini!

Imediatamente o pianista parou a música e também sussurrou:

— Assovia o comecinho pra ver se eu me lembro da melodia.

eu vi um baile de debutantes ◆

A versão do intelectual Slavoj Žižek, segundo ele, oriunda do Leste Europeu:

Um homem bebe uísque em um bar, quando, de repente, um macaco sobe no balcão, começa a dançar, para diante do copo do homem, molha o saco no uísque e vai embora dançando. Chocado, o homem pede outro copo de uísque. O macaco retorna, dança em cima do balcão e repete a façanha.

Furioso, o homem pergunta ao garçom:

— Você sabe por que esse macaco molha o saco no meu uísque?

— Não tenho a menor ideia — responde o garçom. — Pergunte ao cigano, ele sabe tudo!

O cliente então se dirige ao cigano, que diverte os outros clientes do bar tocando violino e cantando, e pergunta:

— Você sabe por que o macaco está molhando o saco no meu uísque?

O cigano responde calmamente:

— Claro que sei!

E começa a cantar uma canção melancólica e triste: "Por que o macaco molha o saco no meu uísque, oh, oh, por quê..."

Obviamente, a ideia da anedota é que os músicos ciganos supostamente conhecem centenas de músicas e as tocam a pedido dos clientes. Assim, o cigano entendeu a pergunta como o pedido de uma música sobre o macaco que molha o saco em um copo de uísque. E inventou na hora.

"Eis a poesia da ideologia em sua forma mais pura", encerra Žižek.

BIFURCAÇÃO

No fim dos anos 1960, começo dos 70, inventaram o Circuito Universitário. Não sei de quem foi a ideia, mas o projeto era maravilhoso. O músico pegava seu Fusca e seu violão e saía pelo interior de São Paulo fazendo *shows* em universidades.

Lá iam Toquinho e Vinicius pela estrada afora, uma estradinha ruim, de terra, vicinal, que ligava duas cidades. Toco dirigia, e Vininha (olha a intimidade) ia ao lado. Os dois com sono, cansados...

De repente a estrada se dividia em duas. Nenhuma seta, nenhum mapa, imaginem GPS... Toco para, se olham, o que fazer? Sempre pela esquerda, disse um deles. E foram. Passados alguns segundos, o poeta disse:

— A vida é como as estradas. Às vezes se divide em duas, se bifurca...

O Toquinho segurou uma risada. Como é que Vinicius de Moraes podia dizer uma frase tão idiota? Ficou em silêncio. Mas notou que o parceiro também se calou, porque a ficha tinha caído. Depois de uns cinco minutos comendo poeira, o poeta terminou a frase:

— ... como diria Menotti Del Picchia!

Os dois caíram na gargalhada.

ESCRITORES

Porque não é uma profissão para pessoas mentalmente saudáveis. É para esquizofrênicos. Uma atividade que requer uma dissociação mental destrutiva: para escrever, você precisa estar no mundo e, ao mesmo tempo, fora do mundo. Entende o que quero dizer?

(Guillaume Musso, *A vida secreta dos escritores*)

COISA DE CRAQUE

O grande presente que você ganha na vitória não é a glória, é o alívio. (Pelé)

NELSON RODRIGUES

Não há nada mais relapso do que a memória. Atrevo-me mesmo a dizer que a memória é uma vigarista, uma emérita falsificadora de fatos e de figuras.

ANDREA CAMILLERI

As memórias, você sabe, são como um novelo sinuoso, você vai puxando o fio. Mas de vez em quando aparecem algumas memórias que você não chamou, que não são agradáveis, que o desviam da estrada principal e o introduzem em becos escuros e sujos onde, pelo menos, os sapatos estão cheios de lama.

JORGE, AMADO

Paloma, a filha mais nova (é de 1951) de Jorge Amado, sempre insistia com o pai para escrever as suas memórias. E ele, nem pensar. Mas Paloma insistia tanto, que um dia o romancista:

— Vamos fazer o seguinte: quando eu me lembrar de algum fato interessante, mando um bilhete, escrevo, mesmo que eu esteja em Cascais ou Paris.

E assim foi feito. Durante anos Paloma foi guardando o material numa gaveta. Em 1992, saiu publicado o maravilhoso livro, com prefácio do acadêmico Ledo Ivo, cujo comecinho aqui é assim:

Livro de memórias, Navegação de cabotagem *reúne, sem rígida organização cronológica, as lembranças de Jorge Amado. O escritor que testemunhou grandes acontecimentos do século XX e que, em sua trajetória pessoal, desempenhou papel decisivo na cultura brasileira, além de conviver com algumas das personalidades mais importantes do Brasil e do mundo, narra num estilo despretensioso e comovente fatos de seu passado.*

Copio abaixo uma pequena obra-prima das memórias que deve ter feito o Ledo Ivo estourar seus suspensórios de tanto rir.

BAHIA, 1970
Revelação
Regalado, escuto Stela Maris, o nome da cantora de blues no rádio carioca. Ela substituiu o de Adelaide Tostes, que um dia Samuel Wainer e eu demos em casamento a Dorival Caymmi numa vara de família no Rio de Janeiro.

Cercada de parentes e aderentes, na casa baiana da Pedra da Sereia, Stela revela que um primo qualquer — a família Tostes é inumerável — fizera a caridade a uma prima de quinze primaveras incompletas e urgentes. A ex-estrela da Rádio Mayrink Veiga usa para contar o conto a língua clássica de Gregório de Matos:

— Comeu-lhe os tampos todos, a boceta e o cu, não fez por menos...

A velha tia, Tostes, mineira, hóspede dos Caymmi, maior de sessenta anos, há mais de vinte viúva de leito papai-mamãe, dedicada desde então a novenas e trezenas, desconhece tais hábitos das cidades grandes, se assombra:

— E cu se come, minha filha?
— Come, minha tia, cu se come...
O corpo da beata estremece sob o impacto da revelação:
— Virge! Só de ouvir me arrupeio!

E POR FALAR NO CAYMMI

Carta dele ao compadre Jorge Amado, que estava em Londres:

Salvador, 30 de setembro de 1976
Jorge, meu irmão

São onze e trinta da manhã e terminei de compor uma linda canção para Yemanjá, pois o reflexo do sol desenha seu manto em nosso mar, aqui na Pedra da Sereia. Quantas canções compus para Janaína nem eu mesmo sei, é minha mãe, dela nasci. Talvez Stela saiba, ela sabe tudo, que mulher, duas iguais não existem, que foi que eu fiz de bom para merecê-la? Ela te manda um beijo, outro para Zélia e eu morro de saudade de vocês. Quando vierem, me tragam um pano africano para eu fazer uma túnica e ficar irresistível.

Ontem saí com Carybé, fomos buscar Camafeu na Rampa do Mercado, andamos por aí trocando pernas, sentindo os cheiros, tantos, um perfume de vida ao sol, vendo as cores, só de azuis contamos mais de quinze e havia um ocre na parede de uma casa, nem te digo. Então ao voltar, pintei um quadro, tão bonito, irmão, de causar inveja a Graciano. De inveja, Carybé quase morreu e Jenner, imagine!, se fartou de elogiar, te juro.

Um quadro simples: uma baiana, o tabuleiro com abarás e acarajés e gente em volta. Se eu tivesse tempo, ia ser pintor, ganhava uma fortuna. O que me falta é tempo para pintar, compor vou compondo devagar e sempre, tu sabes como é, música com pressa é aquela droga que tem às pampas sobrando por aí.

O tempo que tenho mal chega para viver: visitar Dona Menininha, saudar Xangô, conversar com Mirabeau, me aconselhar com Celestino sobre como investir o dinheiro que não tenho e nunca terei, graças a Deus, ouvir Carybé mentir, andar nas ruas, olhar o mar, não fazer nada e tantas outras obrigações que me ocupam o dia inteiro.

Cadê tempo pra pintar?

Quero te dizer uma coisa que já te disse uma vez, há mais de vinte anos quando te deu de viver na Europa e nunca mais voltavas: a Bahia está viva, ainda lá, cada dia mais bonita, o firmamento azul, esse mar tão verde e o povaréu. Por falar nisso, Stela de Oxóssi *é a nova yalorixá do Axé e na festa da consagração, ikedes e iaôs, todos na roça perguntavam onde anda Obá Arolu que não veio ver sua irmã subir ao trono de rainha? Pois ontem, às quatro da tarde, um pouco mais ou menos, saí com Carybé e Camafeu a te procurar e não te encontrando, indagamos: que faz ele que não está aqui se aqui é seu lugar? A lua de Londres, já dizia um poeta lusitano que li numa antologia de meu tempo de menino, é merencória. A daqui é aquela lua. Por que foi ele para a Inglaterra? Não é inglês, nem nada, que faz em Londres? Um bom filho-da-puta (naquela época, filho da puta ainda levava hífen) é o que ele é, nosso irmãozinho.*

Sabes que vendi a casa da Pedra da Sereia? Pois vendi. Fizeram um edifício medonho bem em cima dela e anunciaram nos jornais: venha ser vizinho de Dorival Caymmi. Então fiquei retado e vendi a casa, comprei um apartamento na Pituba, vou ser vizinho de James (Amado) e de João Ubaldo, daquelas duas línguas viperinas, veja que irresponsabilidade a minha. Mas hoje, antes de me mudar, fiz essa canção para Yemanjá que fala em peixe e em vento, em saveiro e no mestre do saveiro, no mar da Bahia.

Nunca soube falar de outras coisas. Dessas e de mulher: Dora, Marina, Adalgisa, Anália, Rosa morena, como vais morena Rosa, quantas outras e todas, como sabes, são a minha Stela com quem um dia me casei te tendo de padrinho. A bênção, meu padrinho, Oxóssi te proteja nessas inglaterras, um beijo para Zélia, não esqueçam de trazer meu pano africano, volta logo, tua casa é aqui e eu sou teu irmão Caymmi.

JACK NICHOLSON

Tenho quase certeza de que a ceninha abaixo não estava no roteiro, que foi improviso do ator.

Quase no final do maravilhoso filme *Antes de Partir (The Bucket List)*, de 2007, Jack chega à sua sala, saindo de um lavabo (creio eu) e diz para o seu jovem gerente que está sentado na poltrona, revisando uns papéis:

— Na velhice são importantes três coisas: em qualquer lugar que vá, descubra logo onde fica o banheiro. Segunda: jamais desperdice uma ereção. E por último e mais importante: jamais, em hipótese alguma, esteja onde estiver, confie num peido!

Já dizia Léo Gilson Ribeiro em 1969, sobre o autor que surgia:

Tataraneto da obscenidade divertida e da ficção em defecação de Rabelais, é primo distante de Stanislaw Ponte Preta na "gozação" dos tabus sacrossantos da burguesia beata.

Nunca ninguém me definiu tão bem. Tenho até hoje fixação em defecação.[50] E em peido.

Peido:
[Chulismo] Gás que sai através do ânus; traque.
Gosto do peido em vários sentidos.

---

50. *WhatsApp do Editor*: Seu pai, já conhecido de você, o doutor Prata, tinha um laboratório de análises clínicas num anexo da sua casa: sangue, urina e fezes. E lá tinha uma máquina de escrever onde o Prata começou a martelar suas bobageiras. Cercado pelo sangue do Coronel Piza, pela urina do Zé Luis da Gráfica e pelo cocô da dona Conceição, esposa do doutor Pretestato, tudo em tubos de ensaio. Foi ali que tudo começou. Rua Luiz Gama, 716, Lins. CEP 16400-080. Desculpa, Pratinha, mas contei!

Desculpe ir direto ao assunto. Não usaria o hipócrita "pum" num livro. Pum é coisa de bumbum. Pum é um nome feio, ao contrário de peido.

Vejamos:

— Peido tem três vogais, em cinco letras: e – i – o

— Peidar também – e – i – a

— Peidou tem quatro vogais em seis letras: e – i – o – u (sinta a sonoridade). Basta dizer eiou, que já se sabe o que é.

Quem solta pum é criança e velho. No meu caso — específico –, prefiro peido. Pelo som.

O peido, como o arroto, faz bem para a saúde. Já dizia meu pai, médico, quando a gente peidava: saúde dez, educação, zero.

E eu não sei porque o preconceito contra a palavra e o cheiro. Quanto ao cheiro, que eu saiba, todos gostam do próprio peido. Tenho uma amiga que solta debaixo das cobertas e vai liberando o gás acumulado, com leves e lentos balanços.

O peido é cheio de histórias. Tenho um amigo que come alimentos que produzem excelentes peidos e sai pela cidade entrando em elevadores única e exclusivamente para peidar e analisar a reação das pessoas.

No amor, o casal só começa a peidar um na frente do outro quando já tem certeza que o amor os une fortemente. Amar é... peidar na frente do ser amado! Aliás, o cartunista Adão quer escrever um livro com este título. Eu disse que deixo.

Nota-se que, em quase todas as línguas, a palavrinha tem menos que cinco letras.

- Pi, em chinês.
- Pet, em francês.
- Fart, em inglês.
- Fisa, em sueco.
- Pedo, em espanhol.
- Pieru, em finlandês.
- Onara, em japonês.

- Promp, em norueguês.
- זִיְלְפַהְל, em hebraico (deu para ouvir?).
- Osuruk, em turco.

E já que as letras estão aumentando, em latim peido é lindo, de uma sonoridade incrível: crepitu! Mas o melhor peido é o italiano: scoreggia.

OBTUSIDADE

Desconfio muito dos veementes. Via de regra, o sujeito que esbraveja está a um milímetro do erro e da obtusidade. (NR)

ACTA DIURNA

Não se sabe ao certo a origem exata do jornalismo e qual foi o primeiro jornal do mundo, mas os historiadores atribuem ao lendário Imperador Romano Júlio César esta invenção.

Ao que tudo indica, Júlio César, além de um excelente general e comandante, também foi um ótimo profissional de marketing: *para poder divulgar suas conquistas militares e informar o povo da expansão do Império (fazendo obviamente muita propaganda pessoal), César criou a chamada Acta Diurna, o primeiro jornal de que se tem notícia no mundo.*

A Acta Diurna era uma publicação oficial do Império Romano, criada no ano de 59 a.C. durante o governo imperial de César. Ela trazia notícias diariamente para a população de todos os cantos do Império (e de fora dele) falando principalmente de conquistas militares, ciência e de política.

Para poder escrever a Acta Diurna, surgiram os primeiros profissionais de jornalismo do mundo, os chamados Correspondentes Imperiais. Eles eram enviados para todas as regiões e províncias romanas para acompanhar e escrever as notícias.

Apesar de inaugurar o conceito e o formato geral dos jornais e do jornalismo modernos, a Acta Diurna tinha algumas curiosidades:

• Como não existiam tecnologias de impressão no Império Romano e nem mesmo papel em quantidade suficiente (a fabricação de papel usando a tecnologia da época era muito cara), a Acta Diurna era publicada em grandes placas brancas de papel e madeira (estilo "outdoor"). Estas placas eram expostas nas principais praças das grandes cidades para que as pessoas lessem de graça.

• As comunicações também eram lentas na época do Império Romano. Como os textos eram transportados a pé ou a cavalo, embora a Acta Diurna fosse publicada todos os dias, sempre apresentava notícias de dias ou semanas atrás!

• Como era uma publicação de jornalismo oficial, a Acta Diurna Romana não era imparcial, nunca publicava notícias negativas de derrotas do Exército Romano e nem escândalos envolvendo pessoas públicas e aliados do Imperador. (guiadacarreira.com.br)

ADÃO E EVA, SEGUNDO EÇA DE QUEIROZ

Era medonho. Um pelo crespo e luzidio cobria todo o seu grosso, maciço corpo, rareando apenas em torno dos cotovelos, dos joelhos rudes, onde o couro aparecia curtido e da cor de cobre fosco. Do achatado, fugidio crânio, vincado de rugas, rompia uma guedelha rala e ruiva, tufando sobre as orelhas agudas. Entre as rombas queixadas, na fenda enorme dos beiços trombudos, estirados em focinho, as presas reluziam, afiadas rijamente para rasgar a febra e esmigalhar o osso. E sob as arcadas sombriamente fundas, que um felpo hirsuto orlava como um silvado orla o arco duma caverna, os olhos redondos, dum amarelo de âmbar, sem cessar se moviam, tremiam, esgazeados de inquietação e de espanto... Não, não era belo nosso Pai venerável, nessa tarde de Outono, quando Jeová o ajudou com carinho a descer da sua Árvore! E todavia, nesses olhos redondos, de fino âmbar, mesmo através do tremor e do espanto, rebrilhava uma superior beleza — a Energia Inteligente que o ia tropegamente levando, sobre as pernas arqueadas, para fora da mata onde passara a sua manhã de longos séculos a pular e a guinchar por cima dos ramos altos.

A aurora despontou, com ardente pompa, comunicando à terra alegre, à terra braviamente alegre, à terra ainda sem andrajos, à terra ainda sem sepulturas, uma alegria superior, mais grave, religiosa e nupcial. Adão acordou: e, batendo as fuscas pálpebras, na surpresa do seu acordar humano, sentiu sobre a ilharga um peso macio e que era doce. Nesse terror que, desde as árvores, não desamparava o seu coração, pulou e com tão ruidoso pulo que, pela selva, os melros, os rouxinóis, as toutinegras, todos os passarinhos de festa e de amor, despertaram e romperam num canto de congratulações e de esperanças. E, oh maravilha! Diante de Adão, e como despegado dele, estava outro Ser a ele semelhante, mas mais esbelto, suavemente coberto dum pelo mais sedoso, que o contemplava com largos olhos lustrosos e líquidos. Uma coma ruiva, dum ruivo tostado, rolava, em espessas ondas, até as suas ancas arredondadas numa plenitude harmoniosa e fecunda. De entre os braços peludinhos, que cruzara, surdiam, abundantes e gordos, os *dois peitos da cor do morango, com uma penugem crespa orlando o bico, que se enristava, intumescido. E roçando, num roçar lento, num roçar muito doce, os joelhos pelados, todo aquele sedoso e tenro Ser se ofertava com uma submissão pasmada e lasciva. Era Eva... Eras tu, Mãe Venerável!*[51]

AGORA, A VISÃO DE MARK TWAIN[52]

Adão pensa:

Segunda-feira. Esta nova criatura de cabelo longo é um valente empecilho. Anda sempre à minha volta e segue-me para todo o lado. Não gosto disto; não estou habituado a ter companhia.

Terça-feira. Não posso nunca dar nome a nada. O novo ser dá nome a tudo o que aparece antes de eu poder esboçar um protesto. E o pretexto é sempre o mesmo: parece ser aquilo.

Segunda-feira. O novo ser diz que se chama Eva. Tudo bem. (...) diz que não é um ser, mas uma Ela. Duvido, mas tanto me faz. O que Ela seja não me faria diferença se Ela se metesse na sua vida e não falasse.

Eva pensa:

Domingo. Durante toda a semana segui-o e tentei travar conhecimento. Tive de ser eu a falar porque ele é tímido, mas isso não me chateia. Ele parecia contente por me ter por ali e eu fartei-me de usar o socializante "nós" porque isso parecia deixá-lo orgulhoso por estar incluído em alguma coisa.

---

51. *WhatsApp do Editor: Isso é só o comecinho. O conto é ótimo.*
52. *WhatsApp do Editor: Excertos dos Diários de Adão e Eva.*

ATROPELAMENTO

Pierre saiu correndo de uma loja de joias em Paris no dia 19 de abril de 1906. Havia comprado uma pulseira para sua mulher, Marie. Ao atravessar uma rua, apressado, não viu a charrete com seis cavalos que vinha em disparada. O cocheiro tentou segurar o tropel dos animais. A rua era toda lama. Chovia. Pierre morreu pisado pelos cavalos. Morreu atropelado.

Foi preciso esse acidente, que matou Pierre Curie, que corria para abraçar Marie Curie, para que eu, aos setenta e sete anos, ou seja, agora, aprendesse a origem da palavra atropelar.

O casal havia ganhado, três anos antes, o Prêmio Nobel de Física. Eles descobriram o Rádio.

"Elemento metálico e radiativo, de número atômico 88 e símbolo Ra."

Quando for fazer uma radiografia ou uma radioterapia, agradeça aos dois.

Ele francês, ela polonesa.

DE COMO O ANEL DE NAPOLEÃO BONAPARTE FOI PARAR NO DEDO DO CHICO DIABO, QUE MATOU SOLANO LÓPEZ

As condições no acampamento eram deploráveis, com as quinhentas pessoas que acompanhavam López no extremo da fome e miséria.

Em Cerro Corá, abatia-se uma rês por dia para alimentar a todos. Consequentemente, as posições defensivas organizadas pelo marechal eram deficientes, e a isso somava-se o fraco armamento presente. As tropas brasileiras, com cerca de 2.600 homens sob o comando do general José Antônio Correia da Câmara, se aproximaram e cercaram o acampamento, sem este saber. No dia 1º de março atacaram em duas frentes: pela parte frontal e pela retaguarda. Os dois pontos defensivos, um no arroio Tacuara e o outro no arroio Aquibadán, caíram rapidamente, e o assalto ao acampamento durou poucos minutos, com a resistência se dispersando logo em seguida.

Solano López foi cercado pelos brasileiros e, após se negar a se render, foi ferido a lança por Francisco Lacerda (Chico Diabo), se embrenhando na mata logo em seguida. O general Câmara o seguiu e o achou próximo ao arroio Aquibadán, onde negou-se novamente a render-se, sendo alvejado no coração por João Soares. Os fatos sobre sua morte são cercados por divergências e imprecisões.

(Wikipédia)

Vamos aos fatos que a Wikipédia não sabe. No momento em que foi morto, mataram também seu filho Panchito, ainda menor de idade. Sua mãe, Elisa Alice Lynch, chegou ao local, abraçou o filho e o marido. Mais da metade do Paraguai foi dizimada pelo Brasil, Argentina e Uruguai. Um massacre a mando da Inglaterra.

Solano López conheceu Madame Lynch, inglesa, separada de um médico, no Palácio de Versalhes, numa das muitas festas dadas por Napoleão III. Elisa tinha dezoito anos. Se apaixonaram e, ao desembarcarem no porto do Uruguai, a caminho de Assunção, já estava grávida de Francisco Solano López Filho, o Panchito. De presente de casamento, Solano recebeu de Napoleão III um anel que teria sido de Napoleão Bonaparte.

Teria. Elisa nunca contou a verdade, pois era o orgulho do imperador López. Pois naquele momento, em Cerro Corá, Chico Diabo arrancou o anel e colocou no seu dedo. Levantou a mão ao alto e bradou, vitorioso, orgulhoso:
— O anel do Imperador Napoleão Bonaparte!
Elisa se levantou:
— Esse anel nunca foi de Napoleão Bonaparte! Mas pode dizer que foi do imperador Francisco Solano López!
Madame Lynch foi expulsa do Paraguai com o epíteto de puta! Morreria em 1886, dezesseis anos depois da carnificina.

Elisa Lynch morreu na obscuridade, em Paris, em 25 de julho de 1886. Mais de cem anos depois, seu corpo foi exumado e levado de volta ao Paraguai, onde o ditador general Alfredo Stroessner a proclamou heroína nacional. Seus restos mortais estão agora localizados no cemitério nacional Cementerio de la Recoleta.

Isso a Wikipédia deu.
Há um bairro em Assunção com o nome dela, perto do Parque Metropolitano:
MADAME ELISA ALICIA LYNCH

FÁTIMA, PORTUGAL

Longe de mim duvidar do que houve em Fátima, Portugal, no dia 13 de outubro de 1917. Setenta e cinco anos depois estive lá por cinco vezes, levando amigos e parentes, na época em que eu morava em Portugal. Me interessei pela aparição de Nossa Senhora. Fiz umas pesquisas.

Outro dia, andei mexendo nas minhas anotações.

Claro que, na época, 1917, já existiam jornais havia muitos anos. E mostro aqui trechos de dois deles, publicados dois ou três dias depois da aparição, escritos por jornalistas de Lisboa que lá estiveram.

Sabe-se que, naquele dia, chovia havia algumas horas. Uma incrível multidão (cerca de 70 mil pessoas) comprimia-se na Cova da Iria desde a noite anterior.

De um dos livros vendidos no Santuário:

O milagre foi observado de até 40 km de distância, em muitas aldeias.

Muitos gritavam: Ó, meu Deus, tende piedade de mim. Não me deixeis morrer nos meus pecados! Virgem Maria, protegei-me, é o fim do mundo! O prodígio durou dez minutos. Ao levantarem-se, todos perceberam que suas roupas estavam perfeitamente secas. Muitos milagres de curas verificaram-se nessa ocasião.

Num dos principais jornais da época, *O Dia*, de Lisboa, na primeira página do dia 17 de outubro de 1917, o repórter escrevia em sua matéria:

À uma da tarde — meio-dia pelo sol — a chuva cessou. O céu, de um cinza-pérola, iluminou a vasta área campestre com uma luz estranha. O sol estava velado como que por um filtro transparente, de modo que se podiam facilmente fixar os olhos nele. O cinza-madrepérola tornou-se prateado, à medida que as nuvens se separavam revelando um sol de prata que, envolto na mesma luz, girava no círculo de nuvens. Um grito elevou-se de todas as bocas, e o povo caiu de joelhos sobre o solo lamacento. A luz tornou-se de um lindo azul, como que vinda através dos vitrais duma bela catedral, e derramou-se sobre o povo ajoelhado, de mãos estendidas.

Lentamente, o azul apagou-se, e a luz parecia vir através de um vitral amarelo. Manchas amarelas pintaram os lenços brancos, contra os vestidos escuros das senhoras. Elas estavam sobre as árvores, as pedras, as montanhas. O povo chorava e orava, as cabeças descobertas diante do milagre pelo qual esperavam.

Outro grande jornal da capital, *O Século*, mandou seu próprio editor, Avelino de Almeida, ao local. Como testemunha ocular do fato, escreveu o seguinte no seu diário:

Da estrada, onde estavam estacionados os veículos e onde se comprimiam centenas de pessoas que não haviam ousado aventurar-se na lama, podia-se ver a imensa multidão voltar-se para o sol, que apresentou-se livre das nuvens e em seu zênite. Parecia um disco de pura prata, e era possível olhá-lo diretamente, sem o menor desconforto. Pode ter sido um eclipse. Mas naquele momento um grande grito elevou-se de todo lado: "Milagre! Milagre!". Ante os olhos atônitos da multidão, cujo aspecto era bíblico, ao se apresentarem com a cabeça descoberta, perscrutando agudamente o céu, o sol vibrou e realizou movimentos súbitos totalmente fora das leis cósmicas — o sol "dançou", de acordo com o relato unânime do povo.

Outra testemunha desse acontecimento, o professor de ciências José Garrett, da Universidade de Coimbra, cidade ao lado, disse o seguinte:

Não se tratava do piscar dum corpo celeste, pois girava em torno de si mesmo em loucos voltejos, quando um clamor uníssono elevou-se de todas as pessoas. O Sol, girando, parecia destrancar-se do firmamento e avançar ameaçadoramente sobre a Terra, como a ponto de esmagar-nos com sua massa. A sensação, durante esses momentos, foi terrível.

Parece descrição de disco voador. Mas todo mundo sabe que foi mesmo a Nossa Senhora quem apareceu. Eu só pergunto uma curiosidade: ela precisava fazer esse escarcéu todo?

Em tempo: sempre acreditei em discos voadores...

A CIA também!

UMA IDEIA PERDIDA

Einstein esteve no Brasil em 1925, quatro anos depois de receber o Prêmio Nobel de Física. Tinha então quarenta e seis anos.

Austregésilo de Athayde, jovem e promissor intelectual, que tinha vinte e sete, foi encarregado para levar o cabeludo para cima e para baixo no Rio de Janeiro. Diga-se de passagem que Albert achou tudo um saco: visita ao Observatório Nacional, Museu Nacional, Fiocruz. Mas o pior foi uma palestra no Clube de Engenharia Militar. Foi um fiasco, como observa Carlos Alberto, professor de Física na Universidade Federal da Integração Latino-Americana (Unila):

"A palestra foi algo insignificante para Einstein. Ele faz referência em seu diário ao fato de achar as pessoas bobas".

Pudera, o público era formado por militares e diplomatas, com suas esposas e filhos, e não entendiam nada do que o homem dizia. Einstein escreveu no seu diário:

"Eu era um elefante branco para eles, e eles uns tolos para mim".

Dizem até que, durante a palestra, um garoto perguntou, meio alto, para o pai:

"Pai, que hora que ele vai mostrar a língua?"

Mas o que interessa é que o Austregésilo levava o homem para todos os lugares e, de vez em quando, tirava um caderninho do bolso e anotava alguma coisa. Einstein perguntou o que era aquilo.

— Sou escritor. Sempre que tenho alguma ideia, anoto imediatamente. O senhor não faz isso?

Einstein:

— É que eu só tive uma única ideia.

Como destaca Henrique Fleming, professor do Instituto de Física da USP, provavelmente uma brincadeira inventada pelos colegas jornalistas do grande Austregésilo, que viria a ser presidente da Academia Brasileira de Letras por exatos trinta e quatro anos. Até o dia de sua morte, em 1993, com noventa e quatro anos.

Mas o que interessa com essa introdução toda é que eu também tenho a mania — quase doentia — de anotar as ideias. Não tinha caderninho, anotava em guardanapos ou até mesmo em papel higiênico. Bares e privadas são excelentes lugares para um escritor. Hoje, gravo no celular, depois de passar anos ligando para a minha casa e deixando as ideias na secretária eletrônica.

Pois um dia, acordei e havia um papel amassado no meu bolso escrito:

CARROSSEL
UMA PUTA IDÉIA!!!

Naquela época, anos 1980, ideia ainda tinha acento.

"Que porra é essa?", foi a primeira coisa que pensei.

Eu não tinha a mínima noção de que ideia se tratava. Voltei ao mesmo bar para ver se havia algum quadro com carrossel, conversei com quem estive. Nada. Até agora, hoje. Durante exatos quarenta anos, procurei o carrossel em algum canto do meu cérebro. Inutilmente. Ideia perdida é dinheiro perdido. Vivo delas. E as três exclamações me sussurravam que era ideia da boa, pra começar talvez com uma crônica, quiçá um conto, quem sabe um romance, roteiro para cinema, porventura até mesmo uma telenovela!

A MINHA SÃO PAULO DO SÉCULO XX
Caetano, Paulo Vanzolini e Tom Zé

Alguma coisa acontece no meu coração
Que só quando cruzo a Ipiranga e a Avenida São João
É que quando eu cheguei por aqui eu nada entendi
Da dura poesia concreta de tuas esquinas
Da deselegância discreta de tuas meninas
Ainda não havia para mim Rita Lee
A tua mais completa tradução
Alguma coisa acontece no meu coração
Que só quando cruzo a Ipiranga e a Avenida São João
Quando eu te encarei frente a frente não vi o meu rosto
Chamei de mau gosto o que vi, de mau gosto, mau gosto
É que Narciso acha feio o que não é espelho
E à mente apavora o que ainda não é mesmo velho
Nada do que não era antes quando não somos mutantes
E foste um difícil começo
Afasto o que não conheço
E quem vende outro sonho feliz de cidade
Aprende depressa a chamar-te de realidade

Porque és o avesso do avesso do avesso do avesso
Do povo oprimido nas filas, nas vilas, favelas
Da força da grana que ergue e destrói coisas belas
Da feia fumaça que sobe, apagando as estrelas
Eu vejo surgir teus poetas de campos, espaços
Tuas oficinas de florestas, teus deuses da chuva
Pan-Américas de Áfricas utópicas, túmulo do samba
Mais possível novo quilombo de Zumbi
E os novos baianos passeiam na tua garoa
E novos baianos te podem curtir numa boa.

De noite eu rondo a cidade
A lhe procurar, sem encontrar
No meio de olhares espio
Em todos os bares
Você não está
Volto pra casa abatida
Desencantada da vida
O sonho, alegria me dá
Nele, você está
Ah se eu tivesse
Quem bem me quisesse
Esse alguém me diria
Desiste, essa busca é inútil
Eu não desistia
Porém com perfeita paciência
Sigo a te buscar
E hei de encontrar
Bebendo com outras mulheres
Rolando um dadinho
Ou jogando bilhar

E nesse dia, então
Vai dar na primeira edição
Cena de sangue num bar
Da Avenida São João.

São, São Paulo
Quanta dor
São, São Paulo
Meu amor
São oito milhões de habitantes
De todo canto em ação
Que se agridem cortesmente
Morrendo a todo vapor
E amando com todo ódio
Se odeiam com todo amor
São oito milhões de habitantes
Aglomerada solidão
Por mil chaminés e carros
Caseados à prestação
Porém com todo defeito
Te carrego no meu peito
São, São Paulo
Quanta dor
São, São Paulo
Meu amor
Salvai-nos por caridade
Pecadoras invadiram
Todo centro da cidade
Armadas de rouge e batom
Dando vivas ao bom humor
Num atentado contra o pudor

A família protegida
Um palavrão reprimido
Um pregador que condena
Uma bomba por quinzena
Porém com todo defeito
Te carrego no meu peito
São, São Paulo
Quanta dor
São, São Paulo
Meu amor
Santo Antônio foi demitido
Dos ministros de cupido
Armados da eletrônica
Casam pela TV
Crescem flores de concreto
Céu aberto ninguém vê
Em Brasília é veraneio
No Rio é banho de mar
O país todo de férias
E aqui é só trabalhar
Porém com todo defeito
Te carrego no meu peito
São, São Paulo
Quanta dor
São, São Paulo
Meu amor.

GRANDES MULHERES

Marie Curie, Joana d'Arc, Tarsila, Maria Madalena, Marilyn, Fernanda Montenegro, Leila Diniz, rainha Victoria, Evita Perón, Maria Quitéria, Anita Garibaldi, Ruth Cardoso, Brigitte Bardot, Carolina de Jesus, Sarah Bernhardt, Jennie Jerome Churchill, Lucrécia Bórgia, Sarah Emily Davies, Marieta Severo, Nara Leão, Ana Paula Maia, Elis, Hebe, Marquesa de Santos, Rita Lee, Janete Clair, Pagu, Mafalda.

OS ANALFABETOS BRASILEIROS

O pior analfabeto é o que sabe ler e não lê. (Mario Quintana)

GRANDES HOMENS

Leonardo da Vinci, Michelangelo, Mozart, Tom Jobim, Caetano, Chico, Picasso, Cortázar, Nelson Rodrigues, Juscelino, Lula, João XXIII, Niemayer, Almodóvar, Brecht, Skakespeare, Alfred Hitchcock, Cervantes, Einstein, Pitágoras, Freud, Marx, Sherlock Holmes, Tarantino, Jesus Cristo, Tarzã, Drummond, Fernando Pessoa, Newton, Ziembinski, padre Pedro Cometti, Aderbal Freire-Filho, Millôr, Boni, Che Guevara, Fellini, Samuel Wainer.

A MÃE DE THOMAS MANN, ELE E
SÉRGIO BUARQUE DE HOLANDA

A montanha mágica não é nem o Corcovado, nem o Pão de Açúcar. Mas quase. A mãe de Thomas Mann era brasileira. E, pasmem!, admirou muito essas nossas montanhas, quando pequena. Segundo o escritor alemão, a mãe era *"minha crioula"*. Nascida no Estado do Rio de Janeiro, na Baía de Guanabara, em 14 de agosto de 1851, Júlia da Silva Bruhns adorava a Baía de Guanabara. Assim descrevem Karl-Josef Kuschel, Paulo Astor Soethe e Frido Mann (este, neto de Thomas Mann e Júlia):

> *Nasceu no meio da floresta da Costa Atlântica, ao sul do Rio de Janeiro, entre macacos e papagaios. Nos seus primeiros anos de vida, ela cresceu no "paraíso" ensolarado da região litorânea dos trópicos. Seus pais? Uma mãe brasileira e um pai alemão. Sua mãe morreu quando ela tinha cinco anos. Dois anos depois, em 1858, Júlia, seu pai e seus irmãos deixam a casa, suas plantações e seus cafezais. Ela teve de se despedir de seus amigos e companheiros de brincadeiras, que provinham, sobretudo, de famílias de escravos. E isso de uma vez por todas. Apenas sua ama negra, Ana, os acompanhou.*

O pai de Júlia da Silva Bruhns, Johann Ludwig Hermann Bruhns, foi casado com Maria Senhorinha da Silva, de Angra dos Reis. Dona Senhorinha seria, portanto, sogra de Thomas Mann.

Dois escritores brasileiros conheceram Thomas Mann. E o assunto foi o mesmo: Júlia! Thomas Mann chamava o Brasil de *Muttlerland*, "terra mátria".

Sérgio Buarque de Holanda, com vinte e sete anos, esteve com ele (Mann tinha cinquenta e dois) em um quarto de hotel em Berlim, conforme escreveu em seu diário:

Hoje, 18 de dezembro de 1927, à dez e meia horas, em frente ao Hotel Adlon, Unter den Linden[53] recebe indiferente os primeiros flocos de neve deste inverno. Certo pressentimento de que o romancista de Os Buddenbrook teria esquecido aquela entrevista, marcada há perto de dez dias, na véspera de sua partida para Estocolmo e no meio de um mundo de estudantes que o aclamavam delirantemente à porta da Humboldthaus, aconselhou-me a procurá-lo antes da hora combinada. Era fácil imaginar que o novo laureado do Prêmio Nobel não tivesse feito grande caso daquele vago compromisso estabelecido às pressas e num momento pouco confortável: seria quase um milagre se eu conseguisse atingir com êxito o meu objetivo. Confesso que não era muito animadora a perspectiva de encontrar-me frente a frente com aquela fisionomia, que parece apenas o pretexto para um nariz excessivo e que deve se conformar melhor à ironia do que à afabilidade.

Mas o professor Sérgio estava enganado. À hora marcada, anunciou-se pelo telefone da portaria do hotel. O Prêmio Nobel disse ao garoto que subisse imediatamente. E já abriu a porta se explicando:

— Não esqueci nossa entrevista. Tenho aqui, infelizmente, uma imensidade de cartões, e imagine o que seria de mim se pudesse atender a todas essas pessoas durante as poucas horas que ainda permanecerei em Berlim. Apesar dessa quantidade de compromissos a que tenho sido forçado ultimamente e que, na maioria, não poderei cumprir, acho impossível dispensar o prazer de conversar com um brasileiro.

---

53. *WhatsApp do Editor: Unter den Linden* (em alemão: "Sob as Tílias") é a avenida principal de Berlim, com as construções famosas do Portão de Brandemburgo, a Ópera Estatal, a Embaixada Russa, o Museu Histórico, a Universidade Humboldt, entre outras.

Abaixo, algumas frases de Thomas Mann para Sérgio Buarque:

• *Minha mãe me entretinha frequentemente sobre a beleza da Baía de Guanabara.*

• *Li apaixonadamente os clássicos alemães, os escritores franceses e russos, e, especialmente os ingleses, mas estou certo de que a influência mais decisiva sobre minha obra resulta do sangue brasileiro que herdei de minha mãe.*

• *A curiosidade pelo Brasil e pelos assuntos brasileiros fará com que um dia próximo visite o vosso país, onde desejo reviver as impressões de infância de minha mãe. Penso que nunca será demais acentuar essa influência (a herança materna) quando se critique a minha obra ou a do meu irmão Heinrich.*

Como diz seu neto Frido Mann, seu avô, no ensaio *Um esboço de minha vida*, indica de modo bastante "incisivo" a origem de sua mãe, descendente de uma "brasileira portuguesa crioula", e que destaque em sua mãe o "tipo romântico pronunciado".

Júlia Mann morreu nas imediações de Munique em março de 1923, pobre e sem nunca ter visto de novo a Baía de Guanabara.

Thomas Mann fala de seus pais:

Minha herança paterna e materna divide-se exatamente segundo o modelo goetheano: do pai a "estatura", ao menos uma dose disso, e "o jeito sisudo de ser"; da "mãezinha", tudo que G. [Goethe] resume simbolicamente nas palavras "alegria, candura" e a "vontade de histórias tecer", o que nela assumia formas bem diferentes, é claro. Sua natureza pré-artística e sensível expressava-se na musicalidade, em seu piano tocado com bom gosto e com a aptidão proporcionada por uma formação burguesa consistente, e em sua refinada arte de cantar, à qual devo meu bom conhecimento

da canção alemã. Ela foi levada a Lübeck ainda em tenra idade, e enquanto durou lá sua lida com as obrigações da casa comportou-se como uma boa filha da cidade e de seus extratos sociais mais elevados; uma corrente interior de propensão ao "Sul", à arte e à boemia, no entanto, jamais deixaram de estar claramente presentes.
Mann 1961ss.: vol. 2: 100s. (Obrigado a Sibele Paulino e Paulo Soethe)

Já Érico Verissimo, em 1941, em Denver, Estados Unidos, com seus trinta e seis anos, encontrou-se com Mann na casa de amigos comuns. Mann estava com sessenta e seis anos.

Para começar a conversa, em inglês, é claro, a nora da brasileira Júlia, Frau Katia Mann, perguntou ao Verissimo se a língua do Brasil era o inglês. Clima.

Érico retruca:

— Diga-me, Herr Mann, é verdade que sua mãe nasceu no Brasil? Onde se fala português?

— Sim. Minha mãe nasceu no seu país. Era filha de alemão e de mãe brasileira. — E foi com dificuldade que arrematou: — Gua-na-ba-ra.

— Mas brasileira só de nascimento mesmo ou também de sangue?

— Minha avó materna tinha sangue português e índio.

E não se falou mais em Júlia. Rolou um papo chatíssimo de quatro páginas que estão no genial livro do brasileiro: *Gato preto em campo de neve.*

BUDAPESTE E A SELEÇÃO DA HUNGRIA DE 1954

Considero o Chico Buarque a pessoa mais lúdica que conheço. Lúdica e engraçada. E não faz alarde. Mas vejam isto. No seu livro *Budapeste*, ele usa treze nomes de jogadores da famosa seleção húngara que encantou o mundo quando ele tinha dez anos, em 1954. E nunca contou isso pra ninguém. Mas quando eu vi um Ferenc (que, segundo ele, é Francisco em húngaro) Puskás... Isso é a cara dele. Vejam abaixo.

TÓTH – camisa 20
O meu pensamento era um cartão de visita na mesa de cabeceira, impresso com o nome dela, Fülemüle Krisztina, e o endereço, TÓTH utca, 84,17, Újpest, mais a anotação do horário das aulas, 20h00 – 22h00, e de uma quantia, forintes 3.000, que como diária me pareceu razoável.

SÁNDOR – camisa 8 e PUSKÁS – camisa 10
Em todo caso, para evitar problemas, assinei o anúncio com o nome de PUSKÁS SÁNDOR, escrivão. E fiz imprimir em negrito a palavra bizalomgerjesztö, isto é, confidenciabilidade.

PUSKÁS – camisa 10
E me instalei no gabinete do velho PUSKÁS, certo de que ele não se incomodaria de me emprestar sua cadeira giratória. Ali, eu atendia a alguns telefonemas, lia romances, ensaios, lia os jornais, as notícias de política local, os cadernos culturais, as páginas de esporte, até os classificados.

LANTOS – 4 – LORANT – 3 – BUDAI – 16 – KOCSIS – 8
O eminente poeta KOCSIS, por ocasião do lançamento

solene de Budapest, fez questão de me saudar em público na Livraria LANROS, LORANT & BUDAI.

BUZÁNSZKY – 2 – ZOLTAN – 11
Era para ela muito lisonjeiro que um autor tão premiado, tido pelo venerando BUZÁNSZKY ZOLTÁN como o último purista das letras húngaras, fosse esse tipo selvagem que ela iniciara no idioma.

GROSICSK – 1
Mas no corredor um homem robusto se apresentou como agente GROSICK, da Polícia Federal. Perguntou-me se eu era o sr. Zsore Kósta, funcionário do Clube das Belas-Artes, e solicitou meu passaporte.

HIDEGKUTI – 9
Quando saiu O colar de ameixas, livro de contos de Hidegkuti István, eu já conhecia algumas passagens que o autor havia lido no clube em primeira mão.

ZAKARIÁS – 6
Andei em direção ao centro da cidade. Mas bem antes do centro, encontrei um hotel de aparência modesta, o nome ZAKARIÁS em letras de ferro sobre a porta.

CZIBOR – 11
Confraternizando com o campônio, levei-o a um café da Praça Czibor, ofereci-lhe quatro ou cinco aguardentes e peguei algumas manhas da sua língua.

Sou capaz até de afirmar que ele escreveu o livro só para curtir sua maravilhosa loucura.

BOMBA!

Em uma cidade do País Basco, durante a guerra civil iniciada pelo ditador conservador defensor da família do bem, Francisco Franco, houve uma bomba que atingiu a terra, mas nunca explodiu. A bomba foi embutida no meio da praça central da pequena cidade. Os moradores, surpresos e assustados, não ousaram movê-la, muito menos desarmá-la. Lá permaneceu por anos durante o governo de Franco como um símbolo de morte, do poder do regime e do castigo de quem se revelou.

Um dia de primavera, pela manhã, Julen se cansou dos detalhes da paisagem que arruinava a praça, procurou por ferramentas e decidiu desmontar e remover o dispositivo. Nas primeiras horas, trabalhou sozinho, ao meio-dia já contava com a ajuda dos amigos. (Porque, se há algo pelo que morrer, que seja com os amigos.) No meio da tarde, todas as pessoas da cidade já estavam na praça, na expectativa e colaborando como podiam.

Ao anoitecer, eles a desarmaram, entraram em uma carroça e decidiram que iam levá-la para a cidade vizinha, onde ficava a sede municipal da região. Mas o interessante da história foi o que encontraram dentro da ponta da bomba. Lá, junto com cabos e pedaços de metal, eles encontraram um papel manuscrito que continha apenas algumas palavras. Achavam que poderia indicar o local onde foi feito, seus componentes ou algumas instruções de uso, mas mesmo assim despertou a curiosidade das pessoas.

Claramente, não estava em basco, espanhol ou inglês. Aparentemente era alemão. Na aldeia, só havia uma pessoa que conseguia decifrar a escrita: Mirentxu, que quando criança, por causa do trabalho do pai, havia passado alguns anos em Hamburgo. Mirentxu estava naturalmente na praça. Ela foi solicitada e assumiu o papel. Demorou alguns segundos para ordenar as palavras e a *gramática na sua mente. Para cortar o suspense, disse, olhando para todos os seus vizinhos (que ao mesmo tempo a olhavam em silêncio): No papel está escrito o seguinte:*

"Saudações de um operário alemão que não mata inocentes"

Ninguém saiu da praça nas horas seguintes. Eles discutiram, conjecturaram e interpretaram o manuscrito de mil maneiras.

Por fim, antes da meia-noite, o povo decidiu por unanimidade que a bomba não iria embora, até mesmo voltaria ao seu lugar. A partir daquele momento, a bomba na praça passou a simbolizar a resistência, o fim do medo e o poder de um povo com consciência de classe. Tudo isso como um presente de um trabalhador alemão que, em meio à ditadura nazista, arriscou a pele e deixou claro que nem o medo nem o regime seriam capazes de torná-lo um monstro a mais.

Se você vive sob regime fascista ou sob qualquer regime de morte e tem o estranho "privilégio" de ser empregado, recebendo um salário, dentro dele, você o sabota. Não precisa estudar ciências políticas para saber disso. Você precisa somente de sensibilidade e empatia, e de saber as consequências HUMANAS das políticas que estão sendo aplicadas na frente do seu nariz.[54]

---

54. *WhatsApp do Editor*: Texto do jornalista argentino Juan Manuel Domínguez, com o espanhol Andrés Delgado.

NELSON RODRIGUES

• Os regimes mais canalhas nascem e prosperam em nome da liberdade.
• Cochichamos o elogio e berramos o insulto.
• Nada mais pornográfico do que o ódio ou a admiração.
• Os sentimentos fortes, como a ira, como o ódio, a inveja, exigem um salário.
• O Brasil procura em vão um líder para o seu amor, ou um líder para o seu ódio.
• O canalha, quando investido de liderança, faz, inventa, aglutina e dinamiza massas de canalhas.
• Hoje tudo é possível. Há idiotas liderando povos, fazendo História e fazendo Lendas. O presidente da República é uma faixa, é uma casaca, é uma cartola, é o Hino Nacional.
• Há sujeitos que nascem, envelhecem e morrem sem ter jamais ousado um raciocínio próprio.
• Faz-se um gênio ou idiota, um santo ou herói em quinze minutos de fulminante promoção.
• Um gênio não convence ninguém, o idiota sim.
• Um idiota está sempre acompanhado de outros idiotas.
• Criou-se uma situação realmente trágica: ou o sujeito se submete ao idiota ou o idiota o extermina.
• O marido não deve ser o último a saber. O marido não deve saber nunca.[55]

---

55. *WhatsApp do Editor*: Com os agradecimentos do Prata ao André Seffrin, à editora Nova Fronteira e ao espólio de Nelson Falcão Rodrigues, nordestino dos bons, pela colher de chá.

OSWALD, ISADORA E LANDA

Oswald de Andrade tinha vinte e seis anos. Isadora Duncan, trinta e nove. Landa, bailarina e paixão do escritor, dezesseis.

Isadora Duncan (Angela Isadora Duncan) era uma coreógrafa e bailarina norte-americana, considerada a precursora da dança moderna, aclamada por suas apresentações em toda a Europa. Nascida na Califórnia, viveu na Europa Oriental e na União Soviética dos vinte e dois anos até a data da sua morte acidental na França, aos quarenta e nove.

José Oswald de Sousa (de) Andrade, apelidado de Oswald de Andrade, foi um poeta, escritor, ensaísta e dramaturgo brasileiro. Era filho único de José Oswald Nogueira de Andrade e de Inês Henriqueta Inglês de Sousa de Andrade. Formou-se em Direito no Largo São Francisco em 1919.

Oswald:

A banda de bordo tocava no tombadilho quando deixamos o Rio. Logo nos primeiros dias notei, entre céu e mar, ao lado de uma velhota cheia de vidrilhos, uma criança loira e linda que não teria onze anos e dançava como uma profissional. Não tardei em travar conhecimento com a velha, que se dizia mãe da menina e casada com um homem de negócios, americano. Moravam no Rio, na Pensão Schray, em frente ao Catete, e Landa — era esse seu nome — ia estudar bailado no Scala de Milão. Landa encheu meus dias de bordo.

O texto acima, Oswald de Andrade anotaria anos depois em sua autobiografia. Ele havia embarcado pela primeira vez para a Europa, em 1912. E a menina tinha doze anos. Paixão! Velada, mas paixão.

Isadora Duncan apresentou-se no Teatro Municipal de São Paulo em 1916, quatro anos depois daquela viagem. Recebeu no camarim o guapo Oswald, que fora levar algumas peças que havia escrito em francês. (Era moda no Brasil escrever as peças em francês.)

Antes que eu me esqueça, vi uma vez um livro não acabado do Campos de Carvalho escrito em francês. Me disse que a linguagem francesa era mais rica, mais escorregadia. Acho que estou repetindo isso.

Voltemos a 1916, seis anos antes da Semana de Arte Moderna, ali mesmo, no Municipal.

Na época, Oswald mantinha uma *garçonnière* onde se reunia a turma toda dos futuros modernistas. Havia um livrão na entrada onde todos eles escreviam "coisas". Inclusive Miss Cyclone (depois falaremos dela). Se tiver oportunidade, leia. Foi lançado um fac-símile em 1987. Nome: *O perfeito cozinheiro das almas deste mundo*. É simplesmente maravilhoso. Foi para lá que alguém levou um bilhete com um convite para um jantar no hotel onde Isadora estava hospedada, na Rua Direita.

Foi no quarto.

Uma mesa esperando os garçons trazerem a comida. Champanhe francês, tintim.

Isadora, trinta e nove, queria deglutir o brasileiro de vinte e oito anos. Sem perceber que havia caído numa armadilha pela maior dançarina do mundo, ele enveredou pelo fracasso. Perguntou se ela poderia dar umas dicas sobre dança para uma amiguinha dele, a Landa.

Não existem testemunhas, mas o que se comentou na época ali pelo Anhangabaú foi que ela o expulsou do quarto. A comida nem foi servida. Ninguém comeu ninguém. Oswald, com o rabo e o resto entre as pernas, desceu as escadas.

Isadora morreria tragicamente onze anos depois do não jantar, quando sua echarpe se enroscou na roda do carro aberto que dirigia em alta velocidade na Riviera Francesa. Tinha cinquenta anos.

Landa virou freira. Talvez virgem. Miss Cyclone morreu com dezenove.

Tudo modernista!

Disse lá em cima que não houve testemunhas do fiasco. Mas anos depois, no seu livro de memórias (*Um homem sem profissão: Memórias e confissões – Sob as ordens de mamãe*), Oswald mesmo conta o caso com seu texto maravilhoso:

Entre os frios e o primeiro prato, ela movimenta um pequeno gramofone. Levanta-se, a cabeça alta, um xale no ombro na penumbra que o quarto ao lado indiretamente ilumina. É um tango que ela desenvolve numa estatuária louca. Entre a Vitória de Samotrácia e o primitivismo arcaico de Moore. O tabu majestático me dissolve. O Tabor plástico me anula. Recolhi-me volutuosamente à dimensão negativa do meu ser. O meu estado de humilde angústia diante do gênio me faz esquecer a mulher. E do fundo do meu ser enamorado por outra, sobe a esperança de que ela possa salvar Landa prisioneira na casa dos seus pais no Rio, possa fazer Landa realizar-se como ela.

Com o champanhe a minha gafe atinge o paradoxo. Landa. O meu drama reflui como o sangue sobe ao coração. Tiro do fundo de um bolso uma fotografia amarrotada da dançarina do Catete. Isadora tem um gesto altivo de ombros.

— Que idade?
— Dezesseis anos...
— Há dez mil como essa pelo mundo!

Minha rata tocou o paroxismo kierkegaardiano. Sinto que me emporcalhei. São três horas da madrugada. Só há uma coisa a fazer — sair. E sair depressa. O barco da vida desceu, bate no lamaçal do fundo.

Estou de novo entre prédios, na rua penteada pela garoa paulista. Ando. Ando.

Vão comigo as taras da negatividade e do fracasso. Caminha em frente minha estrela negativa.[56]

O PRIMO — CAMPOS DE CARVALHO COM TEXTO NOVO

Texto publicado no meu livro Minhas mulheres e meus homens
CAMPOS DE CARVALHO, escritor (São Paulo, 1998)

"É mais fácil eu existir do que Deus."

Ele não acreditava nem em Deus, nem na lógica e muito menos na existência da Bulgária. Talvez não acreditasse também na morte. Tanto é que, quando o coração baqueou, ele passeava tranquilamente pelas alamedas de Higienópolis. Outono, Semana Santa. Sexta-feira, duas da manhã, hora que ele costumava dormir, "fechou os olhos", como disse a Lygia Rosa Campos de Carvalho, pintora, viúva dele.

Ele foi um dos maiores escritores brasileiros do século XX. Não por acreditar em nada. Mas por trabalhar como nunca com a loucura e o humor.

---

56. *WhatsApp do Editor*: Talvez naquela noite, poderia ter escrito um colega dele trinta anos depois, nascera o nosso Complexo de Vira-latas!

Ficou os últimos trinta anos sem escrever. Mal-humorado. Tem sua lógica. Ele era tão ateu que até se lembra da hora, dia e local quando resolveu romper com o forte catolicismo da família Cunha Campos, lá em Uberaba. Foi descendo a Rua Lauro Borges, em frente ao Fórum. Pá!

E o destino? Será que nisso ele acreditava? Ou será que ele morreu no mesmo dia que Jesus Cristo só para sacanear? O que ele nunca poderia imaginar é o nome do motorista do carro fúnebre: João de Jesus. Verdade.

Fui ao velório e ao enterro. O gênio era primo-irmão da minha mãe. E eu me orgulho de ter o Campos dele no meio do meu nome.

Quatro pessoas no velório. Quatro! Nenhum amigo, ninguém da imprensa. Nídia, a sobrinha de Lygia, o marido Basile, eu e meu filho Antonio. Antonio estivera com ele dois dias antes fazendo uma entrevista para o Estadão. Quatro pessoas.

Não gosto de ver o corpo no caixão. Me dá um frio não sei onde.

Antonio foi.

"Está com um sorrisinho irônico nos lábios. Nunca vi ele com a cara tão boa."

Senti muito a morte desse cara. Como parente, amigo, escritor. Mas, principalmente, como admirador, fã mesmo. Tenho certeza de que ele é um dos três que me influenciaram, que me marcaram, que me deram tesão para ser escritor. Ele, Cortázar e Nelson Rodrigues

Não tinha gente para carregar o caixão! O João de Jesus ajudou. E lá fomos nós em cortejo fúnebre de dois carros cremar o homem lá na Vila Alpina. Esquisito isso de deixar o cara lá e ir embora sem aquela imagem clássica do caixão descendo terra abaixo.

Quatro pessoas!

Tenho a sorte e o orgulho de ter aqui na minha gaveta o último texto do Campos de Carvalho. Um pedaço de papel cortado pela metade, escrito com a mão já trêmula de quem estava com oitenta anos. Chama-se "Segundo Sonho". Claro, perguntei pelo primeiro sonho. E ele:

— Não tem primeiro sonho.

SEGUNDO SONHO (Campos de Carvalho)

Estou no palco sozinho.
Sei que a peça vai começar daí a instantes, mas ignoro completamente meu papel, o que tenho a fazer e sobretudo a dizer. O script está na minha mão, mas não consigo lê-lo: as letras se embaralham e o sentido do texto muda sem que haja qualquer concatenação. Tenho a vaga ideia de que um casal (dois atores famosos e tarimbados) deve chegar a qualquer momento e então eu terei que dizer-lhes a palavra e começar a atuar. Pela janela, vejo dois vultos suspeitos tramando alguma coisa e, num deles, reconheço o ator com quem contracenarei.

O casal logo depois entra no palco, sem se anunciar, e eu, no desespero, chego a pedir que espere que eu leia ao menos as primeiras palavras do meu papel. A cortina se levanta e eu decido improvisar tudo em tom humorístico e sem sentido.

"*UM CORPO QUE CAI*", DUAS VEZES

De vez em quando saem listas dos melhores filmes de todos os tempos. *Um corpo que cai*, dirigido e produzido por Alfred Hitchcock, em 1958, está em todas elas. Geralmente, em primeiro lugar. A história foi baseada no romance de 1954, *D'entre les morts*

(Dentre os Mortos) assinado por Boileau-Narcejac. Eram dois, portanto: Pierre Boileau e Thomas Narcejac, franceses.

E sempre que se fala no filme, os citados são o diretor e o casal de atores (James Stewart e Kim Novak). Nunca falam dos escritores do romance policial. Quando eu era editado pela Globo Livros, ganhei de presente vários livros da dupla Boileau-Narcejac, do seu editor. Ele garante que a sensacional história onde o Hitchcock foi mamar, com seus roteiristas Alec Coppel e Samuel A. Taylor, nem é o melhor romance policial da dupla. Li onze livros da dupla, me apaixonei e comecei a pesquisar a vida deles. E o que descobri foi fantástico!

Quando se conheceram, ambos já haviam escrito alguns livros policiais solo. Morava um em Paris e o outro no interior. Narcejac em Paris e Boileau em Niza, com 340 mil habitantes hoje, e 687 quilômetros separando um do outro. E, claro, não existia ainda o TGV (o trem-bala). Não se sabe por que, resolveram escrever juntos, o que já vinham fazendo com sucesso isoladamente. Existia apenas uma regra. Regra incrível e imutável: o que já havia sido escrito não podia ser ignorado. Nem alterado.

Um escrevia metade do livro e mandava pelo correio para o outro, sem nenhum comentário e nenhuma conversa prévia sobre nem sequer o tema. O outro completava com o mesmo número de páginas a segunda parte. E pronto. Com o tempo (dizem que eles escreveram uns quarenta livros), um começou a sacanear o outro, mas sem negar o que já estava escrito. Difícil de compreender, mas eu tento explicar, citando o *Um corpo que cai (Vertigo)*:

O primeiro escreveu o romance D'entre les morts *narrando que James Stewart era um policial aposentado porque tinha vertigem. Um dia recebe a visita de um ex-colega de ginásio, contratando-o para seguir a sua mulher que andava meio esquisita, tinha medo de que ela se matasse. Com o tempo eles se apaixonam, mas ela (Kim*

Novak) pula — tinha problemas mesmo, a moça — de uma torre impedida de ser salva pelo James que tem a doença de vertigem e não consegue chegar até lá em cima para a salvar e viverem felizes para a frente. A primeira parte termina aqui, com o James olhando o corpo cair. E ela morta.

Mandou os originais para o outro.

O que fez o outro? Começa com James saindo de uma clínica psiquiátrica, porque ficou mesmo meio pirado. Um dia, andando por Paris (São Francisco, no filme) vê uma mulher idêntica a Kim Novak só que com cabelos castanhos. Começa a seguir, se conhecem, ela nega ser a outra, se apaixonam — de novo — e ele descobre que ela é uma garota de programa que foi contratada por aquele marido lá do começo. Para quê? Subir a torre com o James e se atirar lá de cima. Só que lá em cima estava o marido com a verdadeira mulher vestida igual a garota de programa, inclusive com o mesmo corte de cabelo. Ou seja, foi a maneira que o amigo da escola armou para matar sua esposa e pegar toda a sua herança (sim, tinha o problema do dinheiro, também).

Eu descobri boa parte disso tudo no dia 7 de junho de 1998, em Paris, quando estava cobrindo a Copa do Mundo para o *Estadão* e a *IstoÉ*. Foi o dia em que morreu Narcejac, aos noventa anos. Deu na primeira página de todos os jornais franceses.

"COLA" PARA UMA PALESTRA

Resuminho para uma palestra sobre Literatura Policial na Bienal do Livro de Brasília de 2014:

- Evidentemente que a literatura policial surgiu quando surgiram as grandes cidades, os grandes crimes, os grandes policiais e os investigadores: Londres e Paris do século XIX.
- No início, a lupa e a pegada.
- Estados Unidos: Edgar Allan Poe (1809-1849) – primeiros três contos. *Os crimes da Rua Morgue* foi o primeiro conto policial publicado, em 1841.
- França: Émile Gaboriau (1832-1873) – primeiros romances. *O Caso Lerouge* foi o primeiro romance policial publicado, em 1863.
- Inglaterra: Conan Doyle (1859-1930) e Agatha Christie (1890-1976, de gripe) – entre 1920 (primeiro romance de Agatha) e 1930 (morte de Doyle) é provável que os dois se conheceram...
- França: Georges Simenon (1903-1989).
- Estados Unidos: Raymond Chandler (1988-1959).
- Estados Unidos: Dashiell Hammett (1894-1961).
- França: Boileaux-Narcejac (1906-1989) e (1908-1998).

O detetive envelhecer ou não, a grande questão.

Todos os grandes autores de policiais (sem exceção) escreveram um livro sério, porque o policial sempre foi considerado um gênero menor. Pelos intelectuais, é claro. Mas não para Jorge Luis Borges e Bioy Casares, que criaram um pseudônimo para escrever policiais: *Honório Bustos Domecq*. Ele surgiu quando os dois se uniram para escrever um texto comercial sobre uma marca de iogurtes.

Ainda: Jorge Luis Borges e Bioy Casares criaram e editaram a coleção *El Séptimo Círculo* (1945-1956), que chegou a publicar mais de 400 livros policiais. Os dois trabalharam nos

120 primeiros. Além de traduzirem boa parte deles. E escreviam as pequenas biografias dos autores, colocadas nas edições. Bioy Casares chegou a dizer que Borges, às vezes, mudava o final de alguns romances.

Autores atuais: Ruth Rendell, Andrea Camilleri, Vásquez Montalbán, Lawrence Block, P. D. James, Patrícia Highsmith, Patricia Cornwell, Fred Vargas, Dennis Lehane, Donna Leon, Connelly, Roberto Ampuero, Leonardo Padura Fuentes.

Nórdicos (os melhores do mundo, atualmente):

- Arnaldur Indridason, Islândia (1961)
- Henning Mankell, Suécia (1948-2015)
- Jo Nesbo, Noruega (1960)
- Karin Fossum, Noruega (1954)
- Maj Sjöwall/Per Wahlöö, Suécia (1935-2020) - (1926-1975)
- Samuel Bjork, Noruega (1969)
- Stieg Karsson, Suécia (1954-2005)

SOBRE A MORTE, PESSOAL

Eu estava no velório do avô de Maria Shirts, filha da Silvia de Almeida e do Matthew, igualmente Shirts, meu melhor amigo americano.

Maria Shirts, minha afilhada, aos quatro anos, já filósofa, perdeu o querido avô Lory, pai da Silvia. Cismou de querer ir ao velório. Fez birra, levaram. Estavam todos os amigos da mãe e do pai, incluindo eu. Velório concorrido na Vila Madalena, que nem era tão vilamadalena ainda.

Pequenininha, não tinha altura para enxergar o Lory no caixão. Queria ver o avô. Silvia a levantou, ela olhou, olhou, examinou bem e perguntou num tom de voz acima do de um funeral:

— Mãe, como é que ele sabe que morreu?

Risos, algumas gargalhadas.

Foi quando eu pensei, não pela primeira vez, na sabedoria da afilhada. E hoje lhe agradeço publicamente.

Em 2018, abriram o meu peito para colocar umas pontes ligando ilhas a continentes. Maria, minha filha, cismou que eu tinha que ir a um psicanalista especializado em pré e pós-operações porque eu poderia ter um trauma pós-operatório em seguida. Muito a contragosto fui. Um médico com cara de personagem e barriga do Nelson Rodrigues me pergunta de cara:

— Tá com medo?

Pode?

No que eu respondi, no ato:

— Não, se eu morrer, não vou ficar sabendo.

VIVER

Eu tenho uma teoria na qual os filmes, as fotos e os jornais perderam o clima com a cor. Filme preto e branco é o que há. Outro dia, na pandemia, eu estava zapeando na tevê e apareceu um filme P&B dos antigos! Uma cena de um japonês caminhando, rua deserta, cidade indefinida.

No fim dos anos 1950, começo de 60, quando ainda morava em Lins, no Cine São Sebastião — o Palácio Encantado da Noroeste — passava filme japonês todas as segundas e quintas-feiras. Duas sessões por dia. Na quinta, sem dublagem! Mas na segunda, eu sempre estava lá.

Voltemos aos dias de hoje, com um japonês na minha televisão. No filme, o japonês entra numa casa. Corta, eu quase caí da cadeira vendo a cena. Lembrei imediatamente:

Esse cara tem câncer!

Não apenas ele, como todos na pequena sala de espera, tinham: era o consultório de um oncologista. Eu assisti de novo ao filme todo, mas só a cena inicial havia ficado na minha cabeça depois de mais ou menos sessenta e cinco anos.

Terminado o filme, nos dias de hoje, entram os letreiros. E a minha grande surpresa: roteiro e direção de Akira Kurosawa![57]

Pesquisa:

O filme era de 1953, premiado no Festival de Berlim de 1954. Deve ter passado em Lins em 1956-57. Eu tinha dez, onze anos, portanto. Nem devo ter lido o letreiro indicando o diretor. E se li, não dei bola para o Kurosawa. E muito menos para o nome do ator japonês: Takashi Shimura (12/03/1905-11/02/1982), um dos maiores atores japoneses do último século. A última coincidência: Shimura morreu no dia do meu aniversário, em 1982.

O filme do Kurosawa se chamava *Viver*.

---

57. *WhatsApp do Editor*: Já era uma pequena obra-prima do Kurosawa, autor de *Os Sete Samurais, Ran, Dodeskaden*, de uma produção grandiosa. Ganhou três vezes o Oscar de Melhor Filme Estrangeiro. Em 1986, melhor diretor. E, em 1990, o Oscar Honorário, pelo conjunto da obra.

(PARÊNTESES)[58]

Esse livro já estava entregue à editora quando saiu, em janeiro de 2023, a lista dos indicados ao Oscar. Entre eles estava Bill Nighy, ator inglês de 73 anos, concorrendo como melhor ator, pelo filme *Living*. Mas o mais interessante, soube lendo o jornal *O Globo*, de 25.01.2023, que o filme *Living* é um *remake* do *Viver*.

Isto aqui está sendo escrito antes do Oscar de 2023, em que ele concorre. *Living* foi escrito agora por outro japonês especificamente com Bill Nighy em mente. É sobre um burocrata no Japão do pós-guerra que desperta de uma inércia paralisante em seus últimos meses de vida, motivado por um câncer fatal.

A matéria de *O Globo*:

O romancista e ganhador do Prêmio Nobel Kazuo Ishiguro cuja família se mudou de Nagasaki para a Inglaterra quando ele era menino, adora o filme e reconhecia os paralelos entre o Japão do pós-guerra e o Reino Unido do pós-guerra — ambos tentando se reconstruir depois das devastações da guerra, dominados pela repressão cultural e pelas expectativas sociais —, vendo o potencial para um remake *do filme ambientado na Londres dos anos 1950.*

Uma noite em Londres, Ishiguro e sua esposa, Lorna MacDougall, jantavam com o produtor Stephen Woolley e Elizabeth Karlsen, esposa deste. Nighy chegou atrasado. Foi então que Ishiguro mencionou a ideia de um remake *— e comentou que seria um filme perfeito para Nighy.*

"Para um ator, é muito fácil interpretar estereótipos do cavalheiro inglês. Mas interpretar essa pessoa inglesa e adicionar a

---

58. (Parênteses) do autor Mario Prata. Que esperava que Bill Nighy ganhasse o Oscar 2023. Não ganhou... Perdeu para o *Baleia*.

ela algo profundamente humano, assombrosamente humano, que não é só inglês, mas universal – é uma coisa muito especial. Foi por isso que pensei que tinha de ser Bill Nighy. Eu não conseguia pensar em mais ninguém", declarou Ishiguro em entrevista.

Woolley concordou e convenceu Ishiguro a escrever o roteiro, mesmo que o autor estivesse escrevendo Klara e o Sol e afirmasse não ser bom de roteiro, relutando em assumir qualquer outra coisa. Mas fez. Ishiguro deu ao personagem principal o nome de sr. Williams, homenagem ao primeiro nome de Nighy.

Os diálogos — pelo menos no início, antes que o sr. Williams tenha uma epifania silenciosa, mas sísmica, sobre como deve viver sua vida agora dramaticamente encurtada — são austeros e lacônicos, com muitas cenas em que as pessoas tentam e não conseguem se expressar. (O personagem de Nighy recebe seu diagnóstico de câncer terminal de um médico que observa como a conversa é estranha. "Bem estranha", diz Nighy, quase se misturando aos móveis.)

"Bill tem uma compreensão inata do minimalismo quando se trata de cinema", observou Woolley.

E comparou a atuação dele com aquela mais operística e emotiva de Takashi Shimura, estrela de Viver:

"Nighy tem uma maneira incrível de se comunicar fazendo muito pouco, só um pequeno gesto ou um sorriso. Consegue te derrubar só levantando uma sobrancelha. É um ator fantástico e um ser humano maravilhoso, e você raramente encontra isso na mesma pessoa".

JANGADEIROS

Eu queria escrever um texto sobre Ipanema dos anos 1960-70 e pensei em contar uma cena que vi, uma vez, no Jangadeiros, bar icônico da época. Uma cena com um escafandro. Pesquisando sobre o bar, achei uma crônica do sempre bom Joaquim Ferreira dos Santos, publicada em *O Globo* de 1º de agosto de 2011, que conhecia a cidade, o bairro e o restaurante muito — e bota muito nisso — melhor do que eu. Eis, na íntegra:

Pegou um táxi e foi beber com a turma do Pasquim

Eu saí do filme do Woody Allen na Paris dos anos 20 pensando "nostalgia é a vontade de voltar saudoso a um passado que, a não ser no cinema, nunca existiu". Não deu tempo de elaborar melhor a frase, juntar estampas Eucalol entre as partículas passivadoras, borrifar um patchouli entre os verbos e agregar valor ao tirocínio. Chovia. Eu estava eufórico com o filme, mas cansado da vida, cansado de mim, velhice chegando, e eu chegando ao fim — e foi aí, no pâncreas do meu eu sorumbático, que o sino da Igreja de São José gemeu mais uma meia-noite fantástica.

Entrei no táxi, disse "Ipanema", e o motorista, depois de tragar o Chanceller, o fino que satisfaz, me deixou na mesa do bar Jangadeiro, na Praça General Osório. Tarso de Castro, Ziraldo, Paulo Francis e Jaguar discutiam com Millôr Fernandes a capa do próximo número do Pasquim.

Perguntei ao Ivan Lessa se o Artur Xexéo não havia exagerado em dizer que eu só escrevia nostalgia. Ivan puxou da Olivetti um artigo que acabara de escrever sobre o Almanaque Capivarol, uma cornucópia de tatuís na banheira, cabeçadas de Heleno de Freitas na trave de General Severiano e trinados de Linda Batista no palco-auditório da Nacional. Ivan descrevia nos anos 60 a maravilha de ter sido carioca nos anos 40, "aquilo sim".

Em defesa do que Luzia para sempre perdera na horta, Ivan bateu o bumbo e me mandou anotar um torpedo ao Xexéo. "O futuro é para se roçar nas ostras, comigo, não, violão" — ele falou e disse, mas se recusou a explicar. Era a Ipanema do final dos anos 60, a nova capital do charme do Rio, válida e inserida no contexto. Dava para ouvir ao fundo os aplausos ao pôr do sol no Posto Nove, mas intelectuais não iam à praia. Bebiam ali no Jangadeiro e metiam o pau no Costa e Silva e no David Nasser. Os editores do Pasquim *trocavam "Sifu" e "Quiuspa", uma língua inventada na redação para burlar a Censura. De vez em quando, serviam cerveja no pires a um cachorro hedonista embaixo da mesa.*

Passou um coelho correndo perto do balcão, mas eu fingi que não vi. Era um delirium tremens *provocado pela imaginação fértil de José Carlos de Oliveira, o cronista do* Jornal do Brasil *que, sozinho, namorava num copo a cirrose que o mataria. Eu ia dar um toque, bancar o Padre Pedro, mas me lembrei de uma crônica em que Carlinhos escreve sobre os defeitos de cada um. Ele acreditava na necessidade de curar apenas os dramas que não são naturais e cultivar, feliz, os mais gostosos. Recuei. Deixei-lhe a vida seguir ao gosto.*

Daquela mesa do Jangadeiro dava para ver o mundo, e ele era constituído pelo pranchão do Arduíno Colasanti, a calça Saint-tropez da Adriana Prieto, o topless *que a Monique Evans faria nas Dunas da Gal, a tanga enfiada da Rose di Primo e os pentelhos da Tânia Scher por fora do biquíni, um conjunto de desafios à burguesia e ao* status quo, *na promessa que o bairro fazia a todo o país de deixar o Jeca Tatu de lado e finalmente ser moderno.*

O Carlos Leonam anotava as cenas para a sua coluna "Carioca Quase Sempre", no "Caderno B". Era o novo paraíso, a Pasárgada, a Maracangalha, a felicidade brasileira reunida em meia dúzia de quarteirões e na possibilidade de um dia, a democracia também traria isso, beijar a Duda Cavalcanti. Os inimigos eram os espigões da Gomes de Almeida Fernandes. Eles subiam paredes por todos os quarteirões, mas os boêmios na mesa do Pasquim *tranquilizavam a todos. Aqui, del Rey!*

O táxi tinha me deixado na capital carioca do final dos anos 60, um projeto de revolução que Arnaldo Jabor levava todo dia à

eu vi um baile de debutantes ◗

praia para pegar jacaré, certo de que breve, depois da arrebentação, estava finalmente o dia em que este país chegaria ao futuro e seria uma grande Ipanema, todo mundo na política do frescobol, dando raquetada na cara da caretice.

Pedi uma lentilha garni e coloquei "É mocotó", com Erlon Chaves, na jukebox.

Com o rabo de olho da direita, vi Carlos Drummond de Andrade usar a linguagem dos surdos-mudos para dizer "sejamos docemente pornográficos" à mulher à sua frente. Ele é casado, ela é a outra que o mundo difama, mas em Ipanema ninguém repara.

Com o rabo de olho da esquerda, vi Tom Jobim e Chico Buarque chegando do Maracanãzinho, os smokings *sujos de ovos jogados pela multidão ainda ignara, mas que logo, a revolução ipanemenha prometia, provaria do melhor da cultura. Do outro lado da rua, fingindo conversar com as tartarugas que Mestre Valentim colocou no chafariz da praça, um informante do Dops filmava. O jacaré criado nas águas havia sido morto por um gavião que vinha da cobertura do Rubem Braga. O informante do Dops fingia reportagem sobre "a Suécia tropical, as novas relações amorosas no Rio" para o* Jornal de Vanguarda, *da TV Excelsior. Ao ser perguntada sobre o que achava do amor livre, a atriz Maria Gladys olhou firme para o rapaz e respondeu: "Topo".*

O Jangadeiro vibrava o êxtase criativo do final dos anos 60, a volta, que se previa inevitável a qualquer momento, do cipó de aroeira no lombo de quem mandou dar. Os homens sensíveis estavam ali. O psicanalista Eduardo Mascarenhas dizia do seu projeto — em cada mesa havia um — de "desnudar a alma", de não querer ser "uma alma vestida de ceroulas".

Os intelectuais estavam no poder, pelo menos no Jangadeiro, e eu disse "Ica-Cilda" para os quatro botões dourados da minha japona Ducal quando um homem vestido com um escafandro entrou. Todos continuaram conversando, até que o poeta Ferreira Gullar deu um soco na mesa e, "pô!", mandou que parassem com o fingimento blasé.

Pedi a conta. Achei que já tinha visto o suficiente daquele filme sobre a reinvenção do espanto e da felicidade de ser carioca no final dos anos 60. Chamei o táxi pela internet. Quando passei pela mesa do Pasquim, *Leila Diniz, chegada de um banho de mar noturno, ainda com uma toalha branca na cabeça, dizia que podia amar um homem e ir para a cama com outro — e deu uma gargalhada tão alta que fez o coelho sair correndo pelo meu* delirium tremens *afora.*

O ENTERRO DA TIA JOSEFA

Toda a família em Cuba se surpreendeu quando chegou de Miami um ataúde com o cadáver de uma tia muito querida. O corpo estava tão apertado no caixão que o rosto estava colado no visor de vidro. Quando abriram o caixão, encontraram uma carta presa na roupa com um alfinete, que dizia assim:

"Queridos Papai e Mamãe,
Estou lhes enviando os restos de tia Josefa para que façam seu enterro em Cuba como ela queria. Desculpem por não poder acompanhá-la, mas vocês compreenderão que tive muitos gastos com todas as coisas que, aproveitando as circunstâncias, lhes envio. Vocês encontrarão dentro do caixão, sob o corpo, o seguinte:

- 12 latas de atum "Bumble Bee",
- 12 frascos de condicionador,

- *12 de xampu "Paul Mitchell",*
- *12 frascos de Vaselina "Intensive Care" (muito boa para a pele! não serve para cozinhar!),*
- *12 tubos de pasta de dente Colgate,*
- *12 escovas de dente,*
- *12 latas de "Spam" das boas (são espanholas),*
- *4 latas de "chouriço" El Niño (de verdade).*

Repartam com a família (sem brigas!). Nos pés de titia estão um par de tênis Reebok novos, tamanho 9 para o Joseíto (é para ele, pois com o cadáver de titio não se mandou nada para ele, e ele ficou amuado). Sob a cabeça há quatro pares de "popis" novos para os filhos de Antônio, são de cores diferentes (por favor, repito, não briguem!). A tia está vestida com quinze pulôveres "Ralph Laurent", um é para o Robertinho e os demais para seus filhos e netos.

Ela também usa uma dezena de sutiãs Wonder Bra (meu favorito), dividam entre as mulheres também os vinte esmaltes de unhas Revlon que estão nos cantos do caixão. As três dezenas de calcinhas Victoria's Secret devem ser repartidos entre minhas sobrinhas e primas. A titia também está vestida com nove calças Docker's e três jeans Lee; papai, fique com uma e as outras são para os meninos.

O relógio suíço que papai me pediu está no pulso esquerdo da titia. Ela também está usando o que mamãe pediu (pulseiras, anéis etc.).

A gargantilha que titia está usando é para a prima Rebeca e também os anéis que ela tem nos pés.

E os oito pares de meias Chanel que ela veste são para repartir entre as conhecidas e amigas, ou, se quiserem, os vendam (por favor, não briguem por causa destas coisas, não briguem).

A dentadura que pusemos na titia é para o vovô, que ainda que não tenha muito o que mastigar, com ela se dará melhor (que ele a use, custou caro).

Os óculos bifocais são para o Alfredito, pois são do mesmo grau que ele usa, e também o chapéu que a tia usa.

Os aparelhos para surdez que ela tem nos ouvidos são para a Carola. Eles não são exatamente os que ela necessita, mas que os use mesmo assim, porque são caríssimos.

Os olhos da titia não são dela, são de vidro. Tirem-nos e nas órbitas vão encontrar a corrente de ouro para o Gustavo e o anel de brilhantes para o casamento da Katiuska.

A peruca platinada com reflexos dourados que a titia usa também é para a Katiuska, que vai brilhar, linda, em seu casamento.

Se vocês tirarem a cabeça de titia vão encontrar dentro o que Armandito me pediu, o galã do bairro. Tirem tudo que lhes enviei antes que se deem conta e fiquem com tudo!

Com amor, sua filha Carmencita.

PS: Por favor, arrumem uma roupa para vestir a tia para o enterro e mandem rezar uma missa pelo descanso de sua alma, pois realmente ela ajudou até depois de morta. Como vocês repararam, o caixão é de madeira boa (não dá cupim); podem desmontá-lo e fazer os pés da cama de mamãe e outros consertos em casa.

O vidro do caixão serve para fazer um porta-retratos da fotografia da vovó, que está, há anos, precisando de um novo.

Com o forro do caixão, que é de cetim branco ($ 20,99 o metro) Katiuska pode fazer o seu vestido de noiva.

Não esqueçam, com a alegria destes presentes, de vestir a titia para o enterro.

Amo-vos muito:

Carmencita

POR FAVOR, NÃO BRIGUEM PELAS COISAS, POIS ENQUANTO PUDER, MANDAREI MAIS. Com a morte de tia Josefa, tia Blanca caiu doente; não desanimem, logo, logo, vocês receberão mais coisas.

Beijos, beijos, beijos,

Ca"

(Autor desconhecido — texto de conhecimento público.)

A LUTA FEMINISTA Milena Rodrigues[59]

Pink tinha o salão sempre lotado. Sobrancelha, alisamento e escova eram suas especialidades. A cada mês ela própria desfilava um visual diferente. A propaganda é a alma do negócio, meu bem. Hoje Pink era loira, franja repicada e barba por fazer. Hoje é domingo, dia decisivo do campeonato municipal, quando Pink tira o esmalte e entra em campo Paulo César, meio atacante do Guarani de Água Limpa, artilheiro da competição com treze gols marcados.

---

59. *WhatsApp do Editor*: Mario Prata conheceu Milena quando ela lhe mandou o texto acima, há uns 15 anos. Adorou e pediu mais. Vieram. Todos do mesmo tamanho. Comentou com ela a exatidão centimétrica. A explicação: "A gente faz uma revistinha aqui em Bêagá, chamada *As Minas*, escrita só por meninas. Cada uma escreve um continho de uma página. Do tamanho da página, entendeu?".

Hoje também é o dia mais esperado da vida de Pink. Ela ainda não sabe, mas o namorado, cinco anos mais novo, vai pedir sua mão em casamento. Talvez por intuição o craque Paulo César tenha marcado quatro golaços. Aos 12, 20, 36 e 44 do segundo tempo. Com o fim da partida, vem agora o inesperado: um convite para atuar num time da primeira divisão. Imagine o que seria sobreviver a um acidente aéreo e descobrir ter acertado na loteria. Agora imagine também o dilema; de um lado, Pink e o sonho do casamento. Do outro, Paulo César e a grande chance da vida. De coração partido, Pink decidiu-se pela carreira de Paulo César. Fechou o salão, despediu-se das amigas e encarou a ilusão por que há de passar toda mulher.

A HORA CERTA

O artista, o herói, o santo, precisam morrer na hora certa, nem um minuto antes, nem um minuto depois. (NR)

MISS CYCLONE, A AMANTE DE DEZESSETE ANOS

Oswald:
Em minha casa calma da Rua Augusta, a professora de piano de Kamiá, uma moça chamada Antonieta que mora ao lado, na Rua Olinda, traz para o almoço uma prima esquelética e dramática,

com uma mecha de cabelos na testa. Chamavam-na Daisy. Parece inteligente. Convido-a cinicamente a amar-me. Ela responde:

— Sim, mas sem premeditação. Quando nos encontrarmos um dia. — Pergunto-lhe que opinião tem dos homens. — Uns canalhas! — E as mulheres? — Também!

Trechos escritos por vários modernistas, por Oswald — e principalmente por ela — em *O perfeito cozinheiro das almas deste mundo,* diário de bordo da *garçonnière.*

Ela era de Cravinhos e havia ido a São Paulo para fazer o Curso Normal, na Escola Normal Caetano de Campos, uma espécie de segundo grau de hoje, onde se saía com o diploma de professora. E foi cair nas mãos dos modernistas. Morreu aos dezenove anos, depois de um aborto mal resolvido, e está enterrada junto com o amante, com quem se casou já no hospital momentos antes de morrer. Me lembra muito a Leila Diniz.

Oswald:

Aparecem na garçonnière *três futuras celebridades das letras pátrias. São Monteiro Lobato, Menotti Del Picchia e Léo Vaz. Guilherme de Almeida e o desenhista Ferrignac (Inácio Ferreira), acompanhados às vezes de Edmundo Amaral, estreitam relações comigo e vêm sempre. Pedro Rodrigues de Almeida é o único que fica firme. Inicia a sua carreira de autoridade policial no interior, mas está sempre em São Paulo. Daisy (Miss Cyclone) anima a turma toda.*

Pedro Rodrigues de Almeida, que foi quem sugeriu o título para o diário:

A Cyclone é um desenho moderno. Ela sozinha basta para encher um ambiente intelectual de homens do quanto ele precisa de feminino, para sua alegria e para seu encanto. Ela é multiforme e variável na sua interessante unidade de mulher moderna. Anoto entre "reflexões sobre Daisy": "se a Cyclone estivesse entre os ventos da tempestade clássica de Virgílio, Enéas não escapava".

Cyclone:
O passado ser-me-á sempre a grande chaga.

Oswald:
Cyclone desaparece por um mês. Todo mundo reclama.

Oswald:
Daisy reapareceu numa nuvem de agasalhos, de luvas e beret, ilustração fugidia deste inverno de três graus. E, como veio, partiu, sonho fugaz, alma trotante da rua, literatura, buscapé de meu São João sentimental.

Cyclone:
Não acredites mais num homem para que não fiques sabendo que existe mais um cão sobre a terra.

Edmundo Amaral:
Cyclone passou como um tufão, transformando o Garoa em tempestade, o Ventania em brisa de arquipélago. O Garoa sou eu, Ventania, Ferrignac.

Se você um dia entrar no Cemitério da Consolação, em São Paulo, na segunda rua está o túmulo dos dois. Oswald e Miss Cyclone, debaixo de um maravilhoso busto (dela) feito por Victor Brecheret.

A FRASE ABAIXO NÃO É MINHA!!!
(PELO AMOR DE DEUS, GENTE)

"A ponte mais bonita do mundo é a que existe entre um olhar e outro."

A MISTERIOSA FRASE DE NEIL ARMSTRONG

Para quem viveu nos (e os) anos 1960 (céus, lá se vai mais de meio século! — e me desculpe o "céus", exclamação daquela época), dizia eu, quem se lembra da "guerra" pela conquista do céu (olha ele aqui de novo) entre os Estados Unidos e a Rússia deve se recordar de duas das mais famosas frases d'antanho (estou mesmo antigo).

"A Terra é azul", disse um majorzinho (na visão dos EUA) comunista (no medo dos EUA) chamado Iuri Gagárin. O sujeitinho, com cara de garoto bom filho, subiu ao espaço sideral, deu uma olhadinha pela janelinha e — imagino que boquiaberto — soltou a frase, espontaneamente. Aquilo caiu como uma bomba poética cá embaixo. O nosso mundo era (e é) azul. Ninguém jamais havia visto a Terra lá de cima. Pois Gagárin, que subiu major e desceu coronel, deve ter até chorado quando nos viu azul. Era 1961. Os Beatles iriam surgir um ano depois. *"Love me do!"*

Em 1969, os Beatles já haviam se desfeito quando uma das naves Apollo, a 11, da Nasa americana, estava sendo preparada para pousar na Lua. E um cidadão norte-americano iria caminhar pelo chão do satélite. Uniram-se os altos escalões dos arqui-inimigos dos russos para bolar que frase o elemento deveria dizer assim que saísse da viatura lunática e colocasse pé e suas pegadas naquele chão. O Pentágono, um possível octógono, um salão oval. O que iria dizer Neil Armstrong, o primeiro homem a pisar lá e fincar uma bandeira americana (eles costumam demarcar suas conquistas com uma bandeira ao vento) em forma de tremulante, porque lá não tem ventinho? E a frase escolhida para o jovem Neil Armstrong, ex-piloto de caça na Guerra da Coreia (contra os comunistas) foi:

"Este é um pequeno passo para o homem, um salto gigantesco para a humanidade".

Depois, de volta, ainda teve a cara de pau de dizer que a frase pintou na hora. Ora...

Só que ele disse mais uma frase que a História não registrou. Estava estabelecido que ele dissesse apenas a frase previamente preparada, e eles cortariam o som, para que ele não começasse a dizer besteira: "Mó barato, pessoal!"; ou, pior ainda: "A porra da Terra é mesmo azul". ou: "Vontade de mijar do cacete"...

Ele disse:

"Este é um pequeno passo para o homem, um salto gigantesco para a humanidade".

Só que ele acrescentou, já com o som para a televisão desligado:

"Good luck, Mr. Gorsky!".

E começou a passear por ali, possivelmente assoviando *"Blue moon, you saw me standing alone"*, pensando no Elvis.

A mensagem para o Mr. Gorsky ficou gravada na nave e na Nasa. E vazou para a mídia. E todo mundo queria saber quem era o Mr. Gorsky. E ele nunca se explicou, dizendo que tal elemento ainda deveria estar vivo. Existe até uma versão de que tudo isso é uma invenção. Até que um dia, já no século XXI, pouco antes de morrer, ele teria contado numa coletiva:

Quando eu tinha uns doze anos e morava em Wapakoneta (em Ohio, hoje com 9 mil habitantes, local onde nasceu), a gente estava jogando beisebol num terreno na frente de casa quando saí correndo atrás de uma bola que caiu no quintal dos Gorsky. Pulei a cerca sem barulho e, enquanto procurava a bolinha, ouvi uma discussão entre Mrs. e Mr. Gorsky, no quarto deles. E ela dizia, muito segura de si:

— Sexo anal, queridinho, só quando o filho dos Armstrong pisar na Lua!

Pois é.

— Good luck, Mr. Gorsky!

É O FIM?

Achei uma tesoura dentro do congelador. Congeladíssima. É grave, tia?

ANTES, OUTRO MESTRE

11.09.98 – Festivaletteratura Mantua.

Manuel Vázquez Montalbán,[60] respondendo a uma pergunta de Andrea Camilleri, sobre romances atuais. Portanto, há vinte e cinco anos.

---

60. *WhatsApp do Editor*: 1939-2003, Barcelona, Espanha. Um dos grandes escritores de livros policiais do mundo. Criador do personagem Pepe Carvalho, um dos melhores policiais da literatura contemporânea.

— Por volta de 1972 ou 1973, iniciou-se na Espanha uma época de mudanças nos gostos literários. Depois dos anos de literatura social, houve uma reação vanguardista influenciada pela revista Tel Quel, pelo estruturalismo, pós-estruturalismo e coisas assim, e a literatura se tornou algo muito pesado. Uma definição precisa foi dada por Rafael Alberti quando perguntado se ele lia autores espanhóis: "Poesia sim, eu li poesia, mas o romance é muito difícil para mim porque os protagonistas precisam de quarenta páginas para subir uma escada ou trinta para abrir uma janela". De certa forma, pertenço a esse tempo, a essa classe de escritores. Acreditava na interpretação mecanicista da morte iminente da burguesia e do romance como instrumento de análise e conhecimento da sociedade.

Escrevíamos romances que eram uma espécie de auto-destruição do romance. Procuramos, com uma espécie de laocontismo[61], entre os diversos gêneros, a forma de destruir a estrutura literária, sua arquitetura interna. Eu também tinha escrito alguns romances experimentais e, em um desses intitulado Matei Kennedy, *o personagem se chamava Carvalho, mas ainda não era o Carvalho da série... Uma noite, tarde da noite, depois de um jantar não muito bom e num encontro com jovens da esquerda — naqueles anos a esquerda não comia bem, tinha uma certa vontade de querer expiar a sua origem pequeno-burguesa e acho que a conversa se voltou para o mau vinho — veio uma época em que eu dizia: "Estou farto dessa literatura pesada. Quero escrever um romance como os antigos, um romance de policiais e ladrões, cheio de ação; contar*

---

61. *WhatsApp do Editor*: Laocoonte era filho de Acoetes e irmão de Anquises; foi um sacerdote de Apolo, mas, contra a vontade de Apolo, se casou e teve filhos, Antífantes e Timbreu. Quando Laocoonte estava fazendo um sacrifício a Netuno, Apolo enviou duas serpentes de Tênedos, que mataram o sacerdote e seus descendentes. Segundo os frígios, isto aconteceu porque Laocoonte havia arremessado sua lança contra o Cavalo de Troia. Entendeu tudo? Nem o Prata...

uma história em que é necessário organizar o enredo, onde a intriga é parte necessária; escrever uma história de detetive".[62]

A CANTADA MAL DADA QUE MUDOU O MUNDO

Ele mudou o mundo: elegeu malucos. Deu voz a todos os imbecis do planeta. Tudo começou num dos vários bares da Universidade Harvard, na cidade de Cambridge, em Massachusetts, fundada em 1636. Estamos agora em 2003.

Chovia muito naquele dia. Um garoto de dezenove anos, chamado Mark Elliot Zuckerberg, num papo completamente *nerd*, tentava convencer uma jovem chamada Erica Albright a transar com ele. Ela o chamou de *nerd* chato e saiu da mesa.

Na próxima cena vemos Zuckerberg correndo com uma caixa de cervejas pelas alamedas da universidade, com um plano na cabeça: sacanear a quase namorada pela internet em grande estilo.

No dia 3 de fevereiro de 2004 surgia o The Facebook. Depois ele tirou o The. O resto vocês sabem.

---

62. ADENDO DE MARIO PRATA: Ana Paula Maia, Andréa Del Fuego, Carla Madeira, Carol Bensimon, Giovanna Madalosso, Marta Batalha e Vanessa Bárbara parecem ter lido este texto do Montalbán e são as principais romancistas (incluindo os homens) do século XXI no Brasil. E devem também ter lido Camilleri, Karin Fossum, Henning Mankel, Jo Nesbo, Arnaldur Indridason, Claudia Piñeiro, Etgar Keret e, ainda e sempre, Rubem Fonseca e Julio Cortázar. Sem falar no Campos de Carvalho. E, é claro, o Doutor Quaresma, do Fernando Pessoa. E, meninas, parem de ler aquelas velhinhas chatas que andam ganhando o Nobel.

Enfim, se a Erica tivesse caído na cantada muito mal dada, poderíamos estar vivendo num mundo bem melhor, sem Facebook, Whatsapp, Instagran e, principalmente, *fake news*.

E o Mark Elliot poderia ter continuado treinando esgrima — era campeão estudantil — e ganhado algumas medalhas em olimpíadas.

Com o Facebook, acumula uma fortuna de 130,8 bilhões USD (2021), segundo a Forbes. Está com trinta e sete anos. Da Erica Albright eu não sei mais nada. Mark nega o fora que levou dela.

Enfim... Fudeu geral!!!

Mark Elliot Zuckerberg, vá pra puta que te pariu![63]

---

63. *WhatsApp do Editor*: Copiado do *release* de lançamento do livro *The Accidental Billionaires* (*A Rede Social*, no Brasil, 2010): "*Em fevereiro de 2003, Mark Zuckerberg, um jovem acadêmico da Universidade Harvard, fica indignado ao levar um fora da sua namorada, Erica Albright, após esta questionar o seu comportamento egocêntrico. Ao voltar para o alojamento estudantil, Zuckerberg escreve um post insultante sobre Albright em seu* blog *pessoal no* Live Journal. *Após hackear e utilizar os servidores da universidade, este cria um site chamado* The Facemash (*O purê de caras?*), *primeiro nome do Facebook), onde os visitantes do site votam e classificam a atratividade de estudantes do sexo feminino, incluindo Erica; o tráfego no site é tamanho que a rede de computadores de Harvard é desligada por sobrecarga. Zuckerberg é punido pela reitoria com seis meses de suspensão acadêmica*". E Prata afirma, exatos vinte anos depois, em 2023: "Foi pouco para o cu de boi que ele criou no mundo todo!".

As 687 pessoas que passaram pelo livro

As 687 pessoas que passaram pelo livro

A

Abadya Cunha Campos, 31, 34, 35, 36, 37

Acácio, sacristão, 52, 53, 100

Acoetes, 381

Adalgisa Colombo, 42, 326

Adão, 313, 314, 328, 330, 331, 332

Adelaide Tostes, 324

Ademar de Barros, 63, 94

Ademar Guerra, 127

Aderbal Freire-Filho, 65, 137, 154, 155, 344

Adolpho Bloch, 98

Adoniran Barbosa, 175

Adriana Prieto, 369

Adriano Goldman, 218, 225

Agatha Christie, 362

Akira Kurosawa, 365

Alan Jay Lerner, 75

Alaor Prata, 204, 205

Alaor, zagueiro do USC, 24

Alberto Guzik, 177

Alberto Prata Júnior, 43, 118, 399

Alê, 399

Alfred Hitchcock, 344, 359

Almir Pernambuquinho, 154, 155

Almodóvar, 344

Aluízio Rosa Prata, 43, 264

Álvaro Prata, 264

Américo Murolo, 38

Ana Paula Maia, 344, 381

Anatol Rosenveld, 177

Andrea Camilleri, 255, 313, 322, 363, 380

Andréa Del Fuego, 381

Andrés Delgado, 352

Anésio Barreto, 155

Anita Garibaldi, 344

Anquises, 381

Anselmo Vasconcelos, 190

Antifantes, 381

Antoine de Saint-Exupéry, 278

Antonio Alcarraz Pires, tio Tunico, 36

Antonio Benetazzo, 122, 129

Antonio Candido, 19, 200, 241

Antonio Delfin Netto, 114, 119

Antonio Fagundes, 126

Antonio Galvão Novaes, 279

Antônio Maschio, 175

Antonio Prata, 20, 187, 399

Antônio Vieira Pontes, 32

Apolo, 381

Aracy Balabanian, 126

Arduíno Colasanti, 369

Ariano Suassuna, 292, 293

Ariclê Perez, 126

Armando Bogus, 126

Armando Costa, 148

Armando Falcão, 165

Arnaldo Jabor, 369

Arnaldur Indridason, 363, 381

Arrigo Barnabé, 208

Arthur Conan Doyle, 362

Artur Xexéo, 368

Aspásia Cunha Campos, Tipá, 31, 33, 34

Assis Valente, 273

Aureliano Chaves, 186

Ava Gardner, 149

Avelino de Almeida, 337

B

Bach, 152

Bárbara Heliodora, 177

Bebeto, 285

Belchior, Gaspar e Baltazar, 315

Bellini, 69

Benedito Valadares, 40

Bernard Shaw, 75

Bertolt Brecht, 109, 344

Beth Carvalho, 185

Bibi Vogel, 126

Bill Nighy, 366, 367

Bisteca, 70

Bioy Casares, 362, 363

Boileaux, 359, 360, 361, 362

Bolinha, 78

Boni, 160, 161, 229, 344

Borjalo, 172

Brigitte Bardot, 149, 163, 344

Bruno Barreto, 156

Budai, 349, 350

Buzánszky, 350

C

Cabelinho, 78

Cacá Diegues, 105

Cacilda Lanuza, 137

Caetano, 161, 162, 163, 340, 344

Caio Borges, 399

Caio Fernando Abreu, 176, 200

Calvo Montalbano, 313

Cândida Veloso, 32, 36

Candinha Cunha Campos, 31, 34, 35, 36

Capitão Mendes, 129

Carla Madeira, 281

Carlos Augusto Strazzer, 136

Carlos Drummond de Andrade, 370

Carlos Heitor Cony, 194

Carlos Imperial, 118, 148

Carlos Kroeber, 189

Carlos Leonam, 369

Carlos Soulié do Amaral, 104

Carmen Lúcia Ariano Escobar Melo, 399

Carol Bensimon, 381

Carolina de Jesus, 344

Caroline Soares Almeida, dedicatória

Cartola, 99

Carvalho Pinto, 63

Carybé, 325, 326

Caryl Chessman, 100, 101

Cássia Janeiro Karuna, 399

Castelar, 240

Celeste Arantes do Nascimento, 62, 71

Celsinho Curi, 208

Cervantes, 344

Che Guevara, 344

Chico, 344

Chico Buarque, 220, 225, 349, 370

Chico Diabo, 333, 334, 335

Chico Mattoso, 241

Chico Milan, 225

Chico Xavier, 99

Ciça Pinheiro, 399

Claudia Piñeiro, 381

Cláudio Kahns, 208

Cleveland Prata, 79

Cortázar, 78, 344, 358

Czibor, 350

D

Dagomir Marquesi, 189

Dalton Trevisan, 220

Daniel Duailibi de Mello Prata, 31, 399

Daniel Más, 189

Dante de Oliveira, 185

Dashiell Hammett, 362

David Nasser, 368

Débora Duarte, 137

Décio de Almeida Prado, 177

Denise Fraga, 225

Denise Polonio, 399

Denise Sarraceni, 191, 194

Denner, 105

Dennis Carvalho, 126

Dennis Lehane, 363

Deus, 109, 167, 201, 233, 243, 269, 305, 313, 325, 336, 357, 377

Di Stéfano, 285, 286

Didi, 69, 70, 134, 135

Dídia, 31, 32, 40, 41

Didia Campos de Moraes Prata, 46, 270, 399

Didiana Prata de Lima Barbosa, 301

Dilva Frazão, 214

Djalma Santos, 69

Dom Gelain, bispo de Lins, 52

Dom João VI, 306

Dona Augusta, professora, 46

Dona Gessy Martins Beozzo, 25, 224

Dona Pequenina, 38, 39

Dondinho, 60, 61, 62, 71, 273

Donna Leon, 363

Dora Prata Bial, 105, 399

Dorival Caymmi, 76, 324, 326

Doutor Baragatti, 103

Doutor Prata, 43, 60, 61, 262, 273, 327

Doutor Quaresma, 287, 381

Doutora Isaura, 222

Drummond, 344

Duda Cavalcanti, 369

E

Eça de Queirós, 330

Edgard Allan Poe, 255, 362

Edmundo Amaral, 376, 377

Edson Luís de Lima Souto, 301

Eduardo Mascarenhas, 370

Eduardo Suplicy, 185

Einstein, 338, 339, 344

Elis Regina, 218, 344

Elizabeth Karlsen, 366

Elvis Presley, 63, 172

Émile Gaboriau, 255, 362

Emilinha Borba, 175

Ênio Gonçalves, 65, 136, 137, 152

Eponina Cunha Campos, 31, 33, 34

Eric Nepomoceno, 287

Erica Albright, 382, 383

Érico Veríssimo, 348

Erlon Chaves, 370

Etgar Keret, 381

Eva, 313

Evita Perón, 344

F

Fábio Brant de Carvalho, 236

Fabrício Mamberti, 153

Fafá de Belém, 185

Família Ariano, 70

Família Cúcolo, 70

Federico Fellini, 58, 161, 162, 344

Ferenc Puskás, 349

Fernanda Montenegro, 176, 209, 344

Fernando Collor, 186

Fernando Henrique Cardoso, 185

Fernando Morais, 186, 208, 218, 225

Fernando Pessoa, 287, 288, 344, 381

Fernando Sabino, 40, 42, 304, 305

Fernando Torres, 176

Ferreira Gullar, 370

Fidel Castro, 211, 217

Flávio Cavalcanti, 105

Flávio Ercoli, 116

Flávio Márcio, 65

Flávio Rangel, 175

Flora Gomes, 228, 229

Francisco Alves, 151

Francisco Franco, 351

Francisco Solano López Filho, 334, 335

Franco Montoro, 185

Françoise Forton, 160

Fred Vargas, 363

Frederick Loewe, 75

Freud, 344

Frido Mann, 345, 347

Fulgêncio Batista y Zaldívar, 212

G

Galante & Palácios, 156, 158

Garrincha, 69, 70, 204

General Alfredo Stroessner, 335

General Câmara, 334

General Costa e Silva, 129

General Ernesto Geisel, 165

General José Antônio Correia da
    Câmara, 334

Georges Simenon, epígrafe, 292, 362

Germano Almeida, 220

Gerome Ragni, 126

Gervásio Baptista, 42

Gianfrancesco Guarnieri, 185, 218

Giédre Valeika, 105

Gilberto Prata Soares, 72, 73, 99

Gilmar dos Santos Neves, 69

Gilza Silva, 38, 39

Giovanna Madalosso, 381

Giulia Gam, 218, 225

Glauco Pinto de Moraes, 208

Gorete, 241, 242

Gregório de Matos, 324

Grosicsk, 350

Guilherme Afif, 186

Guillaume Musso, 311, 322

Gustave Dore, 25

Gustavo Murolo, 39

Guto Beozzo, 224

H

Heart Smile, 153

Hebe, 243, 244

Helena Valadares, 40

Heleny Guariba, 122, 125

Henfil, 138, 139

Henning Mankel, 381

Henri Philippe Reichstul, 115

Herodes, 316, 317

Hidegkuti, 350

Hideraldo Luiz Bellini, 69

Hitler, 209, 279

Honório Bustos Domecq, 362

Hugo Prata, 218, 225

I

Ignácio de Loyola Brandão, 89, 176

Ileana Kwasinski, 225

Íris Bruzzi, 137

Isabel Leão Diegues, 214

Isadora Duncan, 354, 355

Ítalo Zappa, 218

Iuri Gagárin, 378

Ivan Albuquerque, 192

Ivan Lessa, 368

J

J. K. Rowling, 214, 215

Jack Nicholson, 326

Jaguar, 138, 368

Jair Conceição, 45

Jairo Borges, 70

James Amado, 326

James Rado, 126

James Stewart, 360

Janete Clair, 344

Jânio Quadros, 63, 93

Janis Joplin, 149

Jean-Claude Carrière, 206

Jeanne Moreau, 206

Jeca Tatu, 369

Jece Valadão, 148

Jeferson Cristiano Reck, 399

Jefferson Del Rios, 132, 177, 178

Jenner, 325

Jennie Jerome Churchill, 344

Jerry Seinfeld, 317

Jesus, 53, 82, 167, 315, 316, 344, 358

Jo Nesbo, 363, 381

Joana d'Arc, 344

Joana Fomm, 225

João Baptista Meneis, 67

João Belchior Goulart, o Jango, 159, 160

João Bosco, 168

João de Jesus, 358

João Marcos Flaquer, 116

João Ubaldo Ribeiro, 204, 294, 297

João XXIII, 344

Joaquim da Prata, 30

Joaquim Ferreira dos Santos, 367

Joca Reiners Terron, 304

Johann Ludwig Hermann Bruhns, 345

Jorge Amado, 323, 324

Jorge Arantes, 215

Jorge Bodanzky, 166

Jorge Dória, 148

Jorge Henrique Prata Soares, 72

Jorge Luis Borges, 362

José (da Virgem Maria), 316, 317

José Álvaro Moisés, 97

José Carlos da Matta Machado, 122

José Carlos de Oliveira, 369

José Diegues Bial, 106

José Eduardo de Lima Barbosa, 212

José Fernandes de Lira, 192

José Garret, 337

José Gregori, 225, 257

José Macário, 128

José Márcio Penido, 176

José Maria Campos de Moraes Prata, 107, 262, 399

José Roberto Filippelli, 104

José Rubens Siqueira,133, 136

José Vicente da Veiga, 241

José Wilker, 191, 194

Joubert de Carvalho, 43, 44, 264, 274

Joviano Jardim, 35

Joyce Cavalcante, 176

Juan Manuel Domínguez, 352

Juca Kfouri, 185

Júlia Beirão, 180

Júlia da Silva Bruhns, 345

Julia Miranda, 137

Julie Andrews, 75

Julio Cesar, 281, 329

Júlio Cortázar, 312, 381

Juscelino Kubitschek, 57

K

Kamiá, 375

Karin Fossum, 363, 381

Karl Marx, 114, 217

Karla Monteiro, 150

Karl-Josef Kuschel, 345

Katia Mann, 348

Kazuo Ishiguro, 366

Kiko, linotipista, 25, 26, 27, 72, 89

Kim Novak, 360, 361

Kocsis Zakariás, 350

L

Laerte Morrone, 126

Lampião, 149

Landa, 353, 354, 355, 356

Lantos, 349

Laocoonte, 381

Laura Prata Bial, 31, 105, 399

Lauriston Prata, 79

Lauro César Muniz, 189

Lawrence Block, 363

Leão Serva, 225

Ledo Ivo, 323

Leila Diniz, 344, 371, 375

Lélia Abramo, 175

Leo Gilson Ribeiro, 123, 138, 327

Leonardo da Vinci, 344

Leonel Brizola, 185, 186

Leonel Campos de Moraes Prata, 39, 71, 107, 399

Lilinha Cucolo Borges, 70

Lilit, 313, 314

Lilu von Krüger Toledo, 399

Lima, 61, 226

Lima Duarte, 225, 226

Lincoln Gordon, 160, 249

Lívio Ragan, 104

Lolô Prata, 43

Lóránt, 349, 350

Lorna MacDougall, 366

Lothar, 220

Lúcia Costa Teixeira, 399

Lúcia Lara, 138, 139

Lúcia Villares, 200

Luciana Braga, 196

Luciana Garcia De Francesco, 181, 189, 399

Lucrécia Borgia, 344

Luís Antônio Giron, 116

Luis Buñuel, 206

Luís Carlos Prestes, 185

Luis Fernando Carvalho, 191, 194

Luiz Fernando Emediato, 399

Luiz Inácio Lula da Silva, 185

Luiz Roncari, 176

Luizinho Prudêncio, 107

Lurdinha, de Arapongas, 130

Lygia Fagundes Telles, 175

Lygia Rosa Campos de Carvalho, 357

M

Maçã Dourada, 120, 121

Machado de Assis, 37, 191, 194, 196, 197

Madame Elisa Linch, 334, 335

Mafalda, 344

Maicon Levin, 257, 258

Maj Sjöwall, 363

Manabu Mabe, 229, 251

Mandrake, 220

Manuel da Prata, 30

Manuel Nabuco de Araújo Machado Prata, 306, 399

Manuel Vásquez Montalbán, 363, 381

Manuela Nogueira, 287

Marambaia, zagueiro do USC, 24

Marcelo Navarro Ribeiro Dantas, 399

Marcelo von Zuben, 223

Marcílio Godoi, 399

Marco Nanini, 137

Marcos Rey, 156, 158

Maria de Lourdes de Andrade, 133

Maria Gladys, 370

Maria Helena Gregori, 225, 257, 258

Maria Helena Grembecki, 133,

Maria Ilna Bezerra Falcão, 165

Maria Madalena, 344

Maria Prata, 105, 180, 261, 263, 267, 282, 364, 399

Maria Quitéria, 344

Maria Senhorinha da Silva, 345

Mariana Prata, 306

Maria Teresa Goulart, 159, 160

Marie Curie, 333, 344

Marieta Severo, 344

Marília Pera, 116

Marilyn Monroe, 344

Mario Alberto de Almeida, 98

Mário Covas, 185, 186

Mário Lago, 185

Mario Moraes e Castro, 33, 85, 266

Mário Palmério, 43, 264

Mário Quintana, 344

Mark Elliot Zuckerberg, 382, 383

Mark Twain, 332

Marquesa de Santos, 344

Marta Góes, 26, 138, 140, 168, 169, 170, 171, 176, 182, 241, 399

Martha Batalha, 381

Martinho da Vila, 185

Marx, 114, 194, 217, 344

Maurice Druon, 311

Maurilo Cunha Campos de Moraes e Castro, 24, 74, 75, 76, 234, 235, 236, 237

Mauro Rasi, 33

Mauro Silva, 285

Mayara Magri, 191

Menotti Del Picchia, 321, 376

Mia Couto, 220

Mica, 399

Michel Piccoli, 311

Michelangelo, 344

Mickey Mouse, 138

Miguel Arraes, 185

Miguel Soares Tavares, 287

Mila Moreira, 105

Milena Rodrigues, 374

Millôr Fernandes, 138, 368

Mirabeau, 325

Moacir Franco, 172

Monica Schubert, 183

Monique Evans, 369

Monsieur D`Gay, 279

Moss Hart, 75

Mozart, 344

Mr. Gorsky e Mrs. Gorsky, 379

N

Nane, 399

Napoleão Bonaparte, 333, 335

Napoleão III, 334, 335

Nara Leão, 104, 105, 344

Narcejac, 360, 361, 362

Neil Armstrong, 377, 378

Neil Sedaka, 63

Nelsinho Motta Mello, 152

Nélson Caruso, 137

Nelson Rodrigues, epígrafe, 134, 159, 238, 239, 312, 322, 344, 353, 358, 364

Newton, 344

Newton Santos, 69

Ney Latorraca, 126, 189

Nirlando Beirão, 241

Nossa Senhora de Fátima, 233

Nuno Leal Maia, 126

O

O Homem do Salto Alto, 141, 142

Obá Arolu, 325

Octave Mirbea, 206

Octávio Cavalcanti Lacombe, 213

Octávio Ribeiro, o Pena Branca, 168

Olívia Duailibi Santos Prata, 31, 399

Orestes Quércia, 185, 208

Orlando, 69

Orlando Silva, 151

Oscar Niemeyer, 208, 209

Osmar Santos, 185

Oswald de Andrade, 156, 175, 176,
185, 186, 354

Othon Bastos, 182

Otoni Fernandes, 111

P

P. D. James, 363

Pablo Garcia, 306

Padre Bostero, 77

Padre Donizetti, 56, 57, 59

Padre Pedro Cometti, 100, 101, 344

Padre Rebouças, 53

Padura Fuentes, 363

Pagu, 344

Palma Donato, 156

Paloma Amado, 323

Panchito Lopes, 334

Pascoal Carlos Magno, 274

Patrícia Acioli, 315

Patricia Cornell, 363

Patricia Highsmtith, 363

Paulinho Werneck, 241

Paulo Astor Soethe, 345

Paulo Autran, 175

Paulo Cesar, 374

Paulo César Pereio, 148

Paulo Francis, 177, 368

Paulo Goulart, 175

Paulo José, 65, 225

Paulo Maluf, 186, 261, 262, 263

Paulo Pontes, 148

Paulo Soethe, 348

Paulo Vanzolini, 34

Pedro Luiz, 69, 70

Pedro Paulo de Senna Madureira, 208

Pedro Napolitano Prata, 266, 267,
306, 399

Pedro Rodrigues de Almeida, 376

Pelé, 60, 61, 69, 70, 71, 285, 322

Peninha (Eduardo Bueno), 260

Pepe Carvalho, 380

Per Wahlöö, 363

Peter Sellers, 170

Picasso, 344

Pierre Curie, 333

Pink, 374

Pirandello, 117, 175, 185, 186, 187

Pitágoras, 344

Plinio Marcos, 54, 123

Príncipe Charles, 170

Proust, 56, 234

R

Raimunda Cunha Campos, 34

Rainha Victoria, 344

Ranulpho Silva, 38

Raquell Doiselles, 399

Raul Careca, 118

Raymond Chandler, 362

Regina Duarte, 65, 152

Regina Machado, 306

Reginaldo Leme, 225

Reinaldo Moraes, 156, 176, 191, 225

Reinhard von Krüger, 33

Renata Pallottini, 127

Rex Harrison, 175

Ricardo Blat, 160

Ricardo Prata Soares, 72

Rita Cunha Campos, 31, 32, 211, 262

Rita Lee, 340, 344

Rita Prata de Lima Barbosa, 211, 262, 399

Roberta Sudbrack, 225

Roberto Ampuero, 363

Roberto Freire, 185, 186

Roberto Marinho, 165

Romário, 285

Ronaldo Caiado, 186

Rosa Branca, 91

Rose di Primo, 369

Rose Levin, 258

Rubem Braga, 187, 188, 290, 370

Rubem Fonseca, 292, 381

Rui Carneiro, 44

Ruth Cardoso, 344

Ruth Escobar, 116, 178, 179

Ruth Prata, 225, 230, 236, 399

Ruth Rendell, 363

Ruy Guerra, 178, 179, 206

S

Sábato Magaldi, 117, 177, 178

Samir Curi Meserani, 146

Samuel Bjork, 363

Samuel Wainer, 26, 89, 121, 150, 187, 312, 324, 344

Samuel Wainer Filho, 188

Sarah Bernhardt, 344

Sarah Emily Davies, 344

Senhor Matias, 222, 223

Sergio Antunes, 105

Sérgio Buarque de Holanda, 345

Sérgio D'Antino, 225

Sérgio Mamberti, 65, 152, 153

Sergio Mendes, 104

Severino João de Lima, 177

Sherlock Holmes, 344

Sibele Paulino, 348

Sig, 138

Silvio Mazzuca, 91

Slavoj Žižek, 319

Sobral Pinto, 185

Sócrates, 58, 185

Sônia Braga, 126

Stanislaw Ponte Preta, 327

Stanislaw Prata Soares, 72, 73

Stela de Oxóssi, 325

Stela Maris, 324

Stephen Woolley, 366

Stieg Karsson, 363

T

Tadeu Jungle, 208

Taiguara, 185

Takashi Shimura, 365, 367

Tancredo Neves, 185

Tânia Scher, 369

Tarantino, 113, 344

Tarsila do Amaral, 344

Tarso de Castro, 368

Tarzã, 344

Tenente/Coronel Cláudio Luís de
Oliveira, 315

Thaís Portinho, 137

Thales Pan Chacon, 192, 196

Thomas Mann, 345, 347

Thomas Parr, 235

Thomaz Bawden, 34

Tia Mariíta, 72, 73

Ticá, 399

Ticha Gregori, 225

Timbreu, 381

Tomás de Araújo Machado Prata, 399

Tom Jobim, 344, 370

Tom Zé, 340

Toquinho, 143, 144, 145, 146, 321

Túlio Vilela, 220

U

Ulysses Guimarães, 185, 186, 251

V

Valéria França, 177

Vanessa Bárbara, 381

Vavá, 69, 70, 71

Verônica Ferriani, 144

Vicente Vitale, 274

Virgem Maria, 336

Vivaldi, 152

Vivien Mahr, 153

Vó Quita, 72, 73

W

Walt Whitman, 20

Walter Avancini, 225

Wanderley Schmidt Campos, 399

Wilma Paixão Youcef, 399

Wilmondes, goleiro do USC, 24, 26

Wilson Almeida de Aguiar, 133, 134

Wilson Almeida de Aguiar Filho, 133

Wladimir Soares, 175

Wolf Gauer, 166

Wolf Maya, 126

Woody Allen, 368

Y

Yan Michalski, 177, 179

Yara Amaral, 56, 152, 192

Yara Jamra, 225

Z

Zagalo, 69, 71

Zbigniew Ziembinski, 159

Zé de Honorina, 297

Zélia Amado, 325, 326

Zélia Hoffman, 76

Ziraldo, 292, 293, 368

Zito, 69, 70

Zoca Arantes do Nascimento, 71

Zuleika Alvim, 98, 112

OBRIGADO A

Antonio Prata ✶ Caio Borges ✶ Carmen Lucia Ariano Escobar Melo ✶ Cássia Janeiro Karuna ✶ Ciça Pinheiro ✶ Denise Polonio ✶ Jeferson Cristiano Reck, do BDC ✶ Leonel Campos de Moraes Prata ✶ Lilu von Krüger Toledo ✶ Lúcia Costa Teixeira ✶ Luciana Garcia De Francesco ✶ Luiz Fernando Emediato ✶ Marcelo Navarro Ribeiro Dantas ✶ Marcílio Godoi ✶ Maria Prata ✶ Marta Góes ✶ Pedro Prata ✶ Wanderley Schmidt Campos ✶ Wilma Paixão Youcef.

Aos Prata: Alberto, Dídia, Rita, Ruth, Zé Maria.

Olivia, Daniel, Laura, Manuel, Dora e Tomás.

E para a Ticá, a Raquell, a Nane, a Mica e a Alê que não estão no livro, mas estão.

Não fiz mais que a minha obrigação

Este livro foi iniciado em março de 2020, na minha casa em Florianópolis, quando chegou a Covid, aquela gripezinha. E terminado em 12 de fevereiro de 2023, no Spa Med Campus, em Sorocaba, já sem aquela porra de pandemia. Todos os personagens são reais e todas as coincidências propositais.

Nihil obstat: Imprimatur

Impressão e Acabamento | Gráfica Viena
Todo papel desta obra possui certificação FSC® do fabricante.
Produzido conforme melhores práticas de gestão ambiental (ISO 14001)
www.graficaviena.com.br